보육교사론과 인성

조혜경 · 구경선 · 안미희

창지사

머리말

당신은 왜 보육교사가 되려고 하는가? 아마도 어릴 때부터 나를 가르쳐 준 교사에 대한 좋은 이미지와 함께 교사가 되는 것에 관심이 있기 때문은 아닐까? 혹은 영유아들을 좋아해서 그들과 함께 있는 것이 즐겁고, 영유아들도 나와 같이 있을 때 편안하고 즐거워하지 않았을까?

우리는 이와 같이 여러 가지 개인적인 의미를 갖고 보육교사가 되기 위해 출발점에 서 있다. 미래 보육교사에 대한 꿈과 기대를 가지고 나아가는 예비보육교사들에게 본 서는 보육교사가 되기 위해 무엇을 준비해야 하며, 보육교사는 어떻게 성장하고 발달해 나갈 수 있는지, 그리고 현직 보육교사가 되면 어떻게 성숙해지는지에 대하여 안내하고자 한다.

어린이집의 아동학대 사건으로 인하여 우리 사회와 더불어 보육교사 양성기관에서는 보육교사의 인성을 강조하고 있다. 본 책에서도 보육교사의 인성을 토대로 교사로서의 소명감을 가지고 아동을 존중하며 보육을 수행하는 올바른 보육교사로 나아가도록 다음과 같이 구성하였다.

먼저 1부는 '보육교사로 준비하기'로 1~4장이 해당된다. 보육교사직을 이해하고 보육교사의 권리와 의무 그리고 윤리강령을 반영하는 공정한 보육이 무엇인지 교사의 인성을 토대로 교사가 발달하는 단계와 교수 이후에 반성적 사고로 전문성을 함양해 가는 보육교사로서 알찬 준비를 이루고자 구경선 교수가 집필하였다.

2부는 '보육교사로 성장 · 발달하기' 로 5~8장이 포함된다. 포스트코로나 이후의 급변하는 사회에서 보육교사에게 요구되는 자질과 역량은 무엇인지, 그리고 영유아 권리를 존중하는 영아와 유아보육, 연장반의 직무수행이 무엇인지를 탐색한다. 보육교직원의 관계 형성하기와 부모와 지역사회와의 협력을 통해 보다 광범위한 영유아 발달을 도모하고자 안미희 원장이 현장의 사례를 중심으로 집필하였다.

3부는 '보육교사로 성숙하기'로 9~12장까지이다. 보육교사의 근무환경 개선을 통해 보육교사의 직무만족도를 높이는 방안 모색과 보육교사 정서지능의 발달로 교사의 가치와 영향력을 인식하고, 급변하여 예측이 불가능한 포스트코로나 이후의 교사교육의 방향을 디지털교육과 학습공동체에서 찾고자 하였다. 초임 보육교사는 남자 보육교사의 중요성과 지원을 강조하여 양성평등한 보육을 보여 주며 실행하기 위하여 새롭게 포함하였다.

부디 이 책이 영유아를 사랑하는 마음으로 보육교사의 길로 접어든 예비 보육교사들에게 영유아교사를 준비하고, 성장 · 발달하고, 성숙하는 데 도움이 되기를 기원한다.

본 서에 대한 여러분의 아낌없는 충고와 비판을 수용하고, 저자들이 인지하고 있는 각 장의 문제점을 보완하여 더 알찬 보육교사론이 되도록 지속적인 노력을 기울이려고 한다.

이 책이 나오기까지 기다리고 출판을 위해 수고해 주신 창지사 직원들에게 감사드린다.

2022년 3월

저자 일동

차 례

PART I

보육교사로 준비하기

제1장
보육교사의 이해

1. 보육교사직의 이해

1) 보육의 개념과 의미

보육의 사전적 의미는 어린 생명을 보호 · 육성한다는 의미와 유아를 보호 · 교육한다는 두 가지가 있다(한국유아교육학회, 2011, 214). 보육을 협의의 의미와 광의의 의미로 구분하여 보자면(윤혜경, 2020, 15), 협의의 의미로 보육은 성인이 어린 아동을 대상으로 그들의 생명과 안전을 보장하고 건전한 발달을 의도하는 행위로 그것을 성립시키기 위한 조건을 만드는 것을 말한다. 광의의 보육이란 아동을 둘러싸고 있는 인적환경(성인들의 삶의 방식이나 사고방식을 포함)이나 물리적 환경의 광범위한 형성 작용을 의미한다.

「영유아보육법(2020)」 제2조에서 '영유아'란 6세 미만의 취학 전 아동을 말하며, '보육'이란 '영유아를 건강하고 안전하게 보호 · 양육하고 영유아의 발달 특성에 맞는 교육을 제공하는 어린이집 및 가정양육 지원에 관한 사회복지 서비스'라고 명시하고 있다. 보육의 개념은 보호 및 양육을 포함한 교육의 통합적 개념이며, 영유아와 가정의 복지를 동시에 추구하고, 어린이집을 통한 대리양육 지원을 넘어서 가정양육 지원까지 포괄하는 개념이다.

보육 개념은 산업화, 전문화, 여성의 사회 참여 등의 사회적 변화, 육아의 사회화와 함께 변화되어 왔다. 보육은 기존의 탁아 개념에서 1991년 제정된 「영유아보육법」을 통해 보육으로 대체되었다. 즉 전통적으로 육아는 가정에서 어머니가 아이를 돌보는 사적 영역에 속했으며 가정 양육이 불가능한 경우에 탁아기관에 아동을 맡긴다는 '탁아'의 의미가 짙었다. '탁아'는 하루의 일정 시간 동안 타인에 의해 제공되는 보호에 중점을 두는 개념이다. 그 탁아의 대상은 정상적 양육이 어렵거나 돌봐 줄 사람이 없는 경우 돌봐 준다는 선별적, 구빈적 성격이 강했다. 보육의 개념이 들어온 1991년 「영유아보육법」 제정 당시에도 보육은 선별적 복지 수준에 머물렀다. 그러나 사회변화와 보육의 공공성이 강조되면서 2004년 개정된 「영유아보육법」에서는 모든 영유아를 대상으로 하는 보편적 서비스로 명시되었고, 보육은 모든 영유아들에게 보호와 교육을 받아 최적의 발달에 도달할 수 있도록 권리를 보장한다는 보편적 개념으로 변화하게 되었다.

지금까지 보육은 당면한 사회문제의 해결이라는 접근(요보호 아동의 보호, 여성의 사회 참여 조성 및 가족 지원, 저출산 대책 등)을 해 왔으나, 아동의 권리 측면에서 아동의 행복권을 보장하고 부모의 노동권과 육아권을 보장하는 정책으로 변화하고 있다(백선희, 2020). 영유아의 전인적 성장과 발달을 지원하고 부모의 삶의 질을 제고하는 육아문화를 개선함으로써 양육 친화적인 사회를 조성하고 일과 양육이 행복한 사회문화 가치추구의 개념으로 변화하고 있다.

보육의 개념과 의미를 정리하여 보면 다음과 같다.

첫째, 보육은 포괄적인 보육서비스이다. 지식 기반 사회로 넘어가면서 인적 자원의 개발이 중시되고 있는데 인생 초기의 경험이 평생의 사회적 지위를 결정한다는 점이 부각되면서 영유아의 성장을 지원하는 기제로 보육의 중요성이 강조되고 있다. 보육은 더 이상 가정의 책임이 아니라 국가의 책임으로 인식 전환이 이루어졌으며 영유아의 전인적 발달을 위한 보호와 교육의 통합적 개념뿐 아니라 여성 및 가족 복지 더 나아가 지역사회 복지 증진에 기여하는 복지서비스이다.

둘째, 보육은 보충적 서비스와 지지적 서비스 기능을 수행한다. 보육은 모든 아동을 대상으로 하며 영유아가 속한 가정의 양육기능을 보충해 주고, 가정의 양육기능을 향상시킨다. 한부모나 재혼 부모 등의 다양한 가족 유형이 등장함에 따라 자녀 양육에 어려움을 경험하고 있으며, 남녀 역할 관계에 대한 변화와 여성의 경제활동 확대 등으로 보육이 기존의 보충적 기능에 머무는 것이 아니라 국가와 사회가 공동으로 육아를 지지한다는 인식의 전환이 이루어지고 있다.

셋째, 보육은 아동의 권리와 부모의 삶의 질을 향상시키는 데 기여한다. 보육은 아동의 권리를 보장하고 부모의 삶의 질을 제고하며 육아문화 개선 및 양육 친화적인 사회를 조성함으로써 일과 양육이 행복한 사회문화 가치추구의 개념으로 변화하고 있다.

2) 보육교사의 개념

보육교사는 보육 활동에 종사하는 사람이다. 「영유아보육법」에서는 보육교사를 '6세 미만의 영유아를 건강하고 안전하게 보호 · 양육하고 영유아의 발달 특성에 맞는 교육을 제공하는 어린이집 및 가정 양육시설에 종사하는 자'로 정의하였다. 여기서 보육교사의 개념을 법적 · 사회적 측면, 발달적 존재로서의 측면, 영유아와의 관계 측면, 보육철학과 가치관을 가진 존재로서의 측면으로 나누어 살펴보자(염지숙, 이명순, 조형숙, 김현주. 2016; 조혜경, 구경선, 곽혜경. 2017 재인용).

첫째, 법적 · 사회적 측면에서 보육교사란 영유아를 대상으로 가르치는 자로서 소정의 양성과정을 이수하고 자격을 취득한 자를 말한다. 우리나라의 경우 보육교사는 보건복지부에서 자격증을 발급하고 있으며, 「영유아보육법」 제21조 제2항[1]에 따라 보건복지부 장관의 검정 과정을 통해 보육교사 자격증을 취득할 수 있다.

둘째, 발달적 측면에서 보육교사는 성장 · 발달하는 존재이다. 보육교사는 영유아의 성장과 발달에 결정적 영향을 미치는 존재일 뿐 아니라, 교직 생활을 통해 끊임없이 발달하는 존재이다. 예비교사 때부터 교사로 입문한 초임교사, 3년, 5년, 10년의 경력을 갖춘 교사가 되면서 영유아를 바라보는 아동관이나 보육에 대한 교육관의 변화와 성장이 이루어진다. 따라서 이상적이고 좋은 보육교사로 성장해 갈 수 있도록 도와야 한다.

셋째, 보육교사는 영유아와 서로 영향을 주고받으며 성장하는 존재이다. 보육교사는 일방적으로 영유아에게 영향을 미치고 이끌어 가는 존재라기보다 그들에게서도 영향을 받는 상호적 존재이다. 영유아의 연령에 따라 교사에게 요구되는 것이 다르고 교사의 행동에 대한 영유아의 반응도 다르다. 따라서 보육교사는 교직을 수행해 나가는 과정에서 많은 변화를 경험하며 성장하는 존재이다.

넷째, 보육교사는 보육철학과 보육적 가치관을 가진 존재이다. 보육실의 상황에서 교사는 하루에도 많은 선택과 의사결정을 해야 하며 무엇이 영유아에게 교육적으로 의미가 있고 올바른 것인지에 대한 고민을 하며 반을 이끌어 간다. 이때 필요한 것이 교사의 보육철학과 가치관이다.

---

1) ② 보육교사는 다음 각 호의 어느 하나에 해당하는 자로서 보건복지부장관이 검정 · 수여하는 자격증을 받은 자이어야 한다. 〈개정 2008.1.17, 2008.2.29, 2010.1.18〉

1.「고등교육법」제2조에 따른 학교에서 보건복지부령으로 정하는 보육 관련 교과목과 학점을 이수하고 전문학사학위 이상을 취득한 사람

1의2. 법령에 따라 「고등교육법」 제2조에 따른 학교를 졸업한 사람과 같은 수준 이상의 학력이 있다고 인정된 사람으로서 보건복지부령으로 정하는 보육 관련 교과목과 학점을 이수하고 전문학사학위 이상을 취득한 사람

2. 고등학교 또는 이와 같은 수준 이상의 학교를 졸업한 자로서 보건복지부령으로 정하는 교육훈련시설에서 소정의 교육과정을 이수한 자

3) 법적 기준을 통해 본 보육교사

「영유아보육법」에는 보육교사에 대한 정의가 별도로 나와 있지는 않으나, 「영유아보육법」 제2조 5항에 의하면 보육교직원이란 '어린이집 영유아의 보육, 건강관리 및 보호자와의 상담, 그 밖에 어린이집의 관리 · 운영 등의 업무를 담당하는 자'로 정의한다. 또한 2021년 보육사업안내에 따르면 보육교사는 자격 기준에 해당하는 자로서 보건복지부 장관이 검정하고 수여하는 국가자격증을 받은 자를 말한다. 종합해 보면(성영화, 유민숙, 2021, 13) 보육교사는 0~만 5세 영유아를 보호하고 교육하는 데 필요한 모든 제반 사항들을 담당하는 자로, 전문 양성과정을 통해 보육교사 자격증을 취득한 보육교직원을 말한다.

「영유아보육법」 제2조 2항에 의하면, '보육이란 영유아를 건강하고 안전하게 보호하며 영유아의 발달 특성에 맞는 교육을 제공하는 어린이집 및 가정양육 지원에 관한 사회복지 서비스를 말한다.'고 정의하고 있다. 이를 근거로 하여 볼 때, 보육교사는 영유아를 건강하고 안전하게 보호 · 양육하고 영유아의 발달 특성에 맞는 교육을 제공하는 어린이집 및 가정양육 시설에 종사하는 자라고 할 수 있다.

이러한 보육의 이념을 달성하기 위해서는 외형적인 자격요건뿐 아니라 교사로서 주어진 역할을 제대로 수행할 수 있는 전문성을 갖추는 것이 중요하다.[2)]

4) 보육교사직의 특성

인간은 전 생애에 걸쳐 지속적인 교육을 통해 성장하고 발달한다. 인생에서 영유아기 초기 보육의 경험은 인간 발달에 있어 결정적인 영향을 미친다. 초기 보육경험은 한 인간의 이후 경험에 영향을 주기 때문에 중요한 의미를 지닌다.

보육교사는 영유아 발달에 결정적인 영향을 미칠 수 있는 존재로서 자신이 영유아의 삶에 미치는 영향과 보육교사직에 대한 가치를 올바로 인식해야 한다. 보

2) 이 부분은 전문직으로서의 보육교사에서 구체적으로 다루어진다.

육교사의 특징은 다른 교직의 특성과는 차이가 있다. 보육교사가 갖추어야 할 직업적 특징에 대해 살펴보자.

① 보육교사직은 사랑으로 시작해야 하는 직업이다. 보육교사는 어린 영유아를 대상으로 하는 직업으로 영유아의 요구에 민감하게 반응하고 수용해 주어야 한다. 보육은 영유아와 교사의 개별적 관계가 매우 중요하고 교사와 아동의 바람직한 관계 형성이 보육의 성패를 좌우한다. 이러한 관계 형성에서 가장 기본이 되는 것이 사랑이다.

② 보육교사직은 가르치는 일과 돌보는 일 사이의 조화를 유지해야 하는 직업이다. 보육교사는 영유아에게 안전하고 안정된 환경을 제공하고 영유아로 하여금 환경을 탐색하며 상호작용할 수 있도록 돕는 등의 교육에 힘써야 한다. 나이가 어릴수록 가르치는 것보다 돌보는 행위가 더 강조되지만 교육이 이루어지지 않는 것은 아니다. 보호와 교육은 동시에 이루어지는 것으로 연령에 따라 탄력적으로 운영하는 것이 중요하다.

③ 보육교사직은 눈에 보이지 않는 측면의 상호작용에 민감해야 하는 직업이다. 영유아는 언어로 자신의 생각이나 감정을 표현하는 데 서투르다. 따라서 교사는 영유아들이 표현하는 얼굴 표정, 눈빛 등의 비언어적 신호에 민감해야 한다.

보육교사는 영유아가 건강한 사회 구성원으로 자라는 데 필요한 밑그림을 그리는 사람이다. 따라서 보육교사라는 직업은 국가와 사회 발전에 지대한 영향을 주는 중요한 직종이다.

2. 보육교사직의 선택과 보육교사의 역할

1) 보육교사직의 선택

'보육교사가 왜 되려고 하는가?'를 물어보면, 대부분의 예비교사들은 보육교사에 대한 긍정적 이미지, 대학 입학 전에 가르쳐 본 경험, 아동기나 청소년기에 가졌던 교사를 바라본 경험, 부모나 주변 사람들의 권유 등으로 보육교사직을 선택한다. 보육교사를 선택하게 된 이유를 살펴보면 다음과 같다(Lortie, 1973; 이명순 외, 2020, 23).

① 사회 공헌형: 국가와 사회에 공헌하고 싶어 선택한다.
② 성격 적성형: 교직이 성격과 적성에 맞아 지망한다.
③ 전직형: 생활의 필요를 고려할 때 이 직업이 유리하기 때문에 다른 직업에서 전직한다.
④ 공리형: 장래성을 보고 선택한다.
⑤ 막연형: 특별한 이유 없이 어쩌다가 선택한다.
⑥ 권유형: 권유를 받아서 선택한다.
⑦ 강제형: 강제를 받아 선택한다.

보육교사직을 선택하는 이유는 후에 보육교사라는 직업에 대한 만족도에 영향을 미친다. 이러한 이유로 보육교사직 선택 동기에 대한 예비교사 본인의 내적 요인과 외적 요인 등을 살펴보는 것은 의미가 있다.

예비보육교사들의 보육교사직 선택 동기에 대한 연구(유미림, 탁수연, 2010)를 보면, 예비교사들은 ① 아이들이 좋아서(66.4%), ② 어릴 적 꿈이어서(어릴 적 꿈, 적성과 흥미에 맞음) (16.6%), ③ 선생님으로서의 보람을 위해(8.1%), ④ 안정적 직업을 갖는 취업을 위해(3.2%) 순으로 나타났다. 이 연구에서는 예비보육교사가 '아이들을 좋아해서' 보육교사직을 가장 많이 선택한 것으로 나타났다.

보육교사직 선택에 영향을 준 요인의 사례를 들어 살펴보자.

첫째, 아이들을 가르쳐 본 경험이 보육교사직 선택에 영향을 준 경우이다. 어렸을 때 영유아를 돌본 경험을 통해 영유아를 가르치는 것에 대한 보람을 느끼고 긍정적인 경험을 하게 되었다거나 재능기부를 통해 아이들의 순수한 모습을 경험한 경우 비교적 쉽게 보육교사직을 선택하게 된다. 영유아를 돌본 경험으로 아동을 가르치는 기술, 교수 계획하기, 교수전략 등을 자연스럽게 배우게 되고 영유아와의 상호작용 방법을 이해하게 되어 교사 역할을 터득하고 교육에 대한 신념을 갖게 된다.

> 나는 아이들을 좋아한다. 어려서부터 동생들을 예뻐했지만 잘 놀아 주는 방법을 몰랐다. 중학교 때, 이모의 임신으로 세 살배기 친척 동생이 우리 집에 5개월 정도 함께 지내게 되었다. 서툴지만 씻겨 주고 책 읽어 주고 장난감을 가지고 함께 놀아 주며 아이와 함께 있는 일이 참 즐겁고 뿌듯하다고 느끼면서 자연스럽게 아이들을 가르치는 교사가 되어야겠다고 생각했다.
>
> 학창 시절 매주 토요일 아버지와 함께 6년간 보육원 봉사활동을 하면서 내가 가진 재능을 나누고 좋은 것을 공유하는 즐거움을 알게 되었다. 그 소중한 경험과 개인적 배움을 발판으로… 내가 가진 재능과 장점들을 최대한 효과적으로 발휘할 수 있는 일, 즐겁게 할 수 있는 일에 대해 구체적인 계획을 세우기 시작하면서 보육교사가 되리라고 결심했다.

출처: 예비교사 인터뷰.

둘째, 교사가 되기 이전에 학생으로서 교사를 바라본 경험이 보육교사직을 선택하게도 한다. 어려서 만난 교사가 자기를 사랑해 주고 아껴 주었던 경험, 또는 교사와의 부정적인 경험이 보육교사직을 선택하게 된 사례이다.

> 나는 어렸을 때 부모님이 맞벌이 하시느라 일찍부터 어린이집에 다니게 되었다. 그때 만난 원장님께서 나를 엄마 이상으로 아껴 주시고 사랑해 주셨다. 선생님들을 믿고 따르며 받았던 관심과 사랑을 나도 누군가에게 주고 싶다는 생각을 하게 되면서 보육교사가 되어야겠다는 결심을 하게 되었다.

출처: 예비보육교사 인터뷰.

셋째, 주변인으로부터 권유받아 보육교사직을 선택하게 된 경우이다. 주변의 의미 있는 사람들이 교사에 대한 긍정적 이미지를 가지고 있어 영향을 받았거나 부모님이 어린이집을 운영하거나 주위의 의미 있는 사람들이 가르치는 일에 종사하여 자연스럽게 영향을 받은 경우이다.

주변인으로부터 권유받은 경우에 예비보육교사는 본인이 영유아를 좋아하고 사랑하는 마음이 있는지, 주어진 업무를 잘 수행할 수 있다고 보는지 스스로 생각해 보아야 한다. 영유아에 대한 보육은 그에 따른 책임이 동반되기 때문이다.

> 어린이집 교사를 하고 있는 언니의 조언으로 교사가 되어야겠다고 결심했다. 언니가 늘 하는 말이 '힘은 들지만 세상에 힘들지 않은 일은 없고, 그럼에도 불구하고 보육교사는 아이들 때문에 매일 웃게 된다'며 참 행복한 직업이라고 말했다. 또한 '아이들의 있는 모습 그대로를 사랑한다면 고민하지 말고 보육교사를 하라'고 추천해 주었다.

출처: 예비보육교사 인터뷰.

이외에도 보육교사직을 선택하게 된 동기로 취업 전망이 좋아서, 안정적인 경제 활동이 가능해서, 적성에 맞아서 등이 있다. 다음은 나의 보육교사직 선택 이유가 무엇인지 각 내용에 따라 적어보자.

〈표 1-1〉 보육교사의 선택 이유

개인 내적 요인	사회적 요인	경제적 요인

이렇듯 다양한 이유에서 보육교사직을 선택하고 있는데, 최근에는 보육교사직을 선택하는 이유 중 '내 적성에 맞는가'에 중점을 두는 경향이 있다. 적성은 어떠한 직업이나 일을 잘 수행해 나갈 수 있는 능력을 가지고 있는가에 관한 것이다. 보육교사직의 적성을 탐색하기 위해 개발된 검사 도구를 소개한다. 김혜경(2012)이 개발한 보육교사 적성에는 대인관계 능력, 영 · 유아에 대한 수용성과 민감성, 창의성과 자기 개발, 영 · 유아에 대한 친화력, 영 · 유아에 대한 안전관리 능력, 업무에 대한 소명감, 긍정적 정서의 7개 요인으로 나누고 있다.

〈표 1-2〉 보육적성 검사 도구 문항 내용

번호	문항	절대 그렇지 않다	그렇지 않다	보통이다	그렇다	매우 그렇다
1	평소에 긍정적으로 생각하는 편입니까?					
2	힘든 일이 있어도, 내일이 되면 잊어 버리는 편입니까?					
3	다른 사람들의 교육, 건강, 또는 복지를 개선하는 직업이 가치 있다고 생각합니까?					
4	감정 기복이 심하지 않고 마음의 안정을 잘 유지하는 편입니까?					
5	다방면의 지식이 있어 영 · 유아의 교육에 도움을 줄 수 있다고 생각하십니까?					
6	새로운 것을 탐색하고자 하는 호기심이 있는 편입니까?					
7	영 · 유아를 좋아하십니까?					
8	기분 상하는 일이 있어도 영 · 유아 앞에서는 항상 웃으며 생활할 수 있다고 생각하십니까?					
9	영 · 유아가 하는 말은 모두 의미가 있으므로, 잘 들어 줘야 한다고 생각하십니까?					
10	아동을 둘러싼 가족에 대해서도 이해해 줄 수 있다고 생각하십니까?					
11	영 · 유아가 모두 개별적 능력이 있음을 인정하여, 존중하는 태도를 갖출 수 있다고 생각합니까?					
12	맡아서 해야 할 임무나 의무를 중히 여기는 편입니까?					

번호	문항	절대 그렇지 않다	그렇지 않다	보통이다	그렇다	매우 그렇다
13	규칙을 준수하고, 규칙 안에서의 이해와 타협을 중요시하는 편입니까?					
14	자신이 가진 재능, 흥미, 성격을 고려해서, 하고 싶은 일을 선택하는 편입니까?					
15	자신이 어떤 것을 잘하는지를 알고, 그러한 능력을 향상시키고자 노력하는 편입니까?					
16	식사하던 중에 기저귀를 갈 수 있다고 생각합니까?					
17	영 · 유아가 당신을 잘 따릅니까?					
18	교실 내의 문제 행동을 통제할 수 있다고 생각합니까?					
19	영 · 유아가 위험하거나 해서는 안 되는 행동을 할 때, 단호하게 대처할 수 있다고 생각합니까?					
20	여러 가지 상황을 판단할 수 있는 상황 판단력이 있는 편입니까?					
21	궁금한 것이 있으면 해결될 때까지 다양한 자료를 찾아봅니까?					
22	보육교사에게는 영 · 유아발달과 보육에 관한 전문 지식이 필요하다고 생각합니까?					
23	영 · 유아와 놀이하는 것을 좋아합니까?					
24	항상 웃는 얼굴로 영 · 유아를 반길 수 있다고 생각합니까?					
25	영 · 유아 사이의 차이를 받아들일 수 있을 정도로 열린 마음을 가진 편입니까?					
26	영 · 유아를 있는 그대로 받아들일 수 있다고 생각합니까?					
27	부모와 떨어져 있어 부모를 그리워하는 영 · 유아를 보면 애처롭다는 생각이 듭니까?					
28	서로 다른 영 · 유아를 차별하지 않고 공평하게 대할 수 있다고 생각합니까?					
29	보육교사 일을 억지로 하지 않고 편안한 마음으로 할 수 있다고 생각합니까?					
30	영 · 유아의 삶에 영향을 줄 수 있는 교사는 책임감을 가져야 한다고 생각합니까?					

번호	문항	절대 그렇지 않다	그렇지 않다	보통이다	그렇다	매우 그렇다
31	'자기 발전'에 관심이 많습니까?(예: 새로운 기술을 배우기 위해 학원을 다니거나 성공한 사람의 책이나 잡지를 읽은 적이 있습니까?)					
32	어떤 일에 대해 뜻한 대로 이루어 낼 수 있다고, 스스로의 능력을 믿는 마음이 강한 편입니까?					
33	영·유아의 말과 행동에 민감하고 적절하게 반응할 수 있다고 생각합니까?					
34	영유아의 지나치게 느리거나 빠른 행동을 보고 영·유아 각자의 다른 특성으로 이해해 줄 수 있다고 생각합니까?					
35	영·유아와 계속 같은 대화를 반복하게 되는 경우, 그것을 영유아의 특성으로 인정할 수 있다고 생각합니까?					
36	영·유아의 환경과 생활을 보지 않고 그 영·유아 자체를 인격적으로 볼 수 있다고 생각합니까?					
37	학교나 집에서 개인적인 목표를 세우고 그것을 달성하기 위해 열심히 일합니까?					
38	맡은 업무를 적극적이고 즐겁게 찾아서 할 수 있는 편입니까?					
39	모든 면에서 편견을 버리고, 영유아의 잠재력을 끌어낼 수 있다고 생각합니까?					
40	어린이집 활동에 학부모들을 참여하게 할 수 있다고 생각합니까?					
41	어린이집의 효과적인 운영을 위하여 교사와 운영진 간의 협력을 촉진시킬 수 있다고 생각합니까?					
42	학부모와 원만하게 잘 지낼 수 있다고 생각합니까?					
43	영유아에게 발생하는 갑작스러운 사고를 예방할 수 있을 정도로 주의력 깊고 조심스러운 편입니까?					
44	영유아를 꼼꼼하게 챙길 수 있을 정도로 세심한 편입니까?					
45	다정하고 자상한 성격인 편입니까?					
46	'보호'만을 중시하거나, '교육'만을 중시하기보다, '보호'와 '교육' 모두를 중요하게 여겨야 한다고 생각합니까?					

번호	문항	절대 그렇지 않다	그렇지 않다	보통 이다	그렇다	매우 그렇다
47	성격이 모난 쪽으로 갈 가능성이 있는 영유아를 빨리 알아보고 원인과 해결방법을 찾을 수 있다고 생각합니까?					
48	동료교사들이 성공적으로 영유아들을 지도할 수 있도록 도와줄 수 있다고 생각합니까?					
49	동료교사, 원장님과 원만하게 잘 지낼 수 있다고 생각합니까?					
50	영유아의 정신적, 육체적 건강과 신호를 민감하게 알아차릴 수 있다고 생각합니까?					
51	영유아의 눈높이에 맞게 상상력이 풍부한 편입니까?					
52	가르치거나 지도하거나 상담하는 일에 흥미를 가지고 있습니까?					
53	어떤 생각이나 느낌을 언어나 몸짓으로 나타낼 수 있는 능력이 좋은 편입니까?					
54	영유아를 돌보는 일을 좋아합니까?					

출처: 김혜경(2012).

2) 보육교사의 역할

영유아기는 어느 시기보다 환경 변화와 양육 방법에 따라서 민감하게 영향을 받는 시기이다. 특히, 어린 영유아를 대상으로 보호하고 교육하는 교사의 자질과 역할은 영유아들에게 많은 영향을 미친다. 영유아기는 인간의 발달과정 중에서 가장 중요하고 결정적인 시기이다. 이러한 시기에 보육교사의 역할은 그 어느 시기 교사의 역할보다 중요하다고 할 수 있다. 보육은 영유아를 건강하고 안전하게 보호와 양육을 하며 영유아의 발달 특성에 맞게 최적의 교육을 제공하는 것이다. 보육교사는 대리양육자로서 영유아를 돌볼 뿐만 아니라 발달에 적합한 교육을 시킴으로써 영유아의 발달과 성장에 영향을 준다.

보육교사에게 기대되는 역할은 사회의 구성원들이 가지고 있는 요구, 가치관, 아동관, 교육관에 따라 달라지며 교사가 속한 기관 안에서의 지위나 담당하는 영유아의 연령에 따라 기대되는 역할이 다르다(박은혜, 2013). 보육교사의 역할은 영유아를 교육하고 그들을 둘러싼 환경 속에서 유능한 사회인의 일원으로 살아가는 데 필요한 능력을 기르도록 도와주는 일일 것이다. 보육교사의 역할수행에 대한 관점은 시대에 따라 변화되어 왔다.

캐츠(Kats, 1970)는 유아교사의 역할수행 모형을 다음과 같이 구분하였다.

① 모친적 모형(maternal model)은 영유아들을 안전하게 보호하고 신체적 · 심리적 욕구를 충족시켜 줌으로써 영유아를 행복하게 하는 데 강조를 두었다.

② 치료적 모형(therapeutic model)은 영유아들이 자신의 감정을 표현하도록 돕고, 긴장을 풀어 주고, 내적 갈등을 해결하는 데 중점을 둔다. 약한 영유아를 보호하고 안전한 환경을 만들어 주는 것에서부터 자연적인 환경에 대처하기 위한 힘과 전략을 발달시키도록 돕는 방향으로 관심이 옮겨가고 있다.

③ 교수 모형(instructional model)은 지식과 정보를 전달하고, 영유아들이 기술을 발달시키도록 하는 데 중점을 둔다. 즉 영유아의 지적 능력을 길러 주고 애정적으로 반응하며 긍정적인 상호작용을 하는 역할을 의미한다.

사라초(Saracho, 1984)는 교사의 역할 분석을 통해 영유아교사의 역할을 제시하였다.

① 진단자(diagnostician)의 역할로 영유아에게 성공적인 학습 경험을 제공하기 위해 영유아의 잠재적 능력과 요구를 평가한다.

② 교육과정 설계자(curriculum designer)의 역할로 보육교사는 지역사회에서 중요시하는 학습뿐만 아니라 보육의 이론과 실제에 기초하여 영유아들의 능력에 맞는 보육과정을 계발해 내어야 한다.

③ 교수 조직자(organizer of instruction)의 역할로 교사는 장 · 단기 계획의 결과를 토대로 교육 목적에 도달할 수 있도록 활동을 조직하며, 유용한 자원을 탐색하고 최대한 활용한다.

④ 학습 지도자(manager of learning)의 역할로 흥미 있고 관련된 학습 경험을 영유아에게 제공하고 학습 경험을 만들어 줌으로써 학습을 촉진시킨다.

⑤ 상담자 및 조언자(counselor/ advisor)의 역할로 보육교사는 끊임없이 영유아와 상호작용하며, 가르치는 일뿐만 아니라 정서적으로 지지해 주는 보호자의 역할을 한다.

⑥ 의사결정자(decision-maker)의 역할로 영유아, 자료, 활동, 목표 등에 관한 의사를 결정한다. 즉각적인 결정 및 여러 대안을 계획, 선택, 수립하는 반영적 결정들을 내린다.

잘롱고와 아이젠버그(Jalongo & Isenberg. 2000)는 영유아교사의 역할 유형을 다음과 같이 구분하고 있다.

① 반성적 사고를 하는 실천인(the reflective practitioner)의 역할로 여러 가지 교육적인 문제에 대하여 심사숙고하고 윤리적인 의사결정을 할 수 있는 반성적 사고 능력을 가진 실천인이다.

② 영유아의 권리 옹호자(the child advocate)의 역할로 영유아 중심의 보육과정을 운영하고 영유아들의 권리를 위해 노력하는 행동인이다.

③ 아동 발달 전문가(the child development specilist)의 역할로 영유아의 성장과 발달에 대한 전문적인 지식을 바탕으로 영유아들이 전인적인 인격체로 성장하는 데 필요한 도움을 준다.

④ 성장하는 전문인(the emerging professional)의 역할로 보육교사는 자신의 전문성 신장을 위하여 끊임없이 노력해야 한다.

⑤ 교육과정 개발자(the curriculum developer)의 역할로 영유아, 부모, 지역사회의

독특한 요구에 따라 보육과정을 개발하는 사람이다.

⑥ 교육활동 계획자(the educational planner)의 역할로 개발된 보육과정을 영유아의 흥미와 요구에 따라 적절하게 진행하는 역할이다.

⑦ 학습 환경의 구성자(the environment designer)의 역할로 안전하고, 건강하며 발달에 적합한 물리적 환경을 구성한다.

⑧ 학습의 촉진자(the facilitator of learning)의 역할로 보육교사는 영유아들의 학습을 위하여 적절한 비계 설정을 하는 사람이다.

⑨ 역할 모델(the role model)로 영유아들의 생활을 지도하며 문제 해결 등의 시범을 보이는 존재이다.

⑩ 평가자(evaluator)의 역할로 보육교사는 영유아의 성정과 발달을 평가하고 보육 프로그램의 효과를 알아보는 평가자의 역할을 한다.

⑪ 부모 교육자(the family resource person)의 역할로 보육교사는 부모들과의 신뢰로운 관계 형성을 통하여 도움을 주고받으며 지역사회와의 연계를 만들어 가는 역할을 한다.

⑫ 정보 관리자(the manager of resources)의 역할로 보육교사는 영유아와 그 가족을 지원하기 위해 필요한 모든 자료를 정리하고 이를 활용하는 정보의 관리자이다.

보육교사의 핵심 역할은 영유아를 '보호하고 교육'하는 것이다. 보육교사는 '영유아의 신체 · 정서 · 언어 · 사회성 · 인지 발달을 도모하기 위해 표준보육과정에 의거한 보육을 실행하고 영유아의 발달상황을 종합적으로 관찰 평가한 생활기록부를 작성해야 한다'(「영유아보육법」 제29조). 보육교사의 다양한 업무에 근거한 보육교사의 역할은 다음과 같다.

① 영유아를 가르치고 지도하는 교수자로서의 역할

영유아를 가르치고 지도하는 교사로서 교수활동 설계, 수업을 계획하고 조직하여 표준보육과정 수행, 융통성 있는 학급운영, 개별 아동의 특성을 알고 관찰 기록하여 그것에 기초한 상호작용을 통해 효과적인 교수 활동하기 등 교육과정 설계와 관련된 직무 수행의 역할을 한다.

② 대리양육자의 역할

부모를 대신하여 아이들을 돌보는 역할을 한다. 보육교사는 친밀한 양육자의 역할을 행하면서 강한 정서적 몰입과 유대관계를 지속하며 애착을 형성하고 부모와 떨어져 있는 동안 정서적으로 친밀한 상호작용을 한다.

③ 상담자와 부모 교육자로서의 역할

부모와의 지속적인 면담과 상호교류를 통해 아이들의 성장과 생활 모습을 알려 주는 상담자로서의 역할과, 육아에 대한 지식과 개별 아동에 대한 양육방법을 제공하는 부모교육자로서의 역할을 한다.

④ 사회복지 실천가로서의 역할

보육교사는 가족 내 갈등과 문제 상황을 파악하여 이를 줄이고자 하는 사회적 노력을 연결시켜 주고 열악한 환경 아동에게 조기 중재의 역할을 하는 등 사회 복지실천가로서의 역할을 한다.

⑤ 교류자로서의 역할

영유아를 이해하고 지원하기 위해 부모 및 지역사회와 지속적으로 의사소통하고 상호협력한다. 지역사회와의 연계와 협력은 보육의 질과 전문성 확보에도 유용하다.

이와 같이 보육교사의 역할에 대한 기대는 시대의 변화에 따라 양육대행자에서 교수자, 상담자 및 조언자, 부모 교육자, 더 나아가 아동 발달 전문가로서 그 역할과 책임이 변화되고 있다.

보육교사의 역할 중 영유아를 '가르치는 일'과 관련하여 보육교사에게 요구되는 역할을 살펴보자. 어린이집에서 교사가 가르치는 일은 불확실성, 동시성, 딜레마의 특성을 가지고 있다.

첫째, 가르치는 일의 불확실성을 고려하여 보육교사는 상황을 정확히 이해하고 판단하는 능력이 요구된다. 불확실성이란 보육 상황에서 다음에 일어날 일에 대해 정확히 알 수 없으며, 일상에서 보육 목적의 예기치 않은 성취 기회가 계속적으로 나타난다는 것이다. 예를 들어 학급 내 영유아들 간에 갈등이 발생할 때 교사는 갈등 상황에 관련된 영유아들을 곧바로 다그치는 것이 아니라, 갈등의 원인이 무엇인지 파악하고 상황에 포함된 영유아들이 모두 만족할 수 있는 판단을 내려야 한다. 그렇지 않으면 영유아들은 결과에 대해 만족하지 못하고 하루일과 내내 부정적인 감정을 가질 수 있으며, 친구와의 갈등을 긍정적으로 해결하는 방법을 배우는 데 어려움을 겪을 수 있다. 그러나 교사가 합리적인 의사결정을 내린다면 영유아들은 결과에 만족하며, 그 과정에서 사회적 기술(공유, 배려, 협력 등)을 연습해 볼 수 있다. 즉 교사는 가르치는 일이 역동적인 과정이라는 점을 이해하고 영유아들이 일상에서 배움의 기회를 얻을 수 있도록 도와야 한다.

둘째, 가르치는 일의 동시성을 고려하여 우선순위를 정하는 능력이 요구된다. 가르치는 일의 동시성이란 학급 내에서 다양한 상황이 동시다발적으로 발생한다는 의미이다. 특히 보육교사는 많은 영유아와 매일 생활하며 다양한 상황에서 발생하는 문제를 마주하게 되는데, 이때 필요한 교사의 역할이 바로 우선순위를 정하는 것이다. 예를 들어, 교실 내에서 다투고 있는 영유아와 뛰어다니는 영유아들, 색종이를 접기 위해 교사에게 도움을 요청하는 영유아, 며칠 아파서 나오지 못한 영유아가 막 교실 문을 열고 들어오는 상황이라고 가정하자. 교사는 다음과 같이 우선순위를 정해 볼 수 있다. 먼저 안전상의 문제로 이어질 여지가 있는 상황에 대해 간단히 제지한 후, 도움을 요청하는 영유아에게 기다려 줄 것을 이야기한다. 다음으로 오랜만에 등원한 유아와 학부모에게 인사를 하며 학부모님께 유아의 상태에 대해 전달받고, 유아와 상호작용하며 유아의 상태를 파악하도록 한다. 마지막으로 갈등이 발생했던 유아들의 상황을 다시 한번 파악한 후 긍정적으로 갈등이 해결될 수 있도록 적절히 개입한다.

셋째, 가르치는 상황에서 딜레마가 발생하는 점을 고려하여 반성적으로 사고하는 능력이 요구된다. 딜레마 상황은 영유아와 교사의 권리뿐 아니라 해당 영유아의 학부모, 학급 전체, 원장, 동료교사에게도 영향을 미칠 수 있다. 따라서 교사에게는 자신의 권익만 생각한 채 성급한 결론을 내리는 것이 아니라 해당 영유아의 권리, 학급 전체 영유아의 권리, 학부모의 권리, 원장의 권리, 동료교사의 권리를 존중하고 그들과 협력하여 갈등을 긍정적으로 해결하도록 노력하는 반성적 사고 능력이 필요하다. 또한 교사는 학급 내의 다양한 상황에서 자율적으로 의사결정을 내리기 위해서 책임 의식과 도덕적 의식을 가지고 갈등 상황에 연관된 사람들의 권리를 폭넓고 신중하게 고려할 수 있는 능력이 필요하다.

제2장
보육교사의 윤리

1. 보육교사의 권리와 의무

보육교사의 법적 지위는 「영유아보육법」에 명시되어 있으며(제3장)[1] 「영유아보육법 시행령」, 「영유아보육법 시행규칙」 및 지방자치단체의 자치법규인 보육조례 그리고 그 외 관련법으로 「근로기준법」에 의한 근로자의 지위를 가진다. 「영유아보육법」 제2조에 따르면 보육교직원은 "어린이집 영유아의 보육, 건강관리 및 보호자 상담, 그 밖에 어린이집의 관리, 운영 등의 업무를 담당하는 자"로 정의하고 있어서 교원과 직원으로 구분하지 않고 있다. 반면 「유아교육법」 제20조는 교직원을 교원과 직원으로 구분하고 근로조건이나 신분보장과 관련하여 「근로기준법」, 「유아교육법」, 「교육기본법」을 따른다.

1) 보육교직원 배치, 직무, 임면 등과 결격사유, 어린이집 원장 또는 보육교사의 자격과 자격증 교부, 어린이집 원장과 교사의 보수교육에 대한 규정이 포함되어 있다.

1) 보육교사의 권리

(1) 교직의 본질과 특성에 따른 권리

보육교사의 권리는 교직의 본질과 특성에 따라 전문성과 함께 공공성, 근로성으로 나눌 수 있다(조성현, 2000; 이혜정 외, 2019 재인용). 전문성에 있어 교사의 권리는 외부의 간섭 없이 자율권을 가지고 의사결정을 할 수 있음을 강조한다. 공공성은 신분상의 권리와 재산상의 권리로 나뉜다. 보육교사는 법령이 정하는 사유 이외에 그 신분과 직위에서 일방적으로 배제되거나 직무수행을 방해받지 않을 권리가 있다. 또한 공공성을 갖는 전문적 직무에 합당한 사회적 지위와 경제적 보상을 받아야 한다.

〈표 2-1〉 보육교사의 직무 특성에 따른 권리

영역	권리
전문성	• 보육과정 편성 및 운영의 자율권 • 보육과정 내용 및 방법의 결정권 • 영유아 지도권 • 영유아 평가권
공공성	〈신분상의 권리〉 • 신분이 침해되지 않을 권리 • 신분보장을 적극적으로 요구할 권리 • 신분보장이 침해된 경우 쟁소 제기권[2)] 〈재산상의 권리〉[3)] • 보수청구권 • 공무상재해보상권
근로성	• 시민의 기본권[4)] • 노동에 대한 권리

(2) 보육교사 권리의 구성요소와 침해사례

보육교사는 보육업무를 수행함에 있어 영유아를 안정적으로 보육 및 교육하는 데 필요한 신분 보장권, 보육과정 운영 자율권, 어린이집 운영 참여권, 근로 환경권으로 규정한 교사 권리에 대해 존중받아야 한다(김지현, 2019).

보육교사 권리의 구성요소는 다음 4가지로 정리할 수 있다(이강재, 2019).

첫째, 근로 환경권이다. 교사를 위한 시설설비, 초과근무수당 지급, 업무수행에 적절한 급여, 원활한 대체교사 수급, 별도의 청소 및 시설관리 인력 여부, 원하는 날에 휴가 사용, 연수 및 재교육 기회를 보장한다.

둘째, 보육과정 운영 자율권이다. 담임교사와 학부모 간의 우선 상담이 이루어지도록 하고 자율적 보육활동 계획 운영, 보육활동이 방해받지 않도록 정해진 시간에 상담하기, 영유아 관찰 및 생활지도의 자율성, 원장의 교사 의견 존중하기 등을 통해 보육과정 운영의 자율권을 보장한다.

셋째, 어린이집 운영 참여권이다. 보육교사는 일관성 있는 근무 평가를 받아야 하며 교사 회의를 통한 업무분장, 운영위원회 내에서의 위원 간 동등성이 보장되어야 한다.

넷째, 신분 보장권이다. 이를 위해서는 전문직으로서의 사회적 인정, 보육교사 인권 존중을 위한 행정기관의 노력이 필요하다.

보육교사 권리 존중의 기준인 근로환경권, 보육과정 운영 자율권, 어린이집 운영참여권, 신분보장권에 따른 권리 침해 사례를 살펴보자.

---

2) 근로자의 근로조건 등에 관해 시위 행위를 할 수 있는 권리

3) 임금 및 수당, 퇴직 급여에 대한 수령권이 있다. 교사 처우 향상을 위한 항목은 「영유아보육법」 제4조 제4항과 제36조에 명시되어 있다.

4) 보육교사는 국가나 사용인으로부터 보호받을 권리가 있나. 보육교사의 노동조건과 신분보장은 인간으로서의 생활조건이다.

♣ 근로 환경권 침해사례(경기도육아종합지원센터(2021). 보육교직원 권리존중, 17)

원장님이 선생님들 연차휴가 쓰게 하려고 대체교사 신청도 해 주시는데 정작 학부모들은 담임교사가 휴가 가면 우리 애가 어려서 낯설어 하는데 다른 교사가 오면 어떻게 하냐고 민원을 넣더라구요. 교사가 쉬고 싶을 때 쉬지도 못하고, 아파도 일해야 되는 건가요?

비슷한 시기에 결혼한 선생님이 두 분 계셨고, 결혼 예정이신 선생님이 계셨는데, 그 분들한테 출산 계획이 어떻게 되냐고, 셋이 다 휴직 들어가면 머리 아프다고 하시더라구요. "같은 시기에 아기 가지면 안 되는 거 알죠?" 하며 웃으면서 이야기하시지만, 눈치가 보이더라구요. 담임교사로 대체교사를 구해야 하는 원장님의 입장도 이해하지만, 뭔가 임신하는 데도 눈치를 봐야 하는 현실이 좀 슬프더라구요.

♣ 보육과정 운영 자율권 침해사례(위의 책, 18)

초임 교사인데 학부모 상담 기간에 주임교사와 같이 들어가서 상담을 하라고 하더라구요. 아무래도 초임이니까 선임교사가 상담하는 스킬 같은 것을 배우고 모델링하는 의미에서는 동의해요. 하지만 하루 종일 일과를 보내는 건 저잖아요. 주임교사보다 우리 반 아이들을 잘 아는 건 저인데 학부모 상담 때 저는 한 마디도 못했어요. 하고 싶은 말도 많았는데, 초임이라는 이유로 저의 역량이 무시되고, 담임교사로서 존중받지 못한다는 생각이 들었어요.

아이들 활동사진을 찍어서 올렸는데 어머님이 우리 아이가 사진이 많이 없다. 애 머리 좀 묶어 주지 그렇게 찍어 놨냐, 누구만 예뻐하고 우리 애는 안 예뻐하는 거 아니냐, 별의별 소리를 다 듣고 있어요. 더 자주 올려 달라 등 요구사항이 너무 많아서 힘들어요. 물론 어린이집 생활이 궁금한 마음은 이해하지만 사진 찍고 아이들이 어떻게 찍혔고, 빠진 애들은 없는지 사진 선별하느라 시간을 보내는 것 또한 일 아닌 일이 되더라구요.

♣ 어린이집 운영 참여권 침해사례(위의 책, 19)

엄마들이 선호하고 좋아하는 교사들이 있어요. 새 학기 반 배치하는데 그 선생님 반을 해달라고 요구하시기도 하세요. 저도 선생님들과의 면담과 그동안 보육과정을 운영한 것들을 다 감안해서 배치하고 결정하는 건데 학부모님들이 이 선생님 해달라, 저 선생님 싫다 이렇게 요구하실 때마다 참 설명하고, 설득시키는 게 힘들더라구요.

업무분장은 주임교사나 원장님이 결정해요. 주임교사와 친분이 있거나 경력 있는 교사들은 쉬운 업무를 가져가고 복잡하거나 귀찮은 업무들은 신입교사나 새로 온 교사들에게 업무를 배정해요. 교사 회의 시간에 자신이 잘 할 수 있는 거나, 특기 같은 것을 살려서 자유롭게 의견을 교환한 후 정하면 좋은데 항상 통보하는 식이니 좀 그렇죠.

♣ 신분 보장권 침해 사례(위의 책, 20)

이번에 코로나로 어린이집 긴급보육이 이루어졌잖아요. 말이 긴급보육이지 거의 다 등원하고 있어요. 맞벌이 가정이 아니어도 '우리 애가 심심해해서요', '우리 애만 뒤처지는 것 같아서요', '집보다 어린이집이 더 소독도 잘하고 안전한 것 같아서요' 하고 웃으면서 보내시는데 우리가 돌려보낼 수 있는 권한이 있나요? 저희도 한 가정의 엄마고, 딸이기도 한데 보육교사는 늘 보호에서 제외되는 것 같아요. 전 국민이 조심해야 하는 코로나 시국에도 늘 어린이집만 예외인 것 같아요. 그리고 영유아의 감염 예방은 어린이집에서만 하는 게 아니잖아요. 가정에서 1차적으로 감염 예방이 될 수 있도록 돌봄을 해 주셔야 하는게 맞죠. 부득이한 경우는 당연히 예외지만, 형식적인 긴급보육 사유서를 들고 오는데 보육교사의 인권은 어디에도 없다는 생각이 들었어요. 사회적으로 보육교사가 보호받지 못한다는 느낌? 그러면서 확진자가 발생하면 가차 없이 매도되는 현실이 너무 씁쓸하죠.

인터넷 커뮤니티 등에 어린이집에 대해 악의적인 글을 올리거나 문제를 일으키는 학부모에 대해 어린이집에서는 어떠한 조치를 할 수가 없는 상황입니다. 학부모들의 과도한 요구에 보육교사들은 아무런 보호 장치 없이 노출되고 당하고만 있어야 하는 현실이 답답합니다.

(3) 보육교사의 권리보장 선언

〈표 2-2〉 보육교사의 권리보장 선언

【 보육교사의 권리보장 선언 】
① 보육교사는 부당한 내용이나 무리한 요구를 하는 고객을 대면하는 경우 다른 보육교사로 교체를 요구할 수 있는 권리가 있다. ② 보육교사는 고객으로부터 부당한 대우를 받은 경우 이를 신속하게 어린이집에 알려 보육교사가 보호받을 수 있는 권리가 있다. ③ 어린이집은 업무의 일시적 중단을 할 수 있는 기준이나 상황을 제시하여 보육교사가 신속하게 위험 상황에서 벗어날 수 있도록 한다. ④ 어린이집은 현장에서 발생하는 문제에 대응하기 위하여 보육교사에 적절한 재량권을 부여할 수 있다. ⑤ 어린이집은 고객으로부터 부당한 대우를 받은 보육교사를 보호하기 위하여 휴게시간을 연장하여 제공할 수 있다. ⑥ 어린이집은 문제 유발 고객에 대한 조치의견을 제시한 경우 보육교사의 의견을 최대한 반영하여 조치하여야 한다. ⑦ 어린이집 원장은 문제 유발 고객에 대해 매뉴얼에 제시된 응대 멘트 내용대로 대응한 보육교사에게 해고, 징계 등의 불이익 처분을 하지 않는다는 내용을 매뉴얼에 제시한다. 매뉴얼대로 수행한 보육교사의 개인정보는 보장하여야 하며, 어떠한 불이익 처분도 하지 않는다.

출처: 고용노동부 안전보건공단(2019).

2) 보육교사의 의무

보육교사의 직무 특성에 따른 의무는 교직의 본질인 전문성, 공공성, 근로성에 따라 나눌 수 있다. 전문성에 있어서 의무는 직무를 수행하는 데 필요한 전문적 지식과 능력을 연수 등을 통해 지속적으로 유지 · 발전시키기 위해 노력할 것, 직업의 특성상 지켜야 할 보육교사의 윤리강령 준수의 의무가 있다. 공공성에 있어 보육교사는 운영과 관련된 위법이나 부당행위 및 비리에 있어 청렴해야 할 의무가 있으며, 성실히 직무를 수행해야 할 의무가 있다.

〈표 2-3〉 보육교사의 직무 특성에 따른 의무

영역	의무
전문성	• 엄격한 표준 유지의 의무 • 자질 및 표준 유지와 발전을 시킬 연구 · 연수의 의무 • 윤리강령 준수의 의무
공공성	〈신분상의 의무〉 • 품위 유지, 청렴의 의무 • 정치활동 금지의 의무 • 집단행위 금지의 의무 〈성실 · 직무상의 의무〉[5] • 법령 준수의 의무 • 복종의 의무
근로성	• 시민의 기본 의무 • 근로조건 준수의 의무

보육교사는 「아동학대범죄의 처벌 등에 관한 특례법」에 따라 아동학대 신고의무자로 아동학대 신고의 의무가 있다. 아동학대를 알게 된 경우 및 의심이 되는 경우 즉시 112에 신고해야 할 의무가 있다. 만약 신고의무를 이행하지 않을 경우 과태료를 내야 한다. 또한 상습적으로 아동을 학대하거나 아동보호시설에 근무하면서 학대행위를 한 경우 원래 형의 2분의 1까지 가중 처벌된다.

5) 「영유아보육법」 제3조, 제18조의2 보육교직원의 책무, 제22조의2 명의대여 등의 금지, 「아동복지법」 제26조 아동학대 신고 의무자에 대한 교육에 보육교사의 성실의무와 직무상의 의무에 대해 명시하고 있다. 보육교사의 최소한의 법적 의무는 정당하게 자격을 취득해야 하고 아동학대나 방임을 하지 않으며 명의대여를 하거나 중대한 과실을 범해서는 안 된다. 적극적으로 보수교육을 받아야 하고 아동학대를 발견할 시 꼭 신고해야 한다.

최근 어린이집에서 아동학대가 발생하고 있는 상황에서 정부는 2015년 1월 아동학대 재발 방지를 위한 아동학대 행위의 처벌 강화[6], CCTV 등 영상정보처리기기의 설치 의무화, 부모의 열람권 보장 등을 담은 「어린이집 아동학대 근절 대책안」을 발표하였다.

〈표 2-4〉「어린이집 아동학대 근절 대책안」 추진방향

비전	아동학대 근절로 부모님이 믿고 맡길 수 있는 안전한 어린이집		
목표	아동학대 예방 및 근절	인성과 자질을 갖춘 교사	부모가 참여하는 열린 어린이집
단기 과제	아동학대 처벌강화	CCTV 설치 의무화	부모참여 활성화
	1. 아동학대 처벌강화 및 피해아동 지원 2. 아동학대 신고 활성화	1. CCTV 의무화 및 부모 열람권 보장 2. 아동학대 예방 항목 정보 공시 의무화	1. 부모 중심평가 및 안심인증제 도입 2. 부모가 참여하는 열린 어린이집 여건 조성
중기 과제	원장 · 교사 자격관리 강화	보육교사 근로여건 개선	공공성 높은 보육인프라 확충
	1. 신규교사 자격제도 강화 및 채용단계 검증강화 2. 현직교사 보수교육 강화	1. 장시간 근로여건 개선 2. 정서 · 심리상담 프로그램 신설	1. 공공형 · 국공립어린이집 확충 2. 직장 어린이집 활성화
인프라	수요자 맞춤형 보육 · 양육 지원		

출처: 보건복지부

6) 아동학대가 처음 발생한 어린이집도 즉시 폐쇄가 가능하도록 하고(one-strike-out; 생명을 해치거나, 3회 이상 위반에서 중대한 학대행위의 경우 1회만으로 폐쇄 가능), 아동학대 신고자인 원장과 교사는 영구히 퇴출, 사건 발생 시 부모, 전문가, 지자체가 포함된 협의체를 구성하여 아동 전원 조치, 심리치료 등 지원계획 수립, 아동학대 가해자는 이름과 어린이집을 공개(명단공표)하고, 어린이집에서 교사 채용 시 아동학대 범죄전력을 조회, 신고의무자가 신고의무 불이행 시 과태료를 5백만 원에서 1천만 원으로 인상, 「아동복지법」상 아동학대 의무자는 원장 및 보육교직원임.

2. 보육교사 윤리

1) 아동 권리

(1) 아동 권리의 개념

인간의 권리란 "인간으로 태어나서 인간답게 살아가기 위한 권리"이다. 영유아는 성인으로부터 일차적인 보호와 배려를 우선적으로 받아야 하지만 이것이 성인과 달리 인권이 없다고 말할 수 없다. 그러므로 영유아는 태어나면서부터 인간으로서 가지는 기본적인 권리가 있다. 영유아기는 성장과 발달이 빠르게 이루어지는 시기이므로 영유아의 권리가 존중되는 양육환경에서 자랄 수 있도록 해야 한다(서울시육아종합지원센터, 2019). 따라서 아동 권리란, 아동이 인간으로서 누려야 할 기본적인 제 권리를 총칭하는 것으로 그 주체인 아동이 태어나면서부터 언어, 종교, 인종, 피부색, 능력에 관계없이 인간으로서 가지는 기본적인 권리를 말한다.

(2) 유엔아동권리협약

유엔아동권리협약(United Nations Convention on the Rights of the Child)은 1989년 11월 20일 유엔이 만든 국제인권협약으로 영유아의 권리를 향유할 수 있게 도움을 줄 것을 명시한 국제적 약속이다. 우리나라도 이미 1991년 12월 20일에 비준하고 협약에 약속하였다(서울특별시육아종합지원센터, 2019).

이 협약의 기본이 되는 가치를 기본원칙이라고 하며, 기본원칙으로 무차별의 원칙, 아동 이익 최우선의 원칙, 아동의 생존 및 발달 보장의 원칙, 참여의 원칙이라는 네 가지 원칙(국가인권위원회, 2018)을 규정하고 있다. 아동권리협약의 기본원칙을 살펴보면 다음과 같다.

① 무차별의 원칙

모든 아동을 인종, 피부, 성별, 언어, 종교, 사회 · 문화적 상태, 정치적 견해 등 어떠한 종류의 차별 없이 규정된 권리를 존중하고 보장하여야 하며, 국가는 모든 형태의 차별이나 처벌로부터 아동이 보호되도록 보장하는 모든 조치를 취하여야 한다(제2조 1항)고 규정하고 있으며, 아동이 부모나 후견인 또는 다른 가족의 신분과 행동, 의견이나 신념을 이유로 차별이나 처벌을 받지 않도록 모든 적절한 조치를 취하여야 한다(제2조 2항)고 명시하고 있다.

예를 들어 장애통합보육을 할 때 보통 비장애 영유아의 보육과정에 장애 영유아가 적응해야 한다고 생각하는가? 장애 영유아가 경험해야 하는 환경과 보육과정을 먼저 설정한 뒤 비장애 영유아가 함께 경험하는 발상의 전환도 통합보육에서 시도해 보자(서울특별시육아종합지원센터, 2019).

* 차별금지 원칙을 지키지 않은 말

> "남자친구가 여자친구를 때리면 안 되지!"
> "욕심부리면 "돼지야"라고 불러야겠네."
> "너는 얼굴이 까매서 밝은 색깔 옷이 안 어울려"

② 아동 이익 최우선의 원칙

공공 또는 민간 사회복지관, 입법기관, 법원 등에 의해 실시되고 있는 아동과 관련되어 아동에게 영향을 미치는 모든 것을 결정할 때 아동에게 좋은 것이 무엇인지, 아동의 이익을 최우선으로 고려해야 한다(제3조 1항)고 규정한다.

예를 들어 발달이 늦은 영아가 관찰되었을 때, 부모가 마음 상할까 봐, 어린이집에 대한 부정적인 인식을 가질까 봐 등의 이유로 부모에게 솔직하게 말하기를 주저하는가? '아동 이익 최우선의 원칙'에 의하면 영유아를 위한 최선의 대안을 찾는 것이 바람직하다. 즉, 부모와 전문가 등의 협력이 필요하므로 성인의 관점에서 주저하기보다 먼저 부모와 적극적인 상담을 시도해야 한다.

＊ 영유아 이익 최우선의 원칙을 지키지 않은 말

"힘들어도 참고 해."

"엄마가 보시면 얼마나 좋아하시겠니?"

(대소변 실수한 아이의 옷을 벗긴 채) "거기 그대로 있어 봐."

③ 아동의 생존 및 발달 보장의 원칙

모든 아동이 생명을 보호받고 건강하게 자랄 고유의 권리를 가지고 있음을 인정하고 가능한 한 최대한도로 아동의 생존과 보호 및 발달을 위해 다양한 보호와 지원을 보장하여야 한다(제6조)는 원칙이다. 각종 착취와 학대, 가족과의 인위적인 분리, 형법 등의 폐습으로부터 보호받을 권리가 있다.

영유아는 신체적, 정신적, 인식적, 사회적, 문화적으로 건강하게 발달해야 한다. 그러나 외부의 위험으로부터 안전과 건강을 스스로 확보하기 어렵기 때문에 어린이집에서는 위생적인 급 · 간식과 움직이기 적당한 공간과 환경, 충분한 휴식, 양질의 놀이 등을 영유아에게 충분히 제공해야 한다.

＊ 생존 및 발달의 원칙을 지키지 않은 말

"너 자꾸 소리 지르면 간식 안 줄 거야."

"목 말라도 조금만 참아. 동화 다 들으면 물 갖다 줄게."

"(컨디션이 좋지 않은 영유아에게) "왜 자꾸 누워 있니? 바르게 앉아."

④ 참여의 원칙

영유아가 자신의 견해를 형성할 능력이 있으므로 자신에게 영향을 미치는 모든 문제에 대해 자신의 견해를 표현할 권리를 보장하며, 아동의 견해에 대하여 아동의 연령과 성숙도에 따라 정당한 존중이 이루어져야 한다고 규정(제12조)하고 있다.

영유아는 자신의 의견과 감정을 자유롭게 표현할 수 있어야 하는데 특히 영유아는 말 외에도 몸짓, 손짓, 표정, 음성, 눈빛, 울음 등 온몸으로 표현한다. 성인과는 다른 방식으로 의견과 감정을 표현하기 때문에 교사는 영유아의 표현에 담겨 있는 의미에 귀를 기울이고 공감해야 한다.

영유아는 때로는 혼자, 때로는 친구를 사귀며 놀이하는 것을 즐긴다. 어떤 놀이를 할지, 어떤 자리에서 어떤 놀잇감을 사용할지, 누가 어떤 역할을 맡을지 등을 결정하기 위해 언어와 몸짓으로 상의하고 약속을 만든다. 놀이에서도 영유아의 의견이 존중되도록 영유아에게 물어봐 주고, 언제든 필요하면 도움을 받을 수 있다는 것을 알려 준다.

* 의사 존중 및 참여의 원칙을 지키지 않은 말

> "앉아. 지금 누가 돌아다녀?"
> " 빨리 빨리 정리해!"
> "여기 선생님이 만들어 놓은 걸 보고 따라서 만드는 거야."
> "그건 오늘 꺼내서 놀 수 없어. 선생님이 꺼내 주면 노는 거야."

(3) 아동 권리의 내용

아동권리협약의 내용은 4-3-1 모델로 설명할 수 있는데, 4개 기본권, 3원칙, 이를 실현하는 책임이 모두에게 있다는 1과정으로 설명하고 있다.

〈표 2-5〉 아동권리협약의 4-3-1 모델

구분	내용
기본권	• 생존권: 적절한 생활수준을 누릴 권리, 안전한 주거지에서 살아갈 권리, 충분한 영양을 섭취하고 기본적인 보건서비스를 받을 권리 등 기본적인 삶을 누리는 데 필요한 권리(제6, 7, 8, 9, 19, 20, 21, 23, 24, 26, 27, 30, 32, 33, 34, 35, 38조)

구분	내용
기본권	• 보호권: 모든 형태의 학대와 방임, 차별, 폭력, 고문, 징집, 부당한 형사 처벌, 과도한 노동, 약물과 성폭력 등 어린이에게 유해한 것으로부터 보호받을 권리(제5, 6, 9, 10, 11, 12, 13, 14, 15, 17, 24, 28, 29, 31조) • 발달권: 잠재능력을 최대한 발휘하는 데 필요한 권리, 교육받을 권리, 여가를 즐길 권리, 문화생활과 정보를 얻을 권리, 생각과 양심과 종교의 자유를 누릴 권리(제2, 7, 10, 11, 16, 19, 20, 21, 23, 25, 32, 33, 34, 35, 36, 37, 39, 40조) • 참여권: 자신의 생활에 영향을 주는 일에 대하여 의견을 말할 수 있어야 하며, 그 의견을 말하고 존중받을 권리, 표현의 자유, 양심과 종교의 자유, 의견을 말할 권리, 평화로운 방법으로 모임을 자유롭게 열 수 있는 권리, 사생활을 보호받을 권리, 유익한 정보를 얻을 권리(제12, 13, 15, 17, 18조)
3원칙	• 18세 미만의 모든 아동 • 아동에게 최우선의 이익 제공 • 차별 없이 모든 아동에게 적용
1과정	• 아동 권리 실현은 우리 모두의 책임

(4) 대한민국 아동권리헌장

유엔의 아동권리협약을 충실히 이행하기 위해 보건복지부는 2016년 5월 아동의 권리와 어른들의 책임이 명시된 '아동권리헌장'을 발표하였다. 9개 조항으로 구성된 헌장에 포함된 아동의 주된 권리로는 보살핌을 받을 권리, 폭력과 착취로부터 보호받을 권리, 차별받지 않을 권리, 개인적인 생활이 보호받을 권리, 지원받을 권리, 알 권리, 교육받을 권리, 참여할 권리, 존중받을 권리 등이 있다. 아동권리헌장은 아동을 존중받을 권리가 있는 독립적인 인격체로 여긴다는 점에서, 단순히 아동을 보호해야 할 대상으로 규정했던 어린이헌장에서 한 단계 발전한 모습을 보이고 있다. 전문을 살펴보면 다음과 같다.

《아동권리헌장 전문》

모든 아동은 독립된 인격체로 존중받고 차별받지 않아야 한다. 또한 생명을 존중받고, 보호받으며, 발달하고 참여할 수 있는 고유한 권리가 있다. 부모와 사회, 국가와 지방단체는 아동의 이익을 최우선적으로 고려해야 하며, 다음과 같은 아동의 권리를 확인하고 실현할 책임이 있다.

① 아동은 생명을 존중받아야 하며 부모와 가족의 보살핌을 받을 권리가 있다.
② 아동은 모든 형태의 학대와 방임, 폭력과 착취로부터 보호받을 권리가 있다.
③ 아동은 출신, 성별, 언어, 종교, 사회 · 경제적 배경, 학력, 연령, 장애 등의 이유로 차별받지 않을 권리가 있다.
④ 아동은 개인적인 생활이 부당하게 공개되지 않고 보호받을 권리가 있다.
⑤ 아동은 신체적, 정신적, 사회적으로 건강하게 성장하고 발달하는 데 필요한 기본적인 영양, 주거, 의료 등을 지원받을 권리가 있다.
⑥ 아동은 자신이 살아가는 데 필요한 지식과 정보를 알 권리가 있다.
⑦ 아동은 자유롭게 상상하고 도전하며 창의적으로 활동하고 자신의 능력과 소질에 따라 교육받을 권리가 있다.
⑧ 아동은 휴식과 여가를 누리며 다양한 놀이와 오락, 문화예술 활동에 자유롭고 즐겁게 참여할 권리가 있다.
⑨ 아동은 자신의 생각이나 느낌을 자유롭게 표현할 수 있으며, 자신에게 영향을 주는 결정에 대해 의견을 말하고 이를 존중받을 권리가 있다.

▣ 아동권리 자가 체크리스트

최근 보육교직원에 의한 영유아 체벌, 폭행, 폭언 등 아동학대 사건이 언론에 보도되면서 부모들의 불안감이 증폭되고 있고, 이를 걱정하는 목소리가 높아지고 있다. 그뿐만 아니라 어린이집의 아동학대를 근절해야만 믿고 맡길 수 있는 안심보육환경이 조성될 수 있기 때문에 아동학대 문제는 시급히 개선해야 할 과제라 할 수 있다. 아동학대 근절은 아동권리 침해사건을 막을 수 있는 효과적인 방법이다.

다음의 체크리스트는 보육교직원들이 일상에서 아동의 권리를 보호하는지를 파악하기 위한 자가 체크리스트이다. 해당하는 문항에 체크(√)하고 점수를 통해 아동권리에 대한 민감도를 확인해 보자.

〈표 2-6〉 아동권리에 대한 민감도

	체크항목	예	아니요
1	아동에게 원망적, 거부적, 적대적 또는 경멸적 언어표현을 한 적이 있다.		
2	아동의 인격이나 감정/ 기분을 무시하거나 모욕하는 행위를 한 적이 있다.		
3	아동에게 위협을 주는 언어나 행동을 한 적이 있다.		
4	아동에게 폭력적인 장면을 노출한 적이 있다.		
5	(자, 회초리, 긴 막대 등의) 도구로 아동을 위협한 적이 있다.		
6	화장실, 창고 등의 아무도 없는 빈 장소에 벌을 세우기 위해 아동을 가둔 적이 있다.		
7	긴급상황이 아닌 경우에도 아동을 재촉하거나 공포 분위기 조성을 위한 목적으로 아동에게 고함을 지른 적이 있다.		
8	아동의 신체 부위를 때린 적이 있다.		
9	아동에게 신체적 손상은 입히지 않았지만, 고의적으로 아동의 신체를 가해하는 행위를 한 적이 있다.		
10	낮잠 시간이나 놀이시간 등에 아동을 혼자 있게 하거나 아동 간 다툼을 방치한 적이 있다.		
11	아동에 대한 기본적 보호와 양육을 소홀히 한 적이 있다.		
12	아동을 위험한 상황이나 비위생적인 환경에 방치한 적이 있다.		
13	아동에게 필요한 의료처치를 제공하지 않은 적이 있다.		
14	과도하게 신체접촉을 하거나 아동의 신체를 노출시킨 적이 있다.		
15	음란 비디오나 책을 아동에게 보여 준 적이 있다.		

출처: 아동권리보장원(http://www.korea1319.go.kr/new).

2) 보육교사 윤리강령

(1) 보육교사 윤리강령의 필요성

윤리는 사람으로서 마땅히 행하거나 지켜야 할 도리를 말하며 도덕을 포함하는 개념이다. 즉, 다른 사람과 더불어 사는 가운데 인간관계, 사회관계 속에서 지켜야 할 것으로 기대되는 사회적 규범이다. 보육교사는 직무를 수행함에 있어 도덕적으로 상충되는 수많은 딜레마 상황에 처하게 되는데 이러한 딜레마를 해결할 때의 판단 기준이나 지침이 필요하다. 예를 들어 집단 활동으로서의 보육과정과 영유아의 개별적인 흥미 · 관심 사이에서, 문제행동을 지도할 때 적절한 훈육과 억압의 경계선 사이에서, 부모의 과도한 요구와 영유아 발달에 적합한 교육 사이에서, 동료교사의 비윤리적인 행동에 대한 언급과 체념 사이에서, 부당한 업무에 대해 부당함을 표현하는 것과 순응하는 것 사이에서 어떤 선택을 해야 할지 딜레마를 겪을 수 있다. 이와 같은 딜레마 상황에서 보육교사의 윤리강령은 올바른 판단 기준과 지침이 될 수 있다. 이에 보육교사의 윤리강령에 대해 살펴보고, 보육 실제에 적용하는 능력을 기르는 것이 중요하다(김은설 외, 2016, 60-61)고 볼 수 있다.

① 영유아에 대한 윤리의 필요성

영유아기는 급속한 발달이 이루어지고, 연령에 따른 발달과 개인차가 크게 나타나며 생애 발달에 결정적인 시기이다. 이 시기에 교사가 제공한 정서적 돌봄과 안전한 환경의 제공과 교육적인 자극은 영유아의 생애 전반에 걸쳐 영향을 준다. 그러나 영유아는 스스로 자신의 권리를 주장하거나 자신을 보호하기 어렵기 때문에 보육교사가 영유아의 권리를 보호하고 인격적인 관계를 형성해 주어야 한다. 이들이 잠재된 가능성을 충분히 발휘하고 성장할 수 있도록 돕기 위해 보육교사에게는 윤리적 가치판단과 실천의 기준이 반드시 필요하다.

② 가족에 대한 윤리의 필요성

영유아가 어린이집에서 보내는 시간이 길기 때문에 부모는 보육교사와 함께 여러 가지 사항을 함께 해결해 가는 동반자로서의 역할을 해야 한다. 보육교사와 부모가 긍정적인 관계를 형성하고 도움이 필요한 가족의 문제에 지원해 줄 수 있다. 그러나 부모에 따라 다양한 욕구가 있을 수 있고 예측하기 어려운 상황이 발생할 수 있다. 이러한 상황에서 부모, 가족과의 문제해결과정의 딜레마를 해결할 윤리적 기준이 필요하다.

③ 동료에 대한 윤리의 필요성

어린이집 보육교직원은 원장, 주임교사, 동료교사 및 보조교사, 조리원 등 다양한 인력으로 구성되어 있다. 각자는 개인의 신념과 배경에 따라 다른 교육관을 가질 수 있고 대부분 업무가 분리되어 있어 소통이 어렵고 갈등 상황에 놓일 수 있다. 특히 보육교사는 개인적인 주도성이 보장되는 보육 업무와 전체적으로 협력해야 하는 보육 외 업무를 동시에 수행해야 한다. 따라서 어린이집의 보육교직원 간의 상호이해와 존중에 대한 윤리적 기준이 필요하다.

④ 사회에 대한 윤리의 필요성

보육교사의 직무는 사회와 국가의 미래를 기르는 일이다. 보육은 국가적 중요과제로 관심을 받는 부분이며 동시에 아동권리존중과 보육교사의 윤리적 태도가 필요하다는 점을 강조한다. 보육교사는 물질적 보수에 목적을 두지 않고 국가와 사회에 기여한다는 윤리적 책무성을 인식하고 실천할 수 있는 기준이 필요하다.

(2) 보육교사 윤리강령의 조직과 내용

《서 문》

보육은 영유아를 건강하게 양육하고, 안전하게 보호하며, 발달 특성에 적합한 교육을 제공하는 복지서비스이며, 보육인은 사랑과 존중과 전문 지식을 바탕으로 영유아의 전인적 성장에 영향을 미치는 전문직업인이다. 그러므로 보육인은 윤리적 의식과 태도를 가지고 사회적 본분에 임해야 한다.

이에 어린이집 원장과 보육교사는 스스로 책무성을 발현하여 윤리강령을 제정함을 밝힌다. 본 강령은 직무수행의 규준으로 삼아 보육현장에서 발생하는 윤리적 갈등을 해결하고 생존권, 보호권, 발달권, 참여권 등 영유아의 권리를 보장함으로써 직무상의 윤리적 책임을 다하여 전문직업인으로서의 위상을 공고히 하고자 한다.

더불어 영유아와 그 가정, 동료와 사회의 존엄성을 존중하는 보육의 실천으로 다각적인 신뢰를 구축하고, 영유아의 잠재력을 최대한 발휘시킴으로써 영유아가 긍정적인 자아개념을 형성하고 유능한 사회인으로 성장할 수 있도록 도와 궁극적으로는 영유아와 그 가정, 동료와 사회의 통합적·이상적 복지 실현에 기여하고자 한다.

윤리강령 서문에는 전문직업인으로서의 보육교직원과 윤리강령의 의의, 윤리강령의 범위를 제시하고 있다. 구체적으로 살펴보면 다음과 같다.

첫째, 보육교직원은 전문직업인으로서 그 역할에 자긍심을 가져야 하며, 사회적 책임이 있는 중요한 위치에 있음을 강조한다. 이에 보육교직원은 윤리의식과 태도를 자녀야 한다는 타당성을 제시하고 있다.

둘째, 윤리강령은 외부의 힘에 의해 만들어진 것이 아니고, 법적 강제성이나 준수를 강요받는 것이 아니라, 자율적인 의지에 의해 보육인 스스로 발의하여 제정된 것임을 밝힌다. 윤리강령 제정의 이유는 보육 현장에서 접하게 되는 윤리적 갈등 해결에 있고, 영유아의 권익 보장이라는 가치가 가장 중요한 잣대임을 밝히고 있다.

셋째, 보육은 영유아의 올바른 성장과 발달뿐 아니라 그 가정 및 사회의 복지에까지 영향을 미칠 수 있음을 강조하고, 보육인 상호 간 존중도 논의되어야 함을 강조한다.

《제 I 장 영유아에 대한 윤리》

1. 영유아에게 고른 영양과 충분한 휴식을 제공하여, 몸과 마음이 건강한 사람으로 자라도록 돕는다.
2. 성별, 지역, 종교, 인종, 장애 등 어떠한 이유에서도 영유아를 차별하지 않고 공평한 기회를 제공한다.
3. 영유아는 다치기 쉬운 존재임을 인식하여 항상 안전하게 보호한다.
4. 영유아에 대한 정서적 · 언어적 · 신체적 학대를 행하지 않는다.
5. 어린이집 내외에서의 영유아 학대나 방임을 민감하게 관찰하며, 필요한 경우 관련 기관('아동보호전문기관' 등)에 보고하고 조치를 취한다.
6. 영유아의 인격을 존중하고, 개인의 잠재력과 개성을 인정한다.
7. 개별적 상호작용 속에서 영유아의 요구를 수용하기 위해 노력한다.
8. 영유아의 사회 · 정서 · 인지 · 신체 발달을 통합적으로 지원하는 보육 프로그램을 실시한다.
9. 특별한 도움을 필요로 하는 경우, 전문가와 협력하여 영유아의 입장에서 최선의 대안을 찾는다.
10. 보육활동을 계획 · 실행 · 평가하는 모든 과정에 영유아의 흥미와 의사를 반영한다.
11. 영유아의 개인적 기록과 정보에 대해 비밀을 보장한다.

영유아에 대한 윤리는 유엔아동권리협약에 의거한 영유아의 기본권 4가지를 기반으로 구성되었다. 영유아의 기본권은 생존권, 보호권, 발달권, 참여권이다.

생존권은 생명유지를 위한 적절한 수준의 의식주를 누릴 권리이다. 이에 1항에 '영유아에게 고른 영양과 충분한 휴식 제공'으로 표현하게 되었다.

보호권은 2, 3, 4, 5항에서 기술하고 있는데, 차별의 금지, 영유아의 약함과 보호의 필요, 학대 금지 및 방지, 보고 등이 이에 포함된다.

발달권은 6, 7, 8, 9항에 해당되는 것으로 개별 상호작용, 모든 측면의 균형된 발달 지원, 특별한 도움을 필요로 하는 영유아 지원 등의 내용이 포함된다.

참여권은 10항에 해당하는 것으로 보육활동 과정에 영유아의 흥미, 의사 반영을 포함하고 있다.

11항은 보호권에 해당되나 앞의 모든 조항에 다 적용될 수 있는 내용으로 기본적인 영유아의 비밀보장을 명시하고 있다.

《제 II 장 가정에 대한 윤리》

1. 상호신뢰를 바탕으로 영유아의 가정과 동반자적인 관계를 유지한다.
2. 각 가정의 양육 가치와 의사결정을 존중한다.
3. 경제적 수준, 가족형태, 지역, 문화, 관습, 종교, 언어 등 어떤 것에 의해서도 영유아의 가정을 차별 대우하지 않는다.
4. 보육활동 및 발달상황에 관한 정보를 정확하게 제공하여 영유아에 대한 가정의 이해를 돕는다. 다문화, 심신장애 등으로 의사소통에 도움이 필요한 경우 문제를 해결할 최선의 방법을 도모한다.
5. 시설 운영 전반에 관한 정보를 공개하여 영유아 가정의 알권리에 응한다.
6. 보육프로그램과 주요 의사결정에 영유아의 가정이 참여하도록 안내한다.
7. 필요한 사회적 지원, 전문 서비스 등 관련 정보를 제공하여 영유아 가정의 복리 증진을 돕는다.
8. 영유아 가정의 사생활을 보호하고 익명성을 보장한다.

영유아가 안정적 발달을 하기 위해서는 어린이집과 영유아의 가정, 부모와의 협력이 중요하다. 따라서 어린이집은 영유아의 부모로부터 신뢰감을 얻고 적절한 지원을 제공하는 등 상호 의존하고 상호 지원하며 동반자로서의 관계를 형성해 나가야 한다.

보육교직원은 영유아의 가정과 소통 관계를 유지해 나갈 수 있도록 인식과 태도에 대한 항목이 기술되어 있다. 보육교직원이 지녀야 할 기본적 의식으로, 각 가정의 양육가치와 의사를 존중하고 가정에 대한 정보제공과 참여 유도를 강조하고 있다.

《제 III장 동료에 대한 윤리》

〈어린이집 원장〉

1. 최상의 보육 서비스 제공에 필요한 인적 · 물적 환경의 조성 및 유지를 위해 노력한다.
2. 보육교사를 신뢰하고 존중하며 전문성과 자율성을 인정한다.
3. 성별 · 학연 · 지연 · 인종 · 종교 등에 따라 보육교사를 차별하지 않는다.
4. 업무 관련 의사결정이 필요한 경우, 보육교사의 의견 개진 기회를 보장한다.
5. 보육교사에게 지속적 재교육 등 전문적 역량 제고의 기회를 부여한다.
6. 보육교사에게 적정 수준의 보상(보험, 급여 등)을 안정적으로 제공하여 복지 증진에 힘쓴다.
7. 보육교사 개인의 기록과 정보에 대한 비밀을 보장한다.

〈보육교사〉

1. 존중과 신뢰를 바탕으로 협력하며, 서로의 전문성과 자율성을 인정한다.
2. 상호 간 역량 계발과 복지 증진에 부합하는 근무환경이 되도록 힘쓴다.
3. 원장 및 동료와 영유아 보육에 대한 신념을 공유한다.
4. 보육교사로서의 전문성 향상을 위해 스스로 노력한다.
5. 어린이집 내에서 영유아 및 보육교사의 인권과 복지를 위협하는 비윤리적 사태가 발생한 경우, 법률규정이나 윤리기준('한국보육시설연합회 윤리강령위원회' 참조)에 따라 조치를 취한다.

어린이집에서 근무하는 근무자 간 지켜야 할 윤리에 대한 내용이다. 제3장은 원장으로서 보육교사에 대한 윤리와 보육교사가 원장 및 동료 보육교사에 대한 윤리적 측면을 제시하고 있다.

먼저 어린이집 원장이 보육교사에 대해 지녀야 할 윤리적 덕목은, 보육교사에 대한 보육활동 지원, 보육교사에 대한 신뢰와 존중, 근무 여건 개선, 배경과 관계없이 보육교사에 대한 차별 금지, 보육교사의 권리와 자율권 인정 등이 제시되어 있다.

보육교사가 원장 및 동료 보육교사 그리고 자신에 대해 가져야 할 윤리적 측면도 제시되어 있다. 보육교직원 모두에 대한 존중과 신뢰를 바탕으로 협력하며 서로의 전문성과 자율성을 인정할 것, 긍정적 근무 환경이 되도록 도우며 보육에 대한 신념을 공유하도록 하였다. 또한 전문가로서 역량개발을 위해 스스로 힘쓰며, 보육교사 권리 보호를 위해 어린이집에서 발생할 수 있는 비윤리적 사태에 대응하는 방법을 구체적으로 제시하고 있다.

《제 IV장 사회에 대한 윤리》

1. 공보육에 대한 책임을 인식하고, 항상 질 좋은 보육 서비스를 제공한다.
2. 영유아의 안전을 위협하는 환경이나 정책이 발견될 시 관계기관과 협의하여 개선한다.
3. 공적 책임이 있는 기관으로서 재정의 투명성을 유지하고, 부정한 방법으로 사적 이익을 취하지 않는다.
4. 영유아의 권익 보호를 위해 관련 정책 결정 및 법률 제정에 적극 참여하며, 사회적으로 이를 널리 알리는 데 앞장선다.
5. 지역사회 실정에 맞는 기관의 책임과 역할을 인지하고, 실천하고자 노력한다.

사회에 대한 윤리는 보육 활동이 사회 안에서 인정받고 보육인이 사회인으로 그 책임을 다하여야 함을 강조한다. 보육은 사회에 대해 질 높은 서비스를 제공해야 한다. 이를 위해 보육인은 사회적 책임을 다하도록 노력해야 한다. 여기에 영유아의 안전을 보장할 수 있는 장치와 공적 비용이 투입되는 기관으로서 투명한 재정 유지와 사적 이익이 개입되지 않아야 한다. 사회적으로 영유아 전체 인권 증진을 위해 그 책무를 수행하며, 지역사회의 주요 기관으로서의 역할을 찾아 이를 실천하는 데 참여해야 한다.

《보육인 윤리선언》

나는 영유아의 건강한 성장과 발달을 지원하는 보육인으로서 직무상의 윤리적 책임을 다하여 다음 사항들을 지킬 것을 다짐합니다.

1. 나는 내가 영유아에게 지대한 영향을 미치는 존재임을 잊지 않으며, 항상 스스로의 말과 행동에 신중을 기한다.
1. 나는 영유아의 인격과 권리를 존중하며 어떠한 경우에도 영유아에게 해가 되는 일을 하지 않는다.
1. 나는 영유아 가정의 다양성을 이해하고 존중하며, 상호신뢰하는 동반자적 관계를 유지한다.
1. 나는 동료를 존중하고 지지하며, 서로 협력하여 최상의 보육 서비스를 제공하기 위해 노력한다.
1. 나는 보육의 사회적 책임과 역할을 인식하고, 영유아의 권익과 복지를 위한 활동에 앞장선다.
1. 나는 '어린이집 원장 · 교사 윤리강령'을 직무수행의 도덕적 규준으로 삼아 진심을 다하여 충실히 이행한다.

출처: 중앙보육지원센터 홈페이지(http://central.childcare.go.kr/).

(3) 다양한 딜레마 상황과 윤리강령 적용

보육교사의 윤리강령은 보육교사가 영유아나 부모, 동료, 사회와의 관계 속에서 스스로 지켜야 할 행동규범이며 사회적 규범이다. 보육교사 윤리강령은 보육교사가 직무를 수행하는 과정에서 생기는 많은 가치판단의 문제에서 가장 우선적으로 고려해야 할 사항이 무엇인지를 결정하는 중요한 지침이 된다. 보육교사가 직접 접하는 영유아뿐 아니라 부모와 가족 및 지역사회의 요구가 충돌할 때 어떤 준거로 무엇을 우선순위로 둘 것인지에 대한 판단을 하고, 보육교사 역할이 갖는 다양성과 모호한 특성에 따라 지속적으로 가치판단을 해야 할 때 보육인 윤리선언이 가치 준거가 된다(김지민, 서영숙, 2009).

영유아 보육에 있어 보육교사가 경험하게 되는 교직윤리 딜레마가 다양하게 나타나는데 이를 유아와의 관계, 가정과의 관계, 동료와의 관계, 지역사회와의 관계의 4가지 범주로 분석하면 다음과 같다.

〈표 2-7〉 보육교사의 교직윤리 관련 딜레마 내용

교직윤리영역	갈등영역	사 례
유아와의 관계	공정성 대 개인존중	• 편식하는 아이에게 음식 남기기를 허용할 것인가? 모든 아동에게 다 먹도록 하는 규칙을 정할 것인가? • 부적응 유아에게 좀 더 많은 시간을 할애할 것인가? 골고루 관심을 배분할 것인가?
가정과의 관계	진실성 대 조화	• 지나치게 산만한 유아의 문제를 부모에게 있는 그대로 전달할 것인가? 긍정적인 부분을 중심으로 전달할 것인가? • 학급을 바꿔 달라는 부모의 요구를 들어줄 것인가? 부모를 설득할 것인가?
동료와의 관계	순응 대 용기	• 지나친 특성화 활동 운영에 대해 원장님께 개선을 요구할 것인가? 그대로 따라갈 것인가? • 우리 반의 독특한 환경구성을 동료와의 관계 때문에 포기할 것인가? 유지할 것인가?
지역사회와의 관계	성실 대 인내	• 공공기관 협조를 구하기 어려운 상황에서 계획을 포기할 것인가? 계속 시도할 것인가? • 주민권리에 관한 서명운동에 참여할 것인가? 교사로서 사회적 활동에 대해 중립을 지킬 것인가?

출처: 조형숙(2012).

보육교사 윤리강령은 교사가 보육현장에서 딜레마 상황에 부딪혔을 때 그 문제를 해결하는 데 도움을 준다. 보육현장사례에는 여러 입장이 모두 정당하다고 볼 수 있는 딜레마 상황이 있을 수 있어서 한 가지 입장을 선택하기 어려울 수 있다. 이러한 이유에서 보육교사는 어떤 판단을 내리고 행동할 것인가에 대한 기준을 세우고 윤리강령에 따른 현장사례 분석을 통하여 전문가로서의 자질을 향상시킬 필요가 있다. 현장사례를 읽고 분석하는 과정을 살펴보자.

〈표 2-8〉 현장사례 분석하기

① 기본적인 배경 분석하기	• 사건이 발생한 시간과 장소, 관련된 인물과 특성 등 분석
② 현장사례에 포함된 문제 찾아내기	• 가장 핵심이 되는 이슈, 교수-학습이 일어나고 있는 교실의 상황, 교수활동의 목표, 집단 구성, 영유아의 특성 등 찾기 • 현장사례를 더욱 자세히, 잘 이해하기 위해 추가적으로 필요한 정보 등을 찾기
③ 현장사례에 포함된 모든 사람의 관점에서 생각해 보기	• 현장사례에 관련된 인물 찾아내기 • 부모, 영유아, 교사, 행정가 등 각 사람의 관점에서 문제를 생각해 보기
④ 현장사례에 제시된 상황에 전문적 지식 적용시켜 보기	• 각 사람의 관점에 해당하는 윤리강령 연결시켜 보기 • 상황과 관련된 이론을 실제와 통합시켜 보고, 이전에 학습했던 지식을 현재 분석하고 있는 특정한 현장사례에 적용시켜 보기
⑤ 교사 입장에서 문제 해결해 보기	• 현장사례에 나타난 상황에서 교사가 보는 관점, 교사가 취한 행동과 결과, 교사가 고려하지 못한 요인, 윤리강령 등 고려하기
⑥ 사례를 읽는 사람의 관점에서 새로운 대안을 찾아 분석하기	• 가장 우선시되는 윤리강령 선정 및 새로운 대안 제시하기 • 새로운 대안을 충분히 평가해 보고, 가장 적절한 방법을 찾은 후, 결정 내릴 사항을 반성적으로 평가하기

출처: 박은혜 외(2020, 126).

① 영유아에 대한 윤리 사례

♣ 사례 1

또래의 놀이를 방해하거나 문제행동을 계속 일으키는 만 3세 유아에 대해 또래와 다른 학부모까지 문제를 제기한다. 교사가 관심을 보여 주어도 부정적인 행동으로 대응하며 변화가 나타나지 않는다. 결국은 장난감을 빼앗으려다가 다른 아이를 때려 상처를 입혔다.

♣ 사례 2

창희는 종종 공격적인 행동을 한다. 창희가 공격적인 행동을 할 때마다 교사는 창희와 일대일 상호작용을 하며 앞으로는 친구를 때리지 않기로 약속하고 창희의 마음을 달래 준다. 그러나 행동의 변화가 없는 창희로 인해 교실 내에서는 분쟁이 자주 발생한다. 교사는 창희와 일대일 상호작용을 하느라 놀이 시간에 다른 유아와 놀이를 할 시간이 없고 활동 시간에도 자꾸 흐름이 끊기게 된다. 교사는 창희를 지도하느라 다른 유아들을 더 많이 돌보지 못하는 것에 대해 마음이 무겁다(문가영, 조형숙, 2021).

♣ 사례 3

그 아이가 누구를 크게 때리거나 이런 건 아니었는데 튀지 않고 삐딱하게 계속…. 아주 큰 사고를 내지는 않지만 사사건건 약간 삐딱하게 아웃사이더로 돌려서 좀 그렇게 했던 것 같아요. 교사로서 자기 반 아이들 모두를 사랑으로 품을 수 있고 긍정적인 시각으로 봐 주고 그래야 되는데 지금 생각해 보니까 그 애가 약간 떠오르네. 미안한 마음과 함께… 내가 좀 더 긍정의 마음으로 칭찬을 많이 해 주면서 아이의 행동의 변화라든가 올바른 행동으로 가도록 이끌었어야 되는데, 나도 사람인지라 조금 그런 거 있잖아요. '아유 꼴 보기 싫다, 왜 이렇게 미운 행동을 할까?' 하고 마음속으로 품었던 것 같아요. 그러니까 그런 마음을 가졌다는 것 자체가 미안한 거지. 아이들은 말을 안해도 다 통하잖아요. 누가 자기를 더 예뻐하고 안 예뻐하고 뭐 이런 거 있는데, 그때 그 마음이 아마도 좀 전달되지 않았을까… 내가 겉으로 일부러 차별대우를 하지는 않았겠지요, 안 하려고 노력은 했겠지만, 또 요렇게 '아주 예쁜 행동을 하는 아이는 아니다'라는 생각을 가졌다는 것 자체가 또 그 행동으로 인해서 무의식적으로라도 바깥으로 표출되거나 그래서 그 아이한테 아마도 부정적인 영향을 미쳤겠지요. (중략) 그 아이한테 일부러라도 행동적으로라도 더 "사랑해"라는 말을, 안 사랑해도 계속 '사랑해'라고 하면 말이 씨가 된다고 그런 게 많이 바뀌었을 것 같아요. 일부러 행동을 하면서 내 마음, 바라보는 관점도 행동으로 인해서 바뀔 수 있다고 요즘 생각이 들거든요. 그렇게 하면서 부모들과 상의도 하고 좀 긍정적으로 대할 수 있는 많은 적극적인 노력을 할 것 같아요.

② 가정에 대한 윤리

♣ 사례 1

새로 입학한 만 2세 영아의 부모는 절대로 낮잠을 재우지 말아 달라고 부탁한다. 교사는 낮잠 시간 동안 개별적으로 돌보아 주어야 하기 때문에 번번이 보조교사, 원장님의 도움을 받아야 한다. 가끔 영아가 낮잠이 들기도 하여 재우고 나면 부모님은 집에서 잠을 자지 않는다고 재우지 말라고 항의한다.

♣ 사례 2

엄마가 관심 있는 척은 하는데 선생님이 얘기해 주는 것은 한 귀로 듣고 한 귀로 흘려 버리고, 주말에 뭐했냐고 하면 엄마는 집에서 잤고 자기는 할머니와 놀았다고. 할머니와 노는 것은 많고 엄마와 주말에 지낸 것은 가장 적어요. 그래서 엄마에게 뭐 좀 부탁을 드리고 그래요. 너무 힘든 게 뭐냐면 아이들한테 관심 있는 척, 선생님하고 대화할 때는 해 주지만 실질적으로는 엄마가 관심이 없다는 거예요. 그러니까 솔직히 얘가 하나도 변화가 없어요. 발달적인 것이 제자리 걸음하는 것을 볼 때 속상하고 답답하잖아요. 이럴 때 과연 내가 이 아이를 더 이끌어 주어야 되는지, 그냥 손을 놓고 싶고 포기하고 싶어요. 왜냐면 나도 아무리 해 주고 싶지만 내 힘으로는 안 되고 역부족인 걸 어떻게 해요? 그래서 엄마에게 도움을 요청하고 '이렇게 해 주셨으면 좋겠어요'라고 요청했지만 그때 잠시뿐이고 다시 원상태인데 내가 백날 해 봤자 엄마는 별로 신경 쓰거나 받아들이지 않는데 나만 속 터지니까 엄마가 그런 스타일이면 나도 그냥 그런 스타일로 맞춰야 되는 거 아닐까··· (중략) 하루에 열두 번도 포기하고 싶은데, 그 아이가 다른 아이들에 비해서 자꾸 뒤처지는 것 같고 변화가 없는 것 같으면 이끌어 주고 싶은 생각이지 포기는 안 돼요. 그냥 때를 기다리는 게 가장 정답인 것 같아요. 언젠가는 변하겠지, 내가 조바심을 내지 않아야 그 아이를 다그치지 않게 되고 그렇게 항상 결론이 나와요.

♣ 사례 3

지후는 또래에 비해 산만하고, 집중시간이 짧으며 놀이 시간에도 또래와 놀이를 하기보다는 목적 없이 영역을 돌아다니는 경우가 많다. 교사는 지후가 사회성을 기르고, 공동체 생활을 위한 규칙을 준수하는 것이 필요하다고 생각한다. 그러나 지후 어머니는 지후가 발표를 잘하는 아이가 되었으면 좋겠다는 말만 반복하신다. 교사는 교사로서 바라보는 지후의 모습과 지후의 어머니가 바라보는 지후의 모습이 다르다는 생각을 한다. 따라서 지후의 가정과 긴밀한 상담을 통한 연계가 필요하다고 생각되지만, 지후를 지도하는 것은 물론, 지후 어머니까지 설득해야 하는 상황이 버겁다. 부모와의 원만한 관계 형성을 위해 지후 어머니 관점대로 발표 잘하는 아이로 지도하는 것이 나을지 고민이다 (문가영, 조형숙, 2021).

③ 동료에 대한 윤리

♣ 사례 1

옆 반의 신입교사가 만 1세반의 식사시간에 강제로 떠먹이거나 언어적으로 협박하면서 먹이는 것을 여러 번 보았다. 평소에도 자기주장이 강하고, 선배교사에게 묻거나 의논하는 일이 거의 없다. 1세반 영아를 먹이고 재울 때 엄격한 방법으로 지도하는 경향이 있는 것으로 판단된다.

♣ 사례 2

주임선생님이 저와 사적으로 친하다 보니까 어린이집에서 일하는 후임 선생님들의 행동에 대해서 많이 언급을 하세요. 업무지시를 했는데 후임 선생님들이 간혹 잘 챙기지 않고 안 해놓을 때가 있어요. 확인을 해야 '어, 안했다' 하면서 나중에 해오는 것들이 많아서 주임 선생님이 비밀리에 불러서 얘길했어요. "이렇게 일을 신중하게 생각 안 하니까 일을 그르치지 않냐, 확인 절차를 밟을 때까지 하지 않냐, 이런 것에 대해서 약속을 지켜줘라"라고 했어요. 주임선생님은 정말 진심 어리게 얘길 했어요. 그런데 그 모임은 조용히 은밀하게 가진 것인데, 저나 친한 경력자들에게 주임선생님이 '내가 오늘 그런 이야기를 했다'고 했을 때 저 선생님들은 비밀리에 불러 얘기한 것을 알고 있고 그렇게 믿고 있을 텐데 우리에게 얘길하는 것이 옳지 않다는 생각이 조금 들었어요. 하지만 한 동료로서 얘길 들어 준 것 같아요. (중략) 동료로서는 좋았지만, 그 선생님들이 어떻게 보면 문책을 받은 거라 부끄러울 수도 있는데 제가 알게 된 것에 대해서는 기분 안 좋아할 것 같아요(조형숙(2009), 유아교사의 교직 윤리 관련 딜레마에 나타난 갈등 요인. 유아교육학논집, 13(2)).

♣ 사례 3

나는 00어린이집에서 올해로 4년 차 교사로 근무하고 있다. 입사 때부터 영아반을 주로 담당해 왔고, 현재는 영아반 주임교사로 근무하고 있다. 영아반은 유아반과는 다르게 아이들과 있는 시간 동안 긴장의 끈을 놓기 어려운 편이다.
오는 하루도 너무나 정신이 없었다. 내일은 휴일인데 연구수업 준비를 해야 해서 출근을 해야 한다. 출근하는 주중에는 아이들과 끊임없는 일과로 쉴 수 없고, 휴일에는 연구수업을 하기 위해 또 일해야 한다고 생각하니 벌써부터 스트레스를 받는다. 과연 연구수업, 장학을 함으로써 나에게 남는 것이 무엇인가 싶다(박은혜 외, 2020).

♣ 사례 4

정교사가 근무하는 어린이집은 교사의 자율성을 존중해 주는 어린이집으로 유아의 흥미에 따라 학급마다 활동을 서로 다르게 진행하는 것이 자유롭다. 정교사는 학교에서 배운 아동교육철학을 실천하며 학급 운영을 하고 싶은 마음이 간절하다. 그러나 공동업무를 하다 보면 퇴근시간이 되어 불안한 마음을 안고 퇴근을 하고, 아침에 일찍 와서 수업 준비를 한다. 일찍 퇴근하는 분위기 속에서 혼자 남아 수업 준비를 하는 것도 눈치가 보이고, 선배 교사들은 다 잘 해내는 것 같은데 노하우를 공유해 주지 않아 외톨이가 된 것처럼 느껴진다. 교사들과 원만한 관계 형성을 위해 공동업무를 우선에 두어야 하는 것인지, 학급을 운영하는 것이 벅차기에 학급 운영 관련 업무부터 해야 하는지 혼란스럽다.

④ 사회에 대한 윤리

서교사 반은 이야기 할머니, 자연놀이 할아버지 등 세 개의 지역사회 연계 프로그램이 이루어진다. 지역사회연계 프로그램이 많아 주제 전개나 놀이 시간이 부족하다. 할아버지, 할머니께서 활동하실 때 자주 명령조로 이야기하시고, 유아가 이해하기 어려운 용어를 사용하시거나 혼을 내기도 하신다. 이에 지역사회 연계 프로그램이 교사에게도, 유아에게도 부담이 되는 상황이다. 서교사는 지역사회 연계 프로그램 대신 주제에 맞추어서 현장학습을 가고, 주제에 적합한 인적 자원을 활용하고 싶다. 그러나 어떤 노력을 할 수 있을지 모르겠고, 다른 교사들은 문제를 느끼는 것 같지 않아 그냥 이대로 있는 게 나은 건지 고민이 된다(문가영, 조형숙, 2021).

현장사례에서 절대적으로 옳은 단 하나의 해결방안은 없다. 딜레마 상황에서 보육교사는 그 순간, 그 상황에서 가장 최선이라고 생각하는 해결방안을 모색해야 하고, 그 해결방안이 적절한지에 대해 끊임 없이 반성적 사고를 통해 되돌아봐야 한다. 중요한 것은 보육교사가 영유아의 목소리에 귀를 기울였는지, 영유아의 목소리를 대변하고 있는지를 항상 고려하는 것이다.

〈표 2-9〉 윤리적 딜레마 적용하기

딜레마 사례	만 3세인 상호는 자유선택활동 시간에는 주로 쌓기영역에서 자동차를 가지고 논다. 놀이를 하다가 다른 유아와 갈등 상황이 잦아 상호가 불편하게 했다거나 놀잇감을 말없이 빼앗아 간다고 울면서 담임 교사에게 하소연하는 경우가 종종 발생한다. 대집단 활동 시간에는 다른 소리를 내거나 우는 경우가 많아 수업을 방해하는 행동을 자주 한다. 또한, 낮잠 시간에는 머리를 흔들거나 손발을 허우적거리며 다른 유아가 잠드는 것을 방해하기도 한다. 담임인 김 선생님은 부담임 선생님이 상호 옆에 종일 붙어 있을 때 수업이 더 수월하게 진행되는 것을 느낀다. 부담임 선생님은 일과의 대부분을 상호를 전담하여 돌보고, 상호의 행동에 뒷수습을 하느라 지칠 때가 있다. 가끔 울음을 쉽게 그치지 않아 수업 진행이 어려울 때에는 원장실로 보내 진정될 때까지 있도록 한다. 그러나 원장 선생님은 다른 학부모와 상담 중일 경우 기관에 대한 편견을 주게 될까봐 걱정되고 당황스럽다. 이런 일이 반복될 때마다 원장으로서 교사의 지도 능력에 의심이 드는 것은 어쩔 수 없는 사실이다. 어느 날 수영이 어머니가 김 선생님께 전화를 걸어 상호가 수영이를 괴롭힌다며 불만을 토로하였다. 수영이 어머니는 선생님들이 모든 유아에게 골고루 관심을 기울였으면 좋겠다고 말하며 상호를 언급하였다. 김 선생님은 상호 어머니에게 바로 전화하여 수영이와의 일과 몇몇 문제 행동 사례를 이야기하였다.. 상호 어머니는 김 선생님의 얘기를 대수롭지 않게 여기며 "아직 아기라… 이제 적응하는 중인데요. 집에서도 낮잠은 안 자요. 놀 게 없으면 그러는 것 같더라구요.라고 말하였다.
생각해 보기	① 사례에 나타나는 인물과 관련 있는 윤리강령을 모두 찾아봅시다. ② 사례에 나타난 교사의 입장에서 생각해 봅시다. 교사의 해결방안은 무엇이었나? 현장사례의 관련 인물 중 누구의 이익을 보장하고, 누구의 이익을 보류하였나? ③ 〈영유아에 대한 윤리〉를 찾아보고, 빠뜨린 윤리강령이 있는지 생각해 보자. ④ 그중에서 가장 중요하게 고려해야 할 윤리강령은 무엇인지, 해당 윤리강령에 기초한 해결방안에 대해 이야기 나누어 보자.

출처: 박은혜 외(2020).

〈표 2-10〉 딜레마 상황 분석하기 예

<table>
<tr><td colspan="3">① 기본 정보</td><td>• 만 3세 유아의 특성
• 상호의 행동 유형
• 상호와 수영이의 관계</td></tr>
<tr><td colspan="3">② 사례에 나타난 문제</td><td>• 만 3세인 상호가 수업을 방해하는 행동을 자주 하여 부담임 교사가 거의 항상 옆에 앉아 있음
• 같은 반 수영이 어머니로부터 상호가 수영이를 괴롭힌다는 얘기와 상호에게만 선생님의 관심이 집중되는 것 같다는 항의 전화를 받음</td></tr>
<tr><td rowspan="7">③ 사례 관련 인물</td><td>관련 있는 사람</td><td colspan="2">담임 교사, 수영 또는 수영 어머니, 부담임교사, 같은 반 아동들, 상호 또는 상호 어머니, 원장</td></tr>
<tr><td rowspan="6">인물별 관점</td><td>담임교사</td><td>• 전체 수업을 원활하게 진행하기 위하여 수업을 방해하는 상호를 부담임이 맡아 주길 바람
• 상호에게는 집단 활동에 참여하는 것보다 개별지도가 더 필요하다고 생각함</td></tr>
<tr><td>부담임 교사</td><td>• 온종일 상호를 맡아 있느라 다른 유아와 상호작용하거나 수업을 보기 어려움
• 상호의 행동에 일일이 반응하고 뒷수습을 하느라 지칠 때가 있음</td></tr>
<tr><td>상호 또는 상호 어머니</td><td>• 상호 입장에서는 수영이나 다른 친구들과 놀고 싶은 마음임
• 집단생활에 적응하는 과정에 있음
• 만 3세 유아의 일반적인 특징이라고 생각함
• 수업이 지루하거나 낮잠 자는 것이 싫어서 하는 행동임</td></tr>
<tr><td>수영 또는 수영 어머니</td><td>• 수영이 입장에서는 상호가 놀잇감을 마음대로 가지고 가고 상호 때문에 즐겁게 놀이할 수 없어서 불편하고 속상함
• 수영이로부터 상호가 괴롭힌다는 이야기를 듣고 매우 속상함
• 선생님들이 상호만 신경 쓰느라 수영이나 다른 유아들에게 소홀할까 봐 걱정됨</td></tr>
<tr><td>같은 반 아동들</td><td>• 선생님들이 상호 옆에만 있어서 샘남
• 상호가 놀이, 대집단 활동, 낮잠 등을 방해해서 불편함
• 상호만 낮잠을 자지 않는 것이 부러움</td></tr>
<tr><td>원장</td><td>• 가끔 상호가 원장실에 올 때 중요한 일이 중단되거나 다른 학부모와 상담 중이어서 당황스러울 때가 있음
• 반에서 지도가 원활히 이루어지지 않는 것 같아 교사의 능력이 의심될 때가 있음
• 다른 학부모들에게 기관 및 교사에 대한 편견을 주게 될까 봐 걱정됨</td></tr>
</table>

<table>
<tr><td rowspan="2">④
관련
지식</td><td>관련
이론</td><td>• 만 3세 유아의 놀이 및 발달 특성에 대한 이론
• 바람직한 행동에 대한 모델링(행동발달이론)
• 유능한 유아가 도움을 줄 수 있도록 지원(비계 설정)</td></tr>
<tr><td>관련
윤리
강령</td><td>〈영유아에 대한 윤리〉
개별적 상호작용 속에서 영유아의 요구를 수용하기 위해 노력한다.</td></tr>
<tr><td colspan="2">⑤ 교사의 해결방안
검토</td><td>• 부담임교사가 상호를 일대일로 맡아 지도하고 있거나, 울음이 길어질 경우 원장실로 보내어 마음을 가라앉히고 교실로 돌아올 수 있도록 지도하고 있음
• 상호는 담임교사보다 다른 교사와 더 안정적인 애착을 형성하게 될 수 있음</td></tr>
<tr><td colspan="2">⑥ 토론자 입장에서
대안 모색</td><td>• 담임과 부담임이 역할을 번갈아 가며 상호를 개별지도하고 상호가 점차 집단활동에 참여할 수 있도록 함
• 상호의 또래 관계를 파악하여 도움을 줄 수 있는 유아와 활동을 함께 하도록 함
• 상호가 교사 및 또래와 긍정적인 상호작용을 할 수 있도록 또래 관계 증진 지원, 교사의 바람직한 모델링 등의 방법을 사용함</td></tr>
</table>

출처: 박은혜 외(2020, 177-178).

제3장
보육교사의 인성

1. 보육교사의 자기 이해

1) 자아존중감

자아존중감은 한 개인이 자신의 재능이나 가치에 대해 긍정적으로 생각하며, 자기 자신에게 가치를 부여하는 것으로 자신의 능력과 가치에 대한 기본적인 자신감에서 비롯된다. 자아존중감은 자신의 자질이나 능력에 대해 느끼는 감정을 기억함으로써 현실의 어려움을 극복하고, 도전하고 희망적으로 미래를 열어 가는 에너지이다(Duclos, 2007; 김은설 외, 2016, 10 재인용).

자아존중감은 자신의 내적 가치에 대한 자아존중감과 겉으로 드러나는 가치에 대한 자아존중감으로 구별된다. 내적 가치보다 사회적 명성, 성과, 외모, 능력 등 외재적 가치에 집중하는 사람은 긴장과 스트레스를 가지고 살아가게 된다.

우리가 스스로 판단하는 내재적 가치와 타인에 의해 형성되는 외재적 가치는 서로 영향을 주고받는다. 이 두 가지 유형의 가치가 역동적으로 상호작용하여 긍정적인 자아존중감이 형성되도록 하는 것이 중요하다. 자아존중감이 높으면 자신의 일에 대한 책임을 질 수 있고 타인을 배려하기 때문에 영유아를 잘 이해하고 동료들과의 대인관계도 원만하게 형성된다. 또한 자신에 대해 긍정적이기 때문에 직무에 대한 만족도도 비교적 높게 나타난다. 다음은 보육교사로서의 자아존중감을 평가해 볼 수 있는 활동이다.

〈표 3-1〉 **자아존중감 평가**

※ 각 문항의 내용이 자신의 생각과 가장 가까운 곳에 √표 해 주세요. "전혀 아니다(1점)"부터 "매우 그렇다(7점)"까지 동의하는 정도를 선택해 주세요.

문 항		전혀 아니다 ↔ 매우 그렇다						
자존감 (14)		①	②	③	④	⑤	⑥	⑦
1	나는 보육에 필요한 자료나 도구를 활용하는 아이디어가 많다.							
2	나는 학부모들이 잘 참여하도록 만들 수 있다.							
3	나는 영유아가 어린이집에 오는 것을 즐기도록 만들 수 있다.							
4	나는 내가 하는 일을 잘 못하고 있는 것 같다.							
5	나는 예민하고 까다로운 영유아를 효과적으로 지도할 수 있다.							
6	나는 무슨 일을 하든지 정신을 집중하기가 힘들다.							
7	나는 위험한 상황에서 잘 대처할 수 없을 것 같아서 불안하다.							
8	나는 큰 문제가 생기면 불안해져서 아무것도 할 수 없다.							
9	나는 남들만큼은 일을 잘할 수 있다고 생각한다.							
10	나는 영유아가 어린이집 생활에 자신감을 갖도록 할 수 있다.							
11	나는 하려고만 하면 무엇이든 해낼 수 있다고 생각한다.							

	문 항	전혀 아니다 ↔ 매우 그렇다						
12	다른 사람을 대할 때 실수를 저지를까 두려움을 느낀다.							
13	나는 매력이 없는 사람인 것 같다.							
14	나는 어려운 일이 생기면 당황스러워 어찌할 바를 모른다.							

출처: 김은설 외(2016, 31).

2) 자아효능감과 교사효능감

자아효능감(self-efficacy)은 '일정한 성취를 얻기 위해 필요한 행위를 조직하고 실행하는 자신의 능력에 대해 기대하는 미래지향적인 신념'을 말한다(Bandura, 1997). 자아효능감은 개인의 내적 동기 부분이자 교사로서 자신의 능력에 대한 믿음으로 영유아 지도와 직무수행 중에 부딪히게 될 어려운 문제를 해결하는 데 원동력이 될 뿐 아니라 해결방안도 제시할 수 있다(이재일, 2010).

자아효능감이 높은 교사들은 가르치는 일에 자신감이 있고 영유아의 입장을 잘 고려한다. 이에 예비교사들은 자아효능감과 같은 자신의 내면적 특성을 이해하고, 더 나아가 영유아의 행동에 영향을 끼칠 수 있는 능력인 교사효능감을 발휘해야 한다.

(1) 교사효능감의 개념

보육교사는 영유아의 행동과 학습, 발달에 영향을 미치는 주요 요인이다. 보육교사의 교육신념은 보육의 효율성 촉진, 영유아와의 상호작용, 교사의 인식과 판단 및 행동의 과정에 영향을 미치게 된다. 이러한 교육신념은 교사가 학생의 학습에 영향을 미칠 것이라는 교사의 기대감이며, 학생의 학습을 가능하게 하는 능력과 기술을 교사 자신이 가지고 있다고 믿는 신념으로 이를 교사효능감이라고 한다(Gibson & Dembo, 1984).

랜드 그룹(RAND Group)은 교사효능감을 학생이나 외부 환경에 비해 교사 자신이, 학생의 성취를 통제하는 데 절대적인 영향력을 갖고 있다고 믿는 신념의 정도로 정의하였다. 리그스와 에녹스(Riggs & Enochs)는 한 교사 개인이 학생의 성취에 필요한 능력을 갖고 있다고 믿는 정도와, 자신의 교수 행위가 학생의 성취에 긍정적인 영향을 줄 것이라고 기대하는 정도를 교사효능감이라고 하였다.

정리하면 교사효능감은 교사가 학생의 성장과 발달에 긍정적인 영향을 미칠 수 있다는 개인적인 신념과 학생의 성취와 동기를 통제할 수 있다고 믿는 교사 자신에 대한 신뢰수준으로 효과적인 수업 활동과 교수·학습 방법을 선택하는 데 영향을 주어 학생의 성취도에 영향을 주게 된다(김정희 외, 2020, 75).

교사효능감에는 교사가 영유아에게 영향을 미칠 수 있다고 생각하는 일반 교수 효능감과 교사로서 자신이 잘 할 수 있는지에 대한 자신감에 해당하는 개인 교수 효능감으로 구분하였다.

〈표 3-2〉 교사효능감

일반 교수 효능감	• 영유아들의 가정이나 지능, 환경 등 교수·학습과 관련되어 주어진 요인들을 교수·학습을 수행하는 교사가 얼마나 잘 통제할 수 있는지에 대한 영향력을 의미함 • 영유아의 성취를 통제하는 요인 → 교사/ 영유아/ 환경인가? • 영유아의 성취를 통제하는 요인이 일반적으로 교사인지 아니면 주변 환경인지에 대한 판단을 요구한다.
개인 교수 효능감	• 영유아에게 긍정적인 변화를 일으킬 수 있는 능력에 대한 교사 자신의 개인적인 평가를 의미함 • "내가(교사 개인이) 열심히 하면 학업 동기가 부족한 영유아라도 잘 지도할 수 있다"는 믿음이다. ▶ 교수 효능감이 높은 교사는 실험적, 도전적이며 수업의 질에 많은 영향을 미친다.

다음에 제시된 교수 효능감 검사를 해 보자. 일반 교수 효능감은 12문항, 개인 교수 효능감은 13문항이다. 각 문항은 5점 척도로 평정되어 있고, 점수 범위는 일반 교수 효능감이 12~60점, 개인 교수 효능감이 13~65점으로 구성되어 있다.

1. 다음 문항을 읽고 자신이 생각하는 번호에 표시한다.
   ① 그렇지 않다　② 약간 그렇다　③ 보통이다
   ④ 대체로 그렇다　⑤ 매우 그렇다
2. 분석: 교사효능감 검사는 전체 항목에 대한 평균 점수를 계산하여 4.0점 이상은 '상' 3.1~3.9점은 '중', 3.0점 이하는 '하'로 평가한다.

일반 교수 효능감	①	②	③	④	⑤
1. 유아가 평소보다 적극적으로 활동을 하는 것은 교사의 노력 때문이다.					
2. 유아의 학습 능력이 좋아졌다면, 교사의 효과적인 교수방법 때문이다.					
3. 유아가 어떤 활동에 흥미를 보이지 않는 것은 교사의 교수방법이 적절하지 못했기 때문이다.					
4. 유아의 능력이 다소 부족하다 해도, 교사가 효과적인 교수방법을 사용하면 극복될 수 있다.					
5. 몇몇 유아가 활동에 흥미를 보이지 않는 것은 교사의 탓이라고 할 수 있다.*					
6. 어떤 활동에 관심이 없던 유아가 활발한 참여를 하는 것은 교사의 적극적인 시도 덕분이다.					
7. 교사가 아무리 교수에 많은 노력을 기울일지라도 어떤 활동에 대한 유아의 태도는 변하지 않을 것이다.*					
8. 어떤 활동에 대한 유아의 관심과 흥미 정도는 일반적으로 교사에게 책임이 있다.					
9. 유아의 적극적인 활동 참여는 그 활동에 대한 교사의 교수 능력과 직접적인 관련이 있다.					
10. 유아가 어린이집의 활동에 흥미를 많이 보인다는 부모의 반응은 아마도 교사의 적절한 교수 때문일 것이다.					
11. 어떤 활동에 전혀 관심을 보이지 않는 유아에게는 교사가 효과적으로 교수를 해도 영향을 미치지 않는다.*					
12. 교사가 뛰어난 교수 능력을 가졌어도 어떤 유아에게는 동기유발을 시킬 수 없다.*					

개인 교수 효능감	①	②	③	④	⑤
1. 나는 효과적인 교수방법이 무엇인지 알아내고자 끊임없이 노력한다.					
2. 나는 아무리 노력해도 어떤 영역의 활동은 다른 영역의 활동보다 더 잘 지도하지는 못한다고 생각한다.*					
3. 나는 유아들을 효과적으로 지도하기 위한 단계를 알고 있다.					
4. 나는 유아들을 지도하는 데 있어서 그다지 유능하지 않은 것 같다.*					
5. 나는 보통 유아들을 비효과적인 방법으로 지도한다.*					
6. 나는 유아들을 지도하는 데 필요한 만큼의 지식이 있다.					
7. 나는 유아들에게 어떤 활동을 왜 하는지 이해시키는 데 어려움을 느낀다.*					
8. 나는 유아들이 질문할 때, 적절하게 대답할 자신이 있다.					
9. 나는 유아들을 지도하는 교사로서 필요한 능력을 가지고 있는지 염려된다.*					
10. 나는 나의 교수능력에 대해 외부 전문가로부터 객관적으로 평가받는 것이 꺼려진다.*					
11. 나는 유아가 어려움을 나타낼 때 어떻게 지도해야 할지 당황한다.*					
12. 나는 유아의 질문을 반기고 격려한다.					
13. 나는 유아들이 어떤 것에 관심을 갖도록 하기 위해서 어떻게 해야 할지 모르겠다.*					
평균 점수					

문항 계산 방법: * 표시가 없는 문항은 그대로, * 표시가 있는 문항은 역으로 계산함. (즉, ⑤→①, ①→⑤로)

출처: 박은혜(2017).

(2) 교사효능감 형성에 영향을 주는 요인과 지원방안

교사효능감 형성에 영향을 미치는 요인으로는 교사교육, 교육 경험, 사회적 환경, 개인적 배경으로 나누어 볼 수 있다.

① 교사교육: 교사는 교사 교육을 통해 실제 교수 방법을 개선하고 이를 통해 지식과 기술에 대한 자신감을 갖게 됨으로써 교사효능감을 형성하게 된다.

② 교육 경험: 교사 개인의 성공적이거나 실패한 교육 경험에 대한 자기 평가가 교사의 효능감 수준의 차이를 가져온다.
③ 사회적 환경: 근무하고 있는 어린이집의 진급 체계라든지, 의사 결정 과정에의 참여 정도, 행정가의 정도, 그리고 동료의 지원 등과 같은 사회적 환경 변인이 교사의 효능감 형성에 영향을 준다.
④ 개인적 배경: 교사가 갖고 있는 자아 개념, 성취 동기, 성별 등과 같은 개인적 변인에 의해 효능감에 차이가 나타날 수 있다.

이와 같이 교사효능감에 영향을 미치는 다양한 요인이 있지만, 현직교사들에게 교사효능감을 형성하도록 지원하는 것은 매우 중요하다. 그 방안에 대해 살펴보자.

첫째, 교사 자신의 효능감에 대한 평가 활동을 해 보고, 원장 또는 선임 교사가 더 좋은 교수 방법의 예를 직접 보여 주어 효능감을 높인다.

둘째, 교사들이 직접 교수 기술을 익힐 수 있도록 역할놀이나 모의수업의 기회를 제공하고 이에 대한 피드백을 제공한다.

3) 자기조절

자기조절은 자신의 의도와 목표, 자기개념이 행동으로 드러나도록 실행에 옮기고 자신의 행동을 수정하거나 외부를 변화시켜 개인적 목표에 합치되는 결과를 가져오는 심적 및 행동적 과정이다(Fiske & Talor, 1991). 자기조절력은 자기 통제, 자아통제, 자기관리, 자기 점검 등의 용어와 동일한 의미로 사용되기도 한다. 자기조절력은 자신의 감정이나 욕구를 정확하게 인식하여 과제를 계획하거나 수행하고, 자신이 하고자 하는 것이나 자기의 관심에 따라 행동을 선택하고 결정할 수 있도록 돕는 능력(김장희 외, 2020, 59)이다.

자기조절력은 보육교사가 어떤 문제에 봉착했을 때 자신의 감정적인 두려움, 정서적 불안정 등을 해결할 때 나타나는 태도와 관련이 있다. 개인의 자기 조절력은 문제를 해결하기 위한 방향을 모색하거나 시도할 때 판단을 보다 합리적으로 하여 좀 더 현명한 선택을 하도록 돕는다.

변상우(2017)는 자기조절력의 구성요소를 인지조절, 정서조절, 행동조절, 메타인지조절로 구분하였다(김정희 외, 2020 재인용).

① 인지조절: 자신의 인지과정을 이해하고, 변화하는 사회문화적 상황에 따라 융통성을 발휘하여 자신의 행동을 계획하거나 점검 및 평가할 수 있는 능력이다. 인지조절은 자기조절 기능과 관련되는 계획, 점검, 평가와 같은 전략들에 대한 지식을 획득하고 자율적 또는 능동적으로 활용하는 것으로 인간의 기본적인 문제해결능력 중 하나로, 사회적 상호작용을 통해 활발하게 이루어질 뿐만 아니라 성공적인 사회생활을 위해 중요한 역할을 한다.

② 정서조절: 사회적 상황에서 사회적으로 승인된 바람직한 행동으로 자신의 정서적 각성을 억제, 증강, 유지하므로 자신의 정서를 조절하는 능력이며, 자신의 정서를 균형 있게 조절할 줄 아는 것으로 자신에 대한 인식을 기초로 형성된다. 즉, 정서조절은 자신의 정서를 조절하는 능력이며, 자신의 감정 상태를 정확하게 인식하고 그 감정으로 인해 다른 사람에게 끼치게 되는 영향을 고려하여 타인의 사고와 감정 및 의도를 이해하고 공감하며 적절하게 대처하는 능력을 의미한다.

③ 행동조절: 행동조절능력은 조화롭고 융통성 있는 방식으로 환경에 적응을 잘하고 상황에 따라 자신의 행동을 규제하고 조정함으로써 상황에 적합한 외현적인 행동을 취하는 능력이다(Olson & Kashiwagi, 2001; 김정희 외, 2020 재인용). 행동통제는 자신이 검토한 인지를 포함하여 상황의 선택과 계획, 행동조절을 통한 실행, 실행 후 평가, 그 결과에 따라 통제하는 능력이다.

④ 메타인지조절: 메타인지란 문제해결을 위해 사고과정 및 문제해결과정을 알고 점검하며 적절한 전략을 사용하여 습득된 지식을 적용하는 과정으로, 문

제해결단계와 전략을 구상하고, 선택하며, 사고 결과에 대한 반성과 평가를 할 수 있는 능력이다. 메타인지조절은 자신의 생각이 정확하게 묘사되고 있는지, 문제를 해결할 경우 얼마나 사태를 잘 파악하고 있는지, 문제해결을 위해 이미 알고 있는 지식과 관찰된 정보를 얼마나 잘 활용하는지, 문제에 대한 생각과 확신이 무엇인지 등을 파악하는 데 도움이 된다.

〈표 3-3〉 자기통제 척도

다음의 각 문항을 읽고 자신이 생각하는 번호에 표시한다.
① 그렇지 않다 ② 약간 그렇지 않다 ③ 보통이다.
④ 대체로 그렇다 ⑤ 매우 그렇다

설문 문항	①	②	③	④	⑤
1. 정해진 규칙은 보는 사람이 없어도 잘 따른다.*					
2. 얌전한 자세로 앉아 있어야 할 때 얌전히 있을 수 있다.*					
3. 어떤 일을 할 때 잘 집중하는 편이다.*					
4. 다른 사람과의 대화 시에 끼어들기를 잘한다.					
5. 급하게 일하다가 실수가 잦은 편이다.					
6. 가지고 싶은 물건이 있거나 하고 싶은 일이 있으면 바로 하거나 가지려고 한다.					
7. 어떤 일을 하기 전에 곰곰이 생각하는 편이다.*					
8. 재미 없는 일이라도 끝까지 집중하는 편이다.*					
9. 기쁘거나 기분이 상하거나 기분을 나타내지 않으려고 노력한다.					
10. 생각을 깊이 하는 편이다.*					
11. 지금 즐겁더라도 나중에 손해 보는 일이라면 하지 않는다.*					
12. 내게 이득이 되는 일이라면 타인에게 좋지 않은 일이라도 한다.					
13. 새로운 일이나 놀이를 시작하면 열심히 하지만 곧 싫증이 난다.					
14. 작은 일에도 쉽게 흥분한다.					
15. 화가 나거나 욕을 하고 싶어도 참는다.*					
합 계					

※ 장기적 만족 추구(1, 2, 3, 7, 8, 10, 11, 15)와 즉각적 만족 추구(4, 5, 6, 9, 12, 13, 14)와 관련된 문항으로 구성되어 있다. 장기적 만족 추구 점수가 높을 때 자기 통제력이 강하다고 볼 수 있다.

출처: Gottfredson & Hirschi(1990); 백혜리(2008) 재인용.

2. 보육교사의 인성

1) 보육교사 인성의 개념과 중요성

인성에 대한 정의는 성격, 개성, 인간 본성, 성품, 도덕성 등으로 다양하게 규정하고 있다. 사전적 의미로는 '사람의 성품' 또는 '각 개인이 가지는 사고와 태도 및 행동 특성'으로 정의되어 있다(국립국어원, 2016). 학자에 따라서 개성, 기질, 성격 등 개인의 심리적 특성을 강조하기도 하고, 인간성, 사람됨, 도덕성 등 개인이 내면화해야 할 사회나 시대의 신념, 문화, 가치를 보다 강조하기도 한다.

최근 영유아 교육계에는 교사 인성과 관련된 법 제정과 제도적 변화가 다양하게 이루어지고 있다. 2015년 7월 제정된 「인성교육진흥법」은 국가와 지방자치단체, 학교에 인성 교육 의무를 부여하였다(법제처, 2015). 어린이집 교사 자격을 취득하기 위해서는 인성 교과목을 필수로 이수해야 하고, 유치원 교사 자격을 취득하기 위해서는 교직적성 및 인성 검사를 2회 이상 실시하여 적격 판정을 받아야 한다(김은영, 박창현, 김혜진 외, 2018). 교육부는 교원 임용 전형에서 인성 요소를 포함한 심층면접 평가지표 개선(교육부, 2015), 2019년부터 교원 연구 중점 추진방향으로 연간 4시간 이상의 인성교육 등을 실시하도록 제안하였다(교육부, 2018).

이와 같이 예비교사와 현직교사의 인성 강화정책이 강조되고 있는 이유는 보육교사의 인성이 직무와 밀접한 관계가 있고 특별히 영유아에게 미치는 영향력이 크기 때문이다.

첫째, 보육교사는 영유아를 대신하여 그들의 권리를 주장하고 주변 사람이 영유아를 존중하도록 해야 하기 때문이다. 영유아는 자신의 권리를 스스로 주장하기 어렵기 때문에 보육교사는 이들의 권리를 대변하는 사람이 되어야 한다.

둘째, 보육교사는 영유아에게 바람직한 모델이 되어야 하기 때문이다. 맞벌이 가정의 증가, 핵가족화 등의 사회적 구조 변화로 어린이집에 다니는 영유아의 연령이 낮아지고 어린이집에 머무는 시간이 증가함에 따라(차선희, 이진숙, 2018; 황선영, 2016) 장시간 지속적으로 정서적 유대를 맺는 보육교사의 전문적 자질과 개인적 자질이 강조되고 있다(박은혜, 2017; 염지숙, 이명순, 조형숙 외, 2018). 특히 영유아기는 언어나 행동의 모델링이 강한 시기이기 때문에 보육교사의 인성이 영유아의 인성에 큰 영향을 미치게 된다(정은희, 2019).

셋째, 부모가 유아교육기관을 선정할 때 보육교사의 인성을 가장 중요하게 본다. 한국교육개발원 여론조사 결과(김정민, 양승실, 이선호 외, 2014)는 부모가 유아교육기관을 선정할 때 보육교사의 인성을 가장 우선시하는 것으로 나타났다. 또한 보육교사를 보는 관점이 '전문성을 바탕으로 인성을 갖춘 교사'에서 '인성을 바탕으로 전문성을 갖춘 교사'로 변화하고 있다(이성희, 신선애, 2018)는 것에서도 교사의 인성의 중요성을 파악해 볼 수 있다.

2) 보육교사 인성 요소

보육교사의 인성을 "사람의 성품, 인격, 덕성"으로 정의하고, 구성 요소로는 인간애(이타심, 용서), 긍정적 자아개념(자기개발, 주도적 자아성취), 사회관계(자기조절, 의사소통, 공감적 이해), 직무수행(직무수행태도), 창의 · 인성(유머 및 위트, 사회문제 인식, 창의적 성향)으로 보면서(전재선, 2011), 교사 인성의 정의적 측면을 강조하였다. 서경혜(2013)는 교사의 인성 구성 요소로 자기조절, 반성적 실천, 지속적 배움, 존중, 의사소통, 협력, 윤리의식, 정의감, 책임감 등 9가지를 제시하였다. 의사소통능력 등 인지적 측면도 고려했으나 사회성과 감성 능력을 제고하면서 정의적인 면을 강조하였다.

김은설 · 김길숙 · 이민경(2015)은 영유아교사 인성평가 도구를 보편적 인성(사회성, 책임감·성실성, 타인존중·배려심, 자기조절, 심리적 안정), 교사로서의 인성(공감·정의감, 교직관, 민감성·수용성)으로 구성하였다. 이들은 예비교사의 교육과정과 현직교육을 통한 교사 인성 함양을 위한 교육의 중요성을 강조하였고, 이에 영유아교사의 인성 요소를 보편적인 기본 인성 요소와 영유아교사로서의 인성인 교직 인성 요소로 구분하여 제시하였다. 김성원 · 신정애(2019)는 영유아교사 인성 요소를 존중(영유아·부모·동료에 대한 존중과 소명감), 인간관계(대인관계, 양심, 윤리, 예를 전제로 하는 인간관계), 배려와 협력, 자기조절(정직, 자기조절, 정의, 인내, 용기, 타인 배려), 성실로 구분하였다.

〈표 3-4〉 영유아교사의 인성 요소

구분	구성요인	정의
보편적 인성	자기조절력	자신의 감정 상태를 인식해 정서를 조절하고 통제할 수 있는 능력 행동 억제, 충동 억제, 만족 지연, 유혹에의 저항
	자존감	자신이 소중한 존재이고 유능한 사람이라고 믿는 마음
	책임감 · 성실성	맡은 일을 완수하고자 하는 의욕과 자발성이 강한 정도 자신이 맡은 일을 열심히 하고 끝까지 마무리 짓는 성향
	도덕성	준법정신, 공정 · 공평성, 약자에 대한 우선권, 직업윤리 의식 정직성, 공사 구분, 법질서 준수, 옳음에 대한 판단
	사회성	사회적 상황에 적응하는 능력 적극적 참여, 협동, 원만한 관계 유지, 사교적, 친절
	타인존중 · 배려심	다른 사람의 생각이나 감정을 인정 상대방 입장을 먼저 생각하고 다른 사람을 돕는 행동
	심리적 건강	정신적인 균형 유지와 정신건강과 적응의 조화 불안감, 우울, 편집증 등 정신건강 구성요소의 정상성
교사로서의 인성	교직관 (소명의식)	직업 활동에 삶의 의미와 목적 부여 직업을 천직으로 여기고 헌신
	수용성	이해하고 수용할 수 있는 열린 마음 선입견을 갖지 않는 것
	민감성	다양한 신호와 접근에 대해 이해하고, 신호와 요구에 신속하게 대처하는 것
	인내심	괴로움이나 어려움을 참고 견딤
	공감적 이해	타인이 느끼고 생각하는 바를 이해하는 인지적 공감 타인의 정서를 대리 경험하는 정서적 공감
	영유아에 대한 열정	영유아의 발달과 성장에 도움되는 일을 적극적으로 수행 필요한 사항을 탐색하고, 개개인의 상황에 적합한 지원을 제공하는 것
	주도성	자신의 삶을 적극적으로 이끌어 나가는 능력 리더십, 지도력

출처: 김은설, 김길숙, 이민경(2015, 27).

위의 표와 같이 보편적 인성 요소로는 자기조절, 자존감, 책임감 및 성실성, 도덕성, 사회성, 타인 존중 및 배려, 심리적 건강으로 직업과는 관련 없이 인간으로서 누구나 지녀야 할 도덕적, 윤리적, 정서적 기본 특성이다.

교사로서의 인성은 교사이기 때문에 요구되는 사회 정서적 요인들과 관련된 인성을 말한다. 보육교사로서의 인성 요소로는 교직관(소명의식), 수용성, 민감성, 인내심, 공감적 이해, 영유아에 대한 열정, 주도성이 있으며 그 의미를 구체적으로 살펴보면 다음과 같다.

① 교직관(소명의식): 교사라는 직업에 대한 의식으로 교직을 천직으로 여기고 헌신하는 태도, 열악한 근무조건과 보수에도 불구하고 자기 일에 열정을 가지고 보람을 찾으며 헌신함을 의미한다.

② 수용성: 타인의 현재 수준을 이해하고 수용할 수 있는 열린 마음, 포용력, 융통적인 태도를 지니고, 선입견을 갖지 않는 것이다(김혜경, 2012). 여러 명의 영유아를 한꺼번에 대해야 하는 교사라는 직업은 영유아들이 보이는 다양한 기질이나 태도에 대해 개방적인 마음으로 수용하는 것이 중요하다.

③ 민감성: 영유아가 교사에게 전달하는 다양한 신호와 접근에 대해 잘 이해하고 이에 신속하게 대처하는 것이다(민광미, 2014). 교사는 영유아의 감정이나 원하는 것을 알아차리고 그에 맞게 적절하게 반응해야 한다. 이는 영유아들이 발달단계상 아직 자기를 표현하고 언어로 의사소통하는 데 미숙하기 때문에 교사는 이들의 요구와 표현에 대해 쉽게 이해하고 반응해 주는 것이 매우 중요하다.

④ 인내심: 괴로움이나 어려움을 참고 견딤을 의미한다. 어린이집의 일과 시간 중 영유아의 개별적 특성 때문에 발생하는 다양한 상황들이 전개된다. 예를 들어 느린 아동의 느린 행동을 기다려야 하지만 때에 따라 교사의 개입이 필요할 때도 있다. 그러나 교육적으로 영유아가 성취감을 맛 보고 진정한 성장을 이루어 나가도록 하기 위해서는 그들이 하는 행동을 마칠 때까지 기다려 주어야 한다.

⑤ 공감적 이해: 타인의 정서 상태나 상황에 대해 그 사람이 어떻게 느끼고 있을지를 느끼거나 타인의 위치에 들어가 봄으로써 느끼는 것이 이해될 때 유발되는 정서적 상태를 의미한다(Hoffman, 2008). 보육교사는 영유아의 눈높이에서 그들의 언어를 이해하고 의사소통을 하며 영유아가 느끼는 것을 그들 입장에서 그대로 느낄 수 있어야 그들이 필요로 하는 것에 적절히 대응할 수 있다.

⑥ 영유아에 대한 열정: 영유아의 발달과 성장에 도움이 되는 일을 적극적으로 성실하게 수행하고, 영유아의 입장에서 필요한 사항을 탐색하고, 개개인의 상황에 적합한 지원을 제공하려는 마음의 상태와 에너지를 의미한다. 보육교사의 열정이란 영유아 발달을 지원하는 열정이라 할 수 있으며 봉사심, 배려심, 공감력 등 상대에 대한 이해와 이타심을 바탕으로 하고 있는 교사에 필요한 인성 요소라고 할 수 있다.

⑦ 주도성: 자신의 삶을 적극적으로 이끌어 나가는 능력과 스스로의 삶에 대해 책임을 지고, 자기 행동은 자신의 의사결정에 의한 것임을 인식하는 것이다. 리더십, 지도력이라고 할 수도 있다.

3) 보육교사 인성 평가

보육교사는 직무 특성상 다른 직업인이나 다른 학교급별 교사와는 차이가 있어서 일반적인 인성 요인과는 구별되는 독특한 인성적 특성이 요구된다. 김은설 외(2015)는 영유아 교사 인성을 보편적 인성 요소와 교사로서의 인성 요소로 범주화하여 다음과 같은 인성평가도구를 개발하였다.

〈표 3-5 〉 예비 영유아교사용 인성평가도구

※ 다음의 문항들은 개인의 내적 특성과 관련된 질문입니다. 문항을 읽고 각 문항이 얼마나 자신을 잘 나타내는지 표시해 주십시오.

문항	전혀 그렇지 않다	별로 그렇지 않다	보통이다	대체로 그렇다	매우 그렇다
1. 내가 아무런 가치도 없다고 느낄 때가 있다.	①	②	③	④	⑤
2. 무슨 일을 하든 정신을 집중하기 힘들다.					
3. 종종 낯선 사람들이 나를 흠잡듯이 쳐다보는 것 같다.					
4. 매사에 매우 침울하고 희망이 없어 보일 때가 있다.					
5. 다른 사람들보다 더 많이 실패한 것 같다.					
6. 아무도 믿지 않는 것이 안전하다고 생각하는 편이다.					
7. 다른 사람을 대할 때 실수를 저지를까 봐 두려움을 느낀다.					
8. 편안하게 쉴 수 없다.					
9. 걱정을 하거나 막연한 불안감을 느낀다.					
10. 도무지 무엇을 시작할 기운이 나지 않을 때가 있다.					
11. 잘못된 일이라는 것을 알아도 그 일을 중단할 수 없을 때가 있다					
12. 때로는 공허하고 허전한 감이 든다.					
13. 사람들은 남의 일에 진정한 관심을 갖지 않는다고 생각한다.					
14. 일이 잘못되었을 때 남의 탓을 하는 경향이 있다.					
15. 책임감이 무거운 일을 맡기 두렵다.					
16. 종종 일이 잘못될까 봐 걱정한다.					
17. 새로운 사람을 만나는 자리에 참석하는 것이 즐겁다.					
18. 많은 사람과 함께 있는 것이 좋다.					
19. 익숙하지 않은 대인관계에서도 편안함을 느낀다.					
20. 사람들과 쉽게 친해지고 원만한 관계를 유지할 수 있다.					
21. 내가 필요할 때 도와줄 친구가 많다.					
22. 인사성이 밝다.					
23. 시작한 일은 끝까지 마치는 편이다.					

문항	전혀 그렇지 않다	별로 그렇지 않다	보통이다	대체로 그렇다	매우 그렇다
24. 내가 해야 할 일은 책임지고 마무리한다.					
25. 나는 꾸준하고 열심히 일하는 사람으로 알려져 있다.					
26. 내가 할 일을 남에게 미루지 않는다.					
27. 일정을 잘 맞춰서 사람들로부터 신뢰를 받는다.					
28. 시간을 잘 지키는 편이다.					
29. 마음이 내키지 않더라도 맡은 일은 반드시 한다.					
30. 다른 사람보다 옳고 그름을 가리는 데 엄격한 편이다.					
31. 규칙을 잘 지키는 편이다.					
32. 사소한 일이라도 최선을 다한다.					
33. 즐거움과 재미 때문에 주어진 일을 끝내지 못할 때가 있다.					
34. 내가 목표한 일에서 좋은 결과를 얻을 수 있다.					
35. 장기적 목표를 위해 계획을 세워 행동하는 편이다.					
36. 남에게 내 차례를 잘 양보하는 편이다.					
37. 친구들로부터 따뜻한 사람이라는 말을 듣는다.					
38. 남의 기분이 상하지 않도록 행동과 말을 조심하는 편이다.					
39. 사람들은 나를 다정하고 상냥한 사람이라고 생각한다.					
40. 남의 말을 잘 경청하는 편이다.					
41. 만나는 사람에 따라 그 사람들에게 맞춰서 행동하는 편이다.					
42. 다른 사람들이 좋아하는 말이나 행동을 하려고 노력한다.					
43. 다른 사람들을 잘 도와주는 편이다.					
44. 상대방의 의견을 존중한다.					
45. 다른 사람이 나와 다른 생각을 가지고 있더라도 이해해 보려고 한다.					
46. 다른 사람들과의 의견을 잘 조율한다.					
47. 교사는 신뢰와 존경을 받는 직업이라고 생각한다.					
48. 나에게 교사라는 직업은 매우 중요한 의미를 가진다.					

문항	전혀 그렇지 않다	별로 그렇지 않다	보통 이다	대체로 그렇다	매우 그렇다
49. 영유아를 가르치고 돌보는 일은 가치 있는 일이라고 생각한다.					
50. 교사는 일반인보다 더 높은 윤리의식을 가져야 한다고 생각한다.					
51. 미래에 좋은 교사가 되기 위해 자기 계발을 한다.					
52. 좋은 음식을 먹을 때 과식하는 경향이 있다.					
53. 충동적으로 일을 벌이고 나서 후회하는 경향이 있다.					
54. 머릿속에 떠오르는 대로 말하는 경향이 있다.					
55. 화를 참지 못하는 편이다.					
56. 위기나 곤란에 처한 아이를 보면 보호해 주고 싶은 마음이 든다.					
57. 환경과 배경에 따라 상대를 차별하지 않는다.					
58. 다친 아이를 보면 정말 마음이 아프다.					

출처: 김은숙, 김길숙, 이민경(2015).

예비 영유아교사의 심리적 건강 요인으로는 1~16번, 사회성 요인은 17~22번, 책임감 · 성실성 요인은 23~35번, 타인 존중 · 배려심 요인은 36~46번, 교직관 요인은 47~51번, 자기조절 요인으로는 52~55번, 공감 · 정의감 요인은 56~58번이 해당된다.

〈표 3-6〉 현직 영유아교사용 인성평가도구

문항	전혀 그렇지 않다	별로 그렇지 않다	보통이다	대체로 그렇다	매우 그렇다
1. 아이들이 불안할 때 보이는 개인적 행동 특성을 알고 있다.	①	②	③	④	⑤
2. 아이들의 놀이에 관심을 갖고 개별특성에 맞게 반응해 준다.					
3. 아이들의 기분이나 느낌을 잘 파악하는 편이다.					
4. 발달과 학습 과정에 나타나는 아이들의 개인 내, 개인 간의 차를 이해할 수 있다.					
5. 아이들 개개인에 따라 문제 해결 방법이나 대처 방법이 다르다.					
6. 아이들의 지루함을 알아차리고 환경을 바꿔 줄 수 있다.					
7. 아이들이 스스로 할 수 있는 일에 대해서는 시간이 걸려도 기다려 주는 편이다.					
8. 아이들의 심리 상태를 민감하게 알아차릴 수 있다.					
9. 어쩔 수 없이 잘못을 저지르는 아이도 있다고 생각한다.					
10. 아이들의 비언어적인 행동이 나타내는 신호를 쉽게 알아차릴 수 있다.					
11. 교실에 적응하지 못하는 아이를 보면 염려하는 마음이 생긴다.					
12. 부모와 떨어져서 불안해하는 아이의 마음을 이해할 수 있다.					
13. 아이들 각각의 발달 수준을 알고 그에 적합한 교구·교재 및 활동을 제시할 수 있다.					
14. 아이들의 건강 상태를 민감하게 알아차릴 수 있다.					
15. 아이들의 말을 끝까지 들어 준다.					
16. 우는 아이가 진정될 때까지 기다려 준다.					
17. 아이들이 불편해 보이거나 곤란에 처했을 때, 즉시 다가간다.					
18. 아이들 간의 갈등이 발생했을 때 아이들 모두의 입장에서 갈등의 이유를 생각해 보는 편이다.					
19. 아이들의 더딘 행동을 여유 있게 기다려 줄 수 있다.					
20. 동료들과 잘 협력한다.					

문항	전혀 그렇지 않다	별로 그렇지 않다	보통이다	대체로 그렇다	매우 그렇다
21. 남들이 하지 못하는 일을 해낼 수 있다.					
22. 뒤처지는 아이가 스스로 끝낼 수 있도록 격려해 주는 편이다.					
23. 아이들이 의견을 낼 수 있도록 격려하고 그들의 의견을 수용할 수 있다.					
24. 아이들이 원하는 것은 바로 해결해 주려고 하는 편이다.					
25. 내가 아무런 가치가 없다고 느낄 때가 있다.					
26. 무슨 일을 하든 정신을 집중하기 힘들다.					
27. 종종 낯선 사람들이 나를 흠잡듯이 쳐다보는 것 같다.					
28. 매사에 매우 침울하고 희망이 없어 보일 때가 있다.					
29. 다른 사람들보다 더 많이 실패한 것 같다.					
30. 아무도 믿지 않는 것이 안전하다고 생각하는 편이다.					
31. 다른 사람을 대할 때 실수를 저지를까 봐 두려움을 느낀다.					
32. 편안하게 쉴 수 없다.					
33. 걱정을 하거나 막연한 불안감을 느낀다.					
34. 도무지 무엇을 시작할 기운이 나지 않을 때가 있다.					
35. 잘못된 일이라는 것을 알아도, 그 일을 중단할 수 없을 때가 있다.					
36. 때로는 공허하고 허전한 감이 든다.					
37. 사람들은 남의 일에 진정한 관심을 갖지 않는다고 생각한다.					
38. 일이 잘못되었을 때 남의 탓을 하는 경향이 있다.					
39. 책임감이 무거운 일을 맡기 두렵다.					
40. 종종 일이 잘못될까 봐 걱정한다.					
41. 새로운 사람을 만나는 자리에 참석하는 것이 즐겁다.					
42. 많은 사람과 함께 있는 것이 좋다.					
43. 익숙하지 않은 대인관계에서도 편안함을 느낀다.					
44. 사람들과 쉽게 친해지고 원만한 관계를 유지할 수 있다.					
45. 내가 필요할 때 도와줄 친구가 많다.					

문항	전혀 그렇지 않다	별로 그렇지 않다	보통이다	대체로 그렇다	매우 그렇다
46. 인사성이 밝다.					
47. 시작한 일은 끝까지 마치는 편이다.					
48. 내가 해야 할 일은 책임지고 마무리한다.					
49. 나는 꾸준하고 열심히 일하는 사람으로 알려져 있다.					
50. 내가 할 일을 남에게 미루지 않는다.					
51. 일정을 잘 맞춰서 사람들로부터 신뢰를 받는다.					
52. 시간을 잘 지키는 편이다.					
53. 마음이 내키지 않더라도 맡은 일은 반드시 한다.					
54. 다른 사람보다 옳고 그름을 가리는 데 엄격한 편이다.					
55. 규칙을 잘 지키는 편이다.					
56. 사소한 일이라도 최선을 다한다.					
57. 즐거움과 재미 때문에 주어진 일을 끝내지 못할 때가 있다.					
58. 내가 목표한 일에서 좋은 결과를 얻을 수 있다.					
59. 장기적 목표를 위해 계획을 세워 행동하는 편이다.					
60. 남에게 내 차례를 잘 양보하는 편이다.					
61. 친구들로부터 따뜻한 사람이라는 말을 듣는다.					
62. 남의 기분이 상하지 않도록 행동과 말을 조심하는 편이다.					
63. 사람들은 나를 다정하고 상냥한 사람이라고 생각한다.					
64. 남의 말을 잘 경청하는 편이다.					
65. 만나는 사람에 따라 그 사람들에게 맞춰서 행동하는 편이다.					
66. 다른 사람들이 좋아하는 말이나 행동을 하려고 노력한다.					
67. 다른 사람들을 잘 도와주는 편이다.					
68. 상대방의 의견을 존중한다.					
69. 다른 사람들이 나와 다른 생각을 가지고 있더라도 이해해 보려고 한다.					
70. 다른 사람들의 의견을 잘 조율한다.					
71. 교사는 신뢰와 존경을 받는 직업이다.					
72. 교사가 된 것을 자랑스럽고 기쁘게 생각한다.					

문항	전혀 그렇지 않다	별로 그렇지 않다	보통 이다	대체로 그렇다	매우 그렇다
73. 나에게 교사라는 직업은 매우 중요한 의미를 가진다.					
74. 영유아를 가르치고 돌보는 일은 가치 있는 일이라고 생각한다.					
75. 교사직을 천직이라고 생각하고 임한다.					
76. 교사는 일반인보다 더 높은 윤리의식을 가져야 한다고 생각한다.					
77. 아무리 바쁘고 정신없어도 아이들의 질문에 성실히 답해 주는 편이다.					
78. 아이들의 올바른 성장을 보면 보람을 느낀다.					
79. 신체적인 불편함이나 좋지 않은 감정을 참고 아이들에게 친절하게 대할 수 있다.					
80. 더 나은 교사가 되기 위해 자기 계발을 한다.					
81. 좋아하는 음식을 먹을 때 과식하는 경향이 있다.					
82. 충동적으로 일을 벌이고 나서 후회하는 경향이 있다.					
83. 아이들을 재촉하거나 다그치는 말을 자주 사용하는 편이다.					
84. 밥을 오래 먹는 아이를 기다리는 것이 힘들어 재촉하는 편이다.					
85. 머릿속에 떠오르는 대로 말하는 경향이 있다.					
86. 화를 참지 못하는 편이다.					
87. 가정 형편이 어려운 아이를 보면 그 아이에 대해 정말로 걱정되는 때가 자주 있다.					
88. 친구들과 어울리지 못하고 늘 혼자 있는 아이를 보면 마음이 슬퍼진다.					
89. 위기나 곤란에 처한 아이를 보면 보호해 주고 싶은 마음이 든다.					
90. 활동을 할 때 어리고 약한 아이에게 기회를 더 많이 주려고 애쓴다.					
91. 환경과 배경에 따라 상대를 차별하지 않는다.					
92. 다친 아이를 보면 정말 마음이 아프다.					
93. 아이들을 있는 그대로 받아들일 수 있다.					
94. 아이들을 서로 비교하지 않는다.					

출처: 김은숙, 김길숙, 이민경(2015).

현직 교사 인성별 요인 중 민감성 · 수용성 요인으로는 1~24번, 심리적 건강 요인은 25~40번, 사회성 요인은 41~46번, 책임감 · 성실성 요인은 47~59번, 타인존중 · 배려심 요인은 60~70번, 교직관 요인은 71~80번, 자기조절 요인은 81~86번, 공감 · 정의감 요인은 87~94번에 해당한다.

4) 보육교사 인성교육의 실제

교사의 인 · 적성 강화를 위해 2015년 7월부터 「인성교육진흥법」이 시행되면서 인성교육이 의무화되었다. 인성과 전문성을 갖춘 보육교사 양성을 위해 「영유아보육법 시행규칙」에서는 양성과정에서 대면교육을 강화하였고, 보육교사(인성)론과 아동복지와 권리를 대면 교육으로 지정하였다.

「인성교육진흥법」에는 인성교육을 "자신의 내면을 바르고 건전하게 가꾸고, 타인 · 공동체 · 자연과 더불어 살아가는 데 필요한 인간다운 성품과 역량을 기르는 것을 목적으로 하는 교육"이라고 정의하였다. 인성교육의 목표가 자신의 내면을 바르고 건전하게 가꾸는 것이라면, 예비교사와 현직 교사들은 끊임없이 자기반성과 자기성찰을 통해 스스로의 인성을 돌보고 가꾸어 나갈 수 있는 기회를 가질 수 있어야 한다.

한국보육진흥원(2016)은 보육교사의 인성 수준을 자기 점검하고 스스로 부족한 점을 검토해 볼 수 있도록 '보육교사 마음성장 프로젝트'를 개발하였다.

'마음 성장 프로젝트'의 보육교사 인성 자가 진단 검사는 다음과 같은 4개 영역으로 구성되어 있다.

① 자존감: 자신감 넘치는 선생님

자존감이란 '자신이 소중한 존재이고 유능한 사람이라고 믿는 마음을 말한다(김은설 외, 2015). 자존감은 자신과 타인이 자신을 얼마나 가치 있다고 보는지, 과제를 성취할 수 있다고 믿는지, 주변 상황에 영향을 미치고 통제할 수 있다고 신뢰하는지 등에 의해 이루어진다.

자신감 있는 교사는 자신에 대한 새로운 이해를 통해 자존감을 높이고, 스트레스에 대처하는 능력이 있다. 자존감은 보육교사가 스스로 자신의 일을 얼마나 잘할 수 있다고 보는지(유능성, 자아효능감), 심리적으로 얼마나 건강한지(자신에 대한 긍정적 믿음, 심리적 건강), 스스로를 소중히 여기고 가치가 있다고 믿는지(자아존중, 자신감)를 생각해 보는 것이다.

② 소명감: 열정적인 선생님

소명감은 개인이 스스로의 일에 목적과 의미를 부여하는 개인적 신념의 일종을 말한다. 소명감은 교사가 지녀야 할 기본적인 인성으로 교직에 헌신하고 몰입하도록 돕는 것으로 정서적인 헌신, 직무 만족, 수행 성과와 유의미한 관계가 있다. 직업 소명감은 '보육교사로서의 활동에 삶의 의미와 목적을 부여하고 직업을 천직으로 여기며 헌신하는 의식과 태도'를 의미한다.

소명감이 높은 보육교사는 보육교사로서 하는 직무에 헌신하며, 자신이 보육교사라는 직업인으로서의 삶에 만족한다. 삶의 만족도가 높은 교사가 행복한 보육을 할 수 있고, 영유아들의 삶이 행복해질 것이다. 소명감은 보육교사라는 직업에 대한 소명의식, 전문성을 함양하는 노력, 직무에 대한 만족감을 생각해 보게 한다.

③ 정서능력: 즐거운 선생님

정서능력(정서인식 및 활용)은 자신의 감정을 스스로 잘 이해하고 이를 조절하거나 활용하여 사회생활을 잘할 수 있는 능력을 말한다. 보육교사는 보육 현장에서 보육 업무에 대한 중압감, 영유아에 대한 죄책감이나 무력감, 상황에 대한 분노나 좌절 등 보육교사로서 경험하는 다양한 부정적 정서를 인식하고 그 특성을 파악해야 한다. 이에 정서에 대한 인식 능력, 정서 및 행동을 조절하고 활용하는 능력을 기르며 개선 방안을 모색할 수 있도록 돕는다.

④ 대인관계능력 및 사회성: 따뜻한 선생님

대인관계능력은 다른 사람과 원만한 관계를 맺고 유지하는 능력으로 사회적 유능성(social competence)를 말하거나 상호교환적으로 사용되기도 한다. 보육교사에게 있어 대인관계의 주요 대상은 유아, 부모, 동료 교사, 원장 등이 있다. 보육교사는 유아와 학부모들과의 개별적 만남의 기회가 많다. 따라서 보육교사에게는 다른 사람과 더불어 살아가는 능력과 태도를 갖추는 것이 필요하다. 보육교사는 전공지식뿐만이 아니라 그들의 인격과 삶을 통해 가르치고 배우는 사람이기 때문이다. 이러한 능력을 향상시키기 위해 사회성, 의사소통, 타인 배려 및 공감으로 개념화하여 연구되었다.

제4장
보육교사의 전문성

1. 보육교사의 발달

1) 보육교사 발달의 개념

교사 발달은 교사가 되기 위해 준비하는 시기부터 교직을 은퇴하고 난 이후까지 가르치는 일과 관련하여 개인적 · 전문적 · 사회적 측면에서 나타나는 교사 개인의 변화를 말한다. 이러한 과정은 교직에 입문할 때의 환경과 경험, 교사 개인의 성향이나 삶의 경험의 차이로 교사마다 제각기 다양하게 나타날 수 있다.

페이먼과 플로덴(Feiman & Floden, 1980)은 교사발달에 대해 세 가지 개념으로 설명하였다.

첫째, 교사에 관한 발달이론을 구성하기 위해 사용된 개념이다. '교직기간 중 교사가 어떻게 변화하고 발달하는가?'에 대해 밝히고자 한다. 이 개념은 교사가 몇 단계의 발달단계를 거쳐 변화하고 발달하는가에 대해 알아본다.

둘째, 교사발달을 성인발달의 한 형태로 보아 자아(ego), 도덕성(moral), 인지(cognitive)발달에 기초하여 설명한다. 이때는 '교사발달과 관련된 여러 구인들이 교사들 간의 개인차를 설명할 수 있는지, 교사 발달을 촉진할 수 있는 지침을 제공할 수 있는지'의 문제를 알아보고자 한다. 셋째, 현직교육과 전문적 프로그램의 운영을 통해 교사의 발달을 촉진하고 지원하려는 의미의 개념이다. '교사의 성장과 발달을 촉진하기 위해 어떻게 지원할 것인가'에 초점이 맞춰져 있다.

정리하면 교사발달은 교사로서 지녀야 할 교육관, 아동관, 가치관, 교직에 대한 신념 및 태도, 교과 지식, 기능 등 교직과 관련한 제반 영역에서 질적인 변화로 재형성해 가는 과정을 의미한다.

캐츠(Katz, 1985)는 교사 교육의 발달적 접근의 중요성에 대해 다음과 같이 제시하였다.

첫째, 교사는 자기 자신이 교사로서 발달해 가는 존재임을 인지할 수 있다. 자신이 현재 어떤 단계에 있으며, 다음에 어떤 단계로 가고 싶은지 등을 고려하여 자신의 현재 위치에서 자신의 역량을 평가할 수 있다.

둘째, 교사들은 교수활동에 대한 학습자로서 독서습관 향상, 동료교사와 전문가와의 상담, 교수활동 향상을 위한 자원 활용, 전문 단체 가입, 상급학교 진학 등을 통해 교사로서의 목표 설정 재정비, 접근방법 개발 등을 한다.

셋째, 발달적 시각은 동료교사들의 행동과 그들이 발전할 수 있는 권리를 발달적 관점으로 볼 수 있게 한다. 교사는 초임교사들에게 조력과 격려 및 정보제공을 할 수 있고, 전문적 성장과 발달을 촉진시켜 주고자 하는 동기를 가질 수 있다.

2) 보육교사의 발달단계

보육교사의 발달은 인간이 태어나 성장하고 나이 들어가는 것처럼 보육교사도 양성과정에 입문하면서부터 교직생활을 하며 성장 · 발달하고 퇴보하는 등 변화가 있다는 생각에 기반하고 있다. 교사발달이론은 교직발달단계가 경력과 연령에 따라 한 방향으로 순서적으로 이동한다고 보는 직선적 · 순차적 이론, 개인의 환경적 조건과 조직적 환경을 고려하여 복합적이고 역동적으로 움직인다고 보는 복합 · 순환적 모형으로 나누어진다.

직선적 · 순차적 이론의 대표적인 학자로는 플러(Fuller)와 브라운(Brown), 캐츠(Katz, 1973), 버덴(Berden, 1983) 등이 있으며, 복합 · 순환적 이론의 대표적 학자로는 휴버먼(Huberman, 1992), 버크 등(Burke, Christensen & Fessler, 1986)이 있다.

(1) 플러(Fuller)와 브라운(Brown)의 교사 관심사 단계

플러와 브라운(1975)은 교사가 실제로 수행하는 일보다 어떠한 것에 관심이 있는지를 중심으로 교사 관심사 단계를 교직 이전 관심사 단계, 생존에 대한 초기 관심사 단계, 교수 상황에 대한 관심사 단계, 아동에 대한 관심사 단계로 제시하였다.

① 교직 이전 관심사 단계

경험이 없는 예비 교사들이 교직에 대한 환상을 가지면서 교사보다는 학생에게 관심을 갖는다.

② 생존에 대한 초기 관심사 단계

보육실 통제, 교육내용에 대한 숙달, 장학사의 평가 등 교사 자신의 생존에 대한 관심을 갖는다.

③ 교수 상황에 대한 관심사 단계

교사 대 아동 비율, 과다한 업무, 시간의 부족, 교수 자료의 부족, 자신의 교수 행위 등에 관심을 갖는다.

④ 아동에 대한 관심사 단계

영유아를 어떻게 학습할 것이지, 아동의 사회 정서적 요구와 반영, 아동의 개인적 관계 등에 관심을 갖는다.

(2) 캐츠(Katz)의 영유아교사 발달이론

캐츠는(1972, 1977, 1985)는 플러(1969)의 교사 관심사 발달이론을 확장하여 유아교사의 발달이론을 생존단계, 강화단계, 갱신단계, 성숙단계의 4단계로 구분하였다(염지숙 외, 2016).

① 생존단계(survival stage, 1년)

생존단계는 보육교사로서 부임한 첫해에 해당한다. 이 시기에 교사의 주된 관심은 자신이 교사로서 살아남을 수 있을까 하는 문제이다. 보육 현장에서 부딪히는 여러 가지 문제를 원활하게 처리해 나갈 수 있을지에 많은 관심과 우려를 표한다. 따라서 이 시기 교사들에게는 지원과 이해, 격려, 확신, 위로 등 심리적 안정과 보육실 현장에서 즉각적으로 활용할 수 있는 통찰력이 필요하다. 이를 위해 교수 상황을 잘 파악하고 있는 원장이나 선배 교사 혹은 프로그램 보조자 등의 즉각적이고 지속적인 도움이 중요하다.

② 강화단계(consolidation stage, 1년 말~3년)

강화단계에는 생존단계에서 알게 된 것을 강화하고 다음 단계에서 익혀야 할 과업과 기술을 새롭게 인식하게 되며, 문제 영유아와 문제 상황에 대해 관심을 갖게 된다.

보육교사는 보육에 대해 어느 정도 안정감과 자신감을 갖게 되며, 지금까지 배운 것들을 확고히 하게 된다. 다른 업무나 기술을 숙달하고 개별적인 문제 영유아와 상황에 초점을 두기 시작한다. 이 시기에는 보육현장에서 발생하는 다양한 문제상황에 직면했을 때 즉각적인 지원과 특정 영유아 및 문제 영유아에 대한 정보를 제공해 줄 수 있는 경험이 많은 동료 교사나 전문가와의 정보교환과 감정 교환이 필요하다.

③ 갱신단계(renweal stage, 3년~5년)

갱신단계는 경력 약 3년에서 5년쯤 되었을 시기이다. 반복적인 일에 싫증을 느끼기 시작하며, 자신에 대한 발전(갱신)에 대해 관심을 갖게 된다. 종래의 일을 반복하기보다는 무언가 새로운 것을 시도해 보고자 하여 다양한 프로그램에 관한 정보와 도움을 얻고자 한다. 이를 위해 다른 프로그램을 운영하는 교사와의 만남이나 협회의 참여, 자료 연구, 타 학급이나 기관의 방문이 필요하고 여러 분야의 전문가와 상담하는 것이 많은 도움이 된다.

④ 성숙단계(maturity stage, 5년 이상)

성숙단계는 빠르면 교직 3년 내에 도달할 수도 있으나 보통 5년 이상이 되어야 가능하다. 이 시기의 교사는 자신을 교사로서 인정하게 된다. 교사로서의 신념과 가치, 교육의 역할과 같은 보다 깊고 추상적인 질문을 할 수 있는 시각이 형성된다. 교사가 교사로서의 완전한 자신감과 경험을 갖추게 되는 시기로 교사로서 자신을 인정하고, 자아 갱신을 위한 전략과 관습을 개발하며, 철학, 성장과 학습의 본질, 어린이집과 사회와의 관계, 교직 등에 대해 나름의 안목과 관점을 가지게 된다. 따라서 이 시기의 교사들에게는 자신의 요구를 충족시켜 줄 수 있는 세미나, 단체, 학위 프로그램, 협의회, 학술지, 폭넓은 독서, 여러 분야 전문가와의 만남 등이 필요하다.

〈표 4-1〉 캐츠의 교사발달단계에 따른 교사교육방법

구분	생존단계	강화단계	갱신단계	성숙단계
관심사	일상적인 교실 상황에서의 생존 여부에 관심을 가짐	특정한 문제를 지닌 개별 영유아와 문제 상황에 관심을 가짐	자신의 교육방법에 대해 뒤돌아보고 새로운 교육적 접근에 관심을 가짐	아동관, 보육의 목적 등 근본적인 질문에 관심을 가짐
교사교육 방법	• 수업 현장에서의 지원 • 구체적 기술적 도움	• 수업 현장에서의 도움 • 전문가의 도움 • 동료교사, 자문인사의 도움	• 새로운 교육 프로그램에 대한 학술 세미나에 참석 • 자신의 수업에 대한 평가 • 동료교사의 수업 참관	• 학술 대회나 세미나 참석 • 대학원 진학 • 폭넓은 독서 • 동료교사들과의 깊이 있는 토론

출처: 임승렬 외(2014, 163).

(3) 버크(Burke)와 그 동료들의 교사 발달 순환 모델

버크, 크리스텐슨과 페슬러(1986)은 교사의 성장과 발달을 순환적, 역동적 과정으로 이루어진다고 보고 교사 발달 순환 모델(TCCM: Teacher Career Cycle Model)을 제시하였다. 이들은 교사의 발달이 개인적 요인과(가족 경험, 발달적 단계, 긍정적 경험, 위기적 사건)과 조직적 요인(전문가 단체, 운영방식, 정책, 공공적 신뢰, 사회적 기대)에 영향을 받는다고 보았다. 교사 발달 순환 모델의 교직주기는 다음과 같이 8단계로 나누어진다.

① 교직 준비기(preservice stage)

교사에게 요구되는 전문적 지식과 기술 습득을 위해 대학에서 교육받는 시기이다. 교직 준비는 초임교사에게만 적용되는 것이 아니라 주임 교사, 원장 등의 새로운 역할을 맡게 되었을 때도 이를 성공적으로 수행하기 위하여 필요하다.

② 교직 입문기(induction stage)

교직에 입문한 지 3년 차까지의 시기로 초임 교사는 교직이라는 직업 자체에 적응하기 위하여 노력하고 경력 교사의 경우에는 가르치는 유아의 연령이 바뀌는 경우에 그들의 특징을 이해하고 발달에 적합한 교육과정을 운영하기 위하여 노력하게 된다. 또한 주임교사나 원장이 되어 새로운 역할을 맡게 된 교사는 그 역할에서 요구되는 일들을 수행하기 위하여 노력한다. 직장을 옮기게 되면 새로운 기관의 조직 풍토에 적응하려는 노력도 필요하다.

③ 능력 구축기(competency building stage)

이 단계에서 교사들이 자신에게 부여된 역할과 관련하여 능력과 기술을 향상시키기 위해 적극적이고 능동적으로 노력하는 단계이다. 새로운 교수 자료와 방법, 기술 등을 습득하기 위해 워크숍, 세미나, 학회 등에 자발적으로 참여하거나 상급학교 진학도 추진한다.

④ 열정과 성장기(enthusiastic and growing stage)

교사들은 교직 수행에 필요한 전문적 지식과 기술을 가지고 있으며, 계속해서 전문성을 향상시키기 위해 노력한다. 자신의 직업에 대한 만족도가 높으며 자신이 가지고 있는 지식을 타인과 나누고자 하는 열망도 매우 높다.

⑤ 교직좌절 단계(frustration stage)

교사들이 가르치는 일에 대한 좌절감과 회의를 느끼는 단계이다. 이러한 좌절감은 교수·학습 방법에 자신감이 없어서 생기기도 하고, 학급에 지도가 어려운 영유아가 있을 때 생기기도 하며, 자신이 기대했던 것과 다른 작업 조건으로 인해 생기기도 한다. 자신의 일에 만족하지 못하므로 이직률이 높아진다.

⑥ 정체기(안정과 침체, stable and stagnant stage)

교사들은 자신이 하는 일에 매우 익숙해져 있기 때문에 더 이상의 성장을 위해 노력하지 않고 현실에 안주하려고 하며 현 상태를 유지하고자 한다. 주어진 일만 하고 변화를 바라지 않는다.

⑦ 교직 쇠퇴 단계(career wind down stage)

교사들이 교직을 떠나려고 준비하는 단계이다. 은퇴를 준비하는데, 퇴직 원인에 따라 퇴직을 긍정적 또는 부정적으로 받아들일 수 있다.

⑧ 교직 퇴직 단계(career exit stage)

교사의 퇴직은 가르치는 일을 아주 그만두는 경우뿐만 아니라 출산, 육아, 상급학교 진학을 위한 일시적인 휴직 또는 교사가 아닌 행정가로서의 이직도 포함한다.

교직주기 단계에서 앞의 네 단계는 높은 동기 부여, 높은 과업 성취, 교사의 정체성 확립 등이 특징이며, 뒤의 네 단계는 교직에 대한 만족감의 감소, 교수 행위에 대한 기대감 감소 등이 특징이다. 이 순환 모델에서는 교직주기가 한 단계 후 반드시 다음 단계가 오는 것이 아니며, 한쪽 방향으로만 진행되는 것도 아니다. 교사의 발달 단계가 반드시 이전 단계에서 다음 단계로 순차적으로 옮겨가는 것이 아니며, 다음 단계가 이전 단계보다 항상 질적으로 높은 단계거나 더 가치 있는 단계라고 할 수도 없다. 교직 순환 모형은 교사의 발달이 개인적 환경(가족의 지원, 인생의 위기, 누적된 경험, 개인의 성향)과 조직적 환경(학교 규정, 경영과 장학, 지역사회의 신뢰, 전문단체에서의 활동 등)의 영향을 받아 순환적이고 역동적으로 이루어진다고 강조한다. 이러한 환경적 요인들은 교사로 하여금 직업적인 성장을 추구하도록 격려하는 역할을 할 수도 있고 교사 발달에 부정적으로 작용할 수도 있다.

(4) 휴버만(Huberman)의 복합주기 단계

휴버만(1992)이 제시한 복합주기 모델은 교사의 발달이 여러 방향으로 이루어질 수 있음을 말하고 있다. 복합주기 모델은 교사의 발달을 생존 · 발견단계, 안정화 단계, 실험주의 · 행동주의 단계, 재평가 · 자기 의심 단계, 평정 상대적 거리감의 단계, 보수주의 단계, 이탈단계인 7단계로 제시하였다. 이를 살펴보면 다음과 같다.

〈표 4-2〉 휴버만의 복합주기 단계

<table>
<tr><td>1~3년</td><td>생존 · 발견 단계</td><td>교직입문단계로 두 가지 문제를 동시에 경험한다.
① 생존의 문제: 교수 경험이 없는 교사들이 겪을 수 있는 현실 충격(수업 지도 관리의 복합성, 직업적 이상과 현실적 교실의 차이, 아동에 대한 이해 부족 등)
② 발견의 문제: 교사 초기 단계의 열정</td></tr>
<tr><td>4~6년</td><td>안정화 단계</td><td>① 인생의 주기에 있어 몰입, 안정화, 성인으로서의 책임감 이행
② 기본적인 수업기술을 연마하고, 세련화, 자기 방식화, 편리화를 추구</td></tr>
<tr><td rowspan="2">7~18년</td><td>실험주의 · 행동주의 단계</td><td>① 실험주의는 교육에 있어 좌절 요인을 초현실적으로 변화시키고자 하는 것이며, 행동주의는 새로운 책임이 수반되는 것
② 새로운 도전과 자극을 찾으며, 나이 많은 동료 교사에게서 볼 수 있는 병폐와 직업 내에서 일어나는 문제에 관심을 가짐</td></tr>
<tr><td>재평가 · 자기 의심 단계</td><td>실험주의 · 행동주의에 대한 시도에서 실패를 경험할 경우, 자기 자신에 대한 재평가와 자기 의심이 일어남</td></tr>
<tr><td rowspan="2">19~30년</td><td>평정 · 상대적 거리감의 단계</td><td>① 자기 수용적인 특성과 힘과 정열의 감소에 의한 평정감 증대
② 교사의 연령이 학생과의 차이가 커짐에 따라 학생과의 거리감이 커짐</td></tr>
<tr><td>보수주의 단계</td><td>① 이전에 비해 보다 신중해지고, 혁신에 대해 저항하며, 과거에 대한 향수를 느낌
② 희망하는 것을 얻으려 하기보다는 현재 가지고 있는 것을 고집하는 데 더 많은 관심을 보임</td></tr>
<tr><td>31~40년</td><td>이탈 단계</td><td>① 직업생활에서의 은퇴와 종말에 대한 내재화가 증가함
② 자신의 직업에 대한 투자보다는 지금까지의 교직생활을 돌아보는 데 더 많은 관심을 보임</td></tr>
</table>

(5) 보육교사 관심사 검사

보육교사로서 자신의 교사 관심사를 검사해 보자. 다음의 각 문항을 읽고, 자신이 관심 있는 부분에 √ 표시를 한다.

〈표 4-3〉 보육교사 관심사 검사

번호	문항	관심 없음	조금 관심 없음	보통	조금 관심 있음	관심 있음
1	학급의 영유아 수(교사와의 비율)에 관한 것					
2	자유놀이 시간에 영유아가 스스로 계획한 활동을 끝까지 할 수 있도록 격려하는 것					
3	새롭게 개정된 보육과정을 적용하는 것					
4	세미나에 참가하는 것 (세미나: 주제 발표와 토론이 있는 전문가 연구모임)					
5	영유아에게 약속된 규칙을 지키도록 하여 질서를 유지하는 것					
6	부모와 떨어지기 싫어하는 영유아를 다루는 것					
7	현재 운영하고 있는 프로그램의 목적을 성취하기 위한 새로운 방법을 모색하는 것					
8	일반 교양에 대한 광범위한 기초지식을 얻을 수 있도록 폭넓게 독서하는 것					
9	현재 맡고 있는 영유아들의 연령에 맞는 발달단계를 아는 것					
10	학습에 지체를 보이는 영유아에게 환경적인 자극을 주는 것					
11	영유아 보육 · 교육 관련 교직전문단체에 가입하는 것					
12	영유아 교육 이외의 다른 분야의 전문가들과 만나는 것 (예: 의사, 심리학자, 사회학자, 영양사 등)					
13	교재 · 교구를 만드는 것					
14	특별한 요구를 가지고 있는 영유아를 돕는 것 (예: 한부모 가정의 영유아, 조손가정 영유아, 발달장애 영유아 등)					
15	새로운 연구결과나 정보를 수업에 적용하는 것					

번호	문항	관심 없음	조금 관심 없음	보통	조금 관심 있음	관심 있음
16	어린이집에서 종일 영유아를 보육하는 것					
17	가르칠 내용을 충분히 이해하고, 효과적으로 전달할 수 있도록 노력하는 것					
18	교사에게 지나치게 의존해 떨어져 있지 않으려고 하는 영유아를 다루는 것					
19	시범으로 운영되고 있는 어린이집이나 새로운 프로그램을 운영하고 있는 어린이집을 방문해 정보를 얻는 것					
20	원아모집 및 선발기준에 관해 나름대로 철학을 갖는 것					
21	영유아 개개인의 특성 및 기본적 능력을 파악하는 것					
22	어린이집에 오기 싫어하는 영유아나 집에 가고 싶다고 떼쓰는 영유아를 다루는 것					
23	영유아에게 적합한 새로운 과학실험이나 활동에 대한 정보를 입수하는 것					
24	영유아가 성장하는 것과 학습하는 것의 본질(특성)에 대해 깊이 탐구하는 것					
25	일과를 계획하고, 보육계획안을 작성하는 것					
26	그치지 않고 계속 우는 영유아를 지도하는 것					
27	영유아 발달이론을 보육과정에 통합시키는 것					
28	보육에 영향을 미치는 관련 법규나 정책에 관한 것					
29	교사 자신이 보육교사로서 적합한가에 관한 것					
30	영유아의 공격적인 행동에 대처하는 것					
31	교사들을 위한 연수나 워크숍에 참여하는 것					
32	급격하게 변화하고 있는 현대사회에서 어린이집이 담당해야 할 역할과 기능을 생각하는 것					
33	수업에 대한 영유아들의 반응에 관한 것					
34	영유들 간에 싸움이 벌어졌을 때 문제를 해결해 나가는 것					
35	현장에서 연구를 할 수 있도록 연구방법을 습득하는 것					
36	어린이집 전체의 운영관리에 참여하는 것					
37	교사로서, 직장동료로서 동료교사들에게 인정받는 것					

번호	문항	관심 없음	조금 관심 없음	보통	조금 관심 있음	관심 있음
38	건강에 문제를 가지고 있는 영유아를 돕는 것 (예: 팔에 깁스를 한 유아, 감기에 걸린 유아 등)					
39	새로운 보육 프로그램을 도입 · 적용하는 것					
40	학위를 얻기 위해 학위과정에 등록하는 것					
41	'보육교사'라는 직업을 계속할 수 있다고 확신을 갖는 것					
42	영유아들이 가지고 있는 언어적 문제를 도와주는 것 (예: 말을 더듬는 것, 표현력 부족, 어휘력 부족 등)					
43	영유아 보육에 관련된 전문잡지나 학회지 등을 보는 것					
44	교사의 권익과 처우에 관한 것 (행정적인 지원 · 후생복지 · 근무조건)					
45	교사로서 부모들에게 인정받는 것					
46	영유아들의 자아개념을 증진시키는 것					
47	새로운 교수방법을 배울 수 있는 비디오나 교육용 영화를 보는 것					
48	영유아 보육의 역사와 철학을 탐구하는 것					
49	수업 준비를 위해 충분한 시간을 할애하는 것					
50	문제가 있는 영유아의 부모와 상담하는 것					
51	현직교육(각종 연수, 강습회, 워크숍)으로부터 학습한 새로운 지식과 교수법을 실제에 적용시키는 것					
52	영유아 보육의 공보육화에 관한 것					

교사 관심사 범주	문항 번호	문항 수
생존 관심사	1, 5, 9, 13, 17, 21, 25, 29, 33, 37, 41, 45, 49	13
강화 관심사	2, 6, 10, 14, 18, 22, 26, 30, 34, 38, 42, 46, 50	13
갱신 관심사	3, 7, 11, 15, 19, 23, 27, 31, 35, 39, 43, 47, 51	13
성숙 관심사	4, 8, 12, 16, 20, 24, 28, 32, 36, 40, 44, 48, 52	13

출처: 이승연(1994); 이명순 외(2020) 재인용.

2. 보육교사의 전문성

1) 보육교사의 전문성

전문성이란 전문가 집단이 자격증을 갖고 해당 지식과 기술을 사용하는 것으로, 전문직은 전문조직을 활용하고 대중에 대한 신념, 자기규제, 소명의식, 전문적 자율성을 가지고 특수한 능력과 기법, 실천, 서비스 개발에 대한 관심, 개인적인 책임을 지는 직업이다(대구대학교 사회복지연구소, 1985 재인용).

전문성에 대한 개념은 시대와 사회의 변화에 따라 달라지며 전문직을 규정하는 조건 또한 사회적 인식과 개인적 인식의 정도에 따라 많은 차이가 있다. 스포덱(Spodeck, 1975)은 전문직이란 장기간 필요한 내용을 훈련 · 교육받아야 하고, 폭넓은 자율성과 그에 따른 책임을 져야 하며, 자율적인 조직과 전문적인 지식을 갖추는 것이라고 하였다. 리버만(Lieberman, 1998)은 전문직의 기준을 다음과 같이 제시하였다.

① 전문직에 종사하는 사람은 독특하고 명백하며 본질적인 사회적 · 봉사적 기능을 수행한다.
② 봉사적 기능 수행에 있어 지적 기술을 강조한다.
③ 장기간의 특수 훈련을 필요로 한다.
④ 개인 또는 집단적으로 광범위한 자율권을 행사한다.
⑤ 자율권 행사에 있어 개인의 책임성을 강조한다.
⑥ 전문직 집단 활동은 개인의 경제적 이익보다 봉사성을 강조한다.
⑦ 광범위한 자치조직을 형성한다.
⑧ 명확한 행동 방향을 제시하는 윤리강령(ethical code)을 가진다.

캐츠(Katz, 1988)는 전문성을 사회적 필요성, 이타주의, 자율성, 윤리강령, 대상자들과의 거리 유지, 실제에 관한 구체적 표준들, 지속적인 훈련, 전문화된 지식 등으로 개념화하였다.

① 사회적 필요성(socialnecessity): 전문직의 활동은 사회에 필수적인 것으로 이러한 지식과 기술이 없으면 사회가 약화된다.

② 이타주의(altruism): 전문직의 활동 동기는 이타적이다. 이상적인 전문가란 사회의 이익을 위해서라면 개인적인 안락을 포기할 수 있고 시간을 초과하며 근무할 수 있을 정도로 헌신적으로 일을 할 수 있어야 한다.

③ 자율성(autonomy): 전문직은 대상자와 고용주로부터 자율권을 인정받아야 하며 자율적으로 판단하고 행동할 수 있어야 한다.

④ 윤리강령(code of ethics): 전문직에는 실제에 대한 윤리강령이 있으며, 구성원들이 이를 위반할 경우 징계할 수 있도록 제도가 마련되어 있다.

⑤ 대상자들과 거리 유지(distance from the client): 객관성을 유지하고 객관적 판단을 하며 개인적 충동을 억제하기 위해서도 전문직은 대상자와의 최적의 거리 유지를 필요로 한다.

⑥ 실천기준(standards of practice): 전문직의 실천기준은 첫째, 누구나 따라야 할 정도의 낮은 기준을 채택한다. 그 이상은 각자의 자유재량에 따라 결정하게 함으로써 누구나 항상 그 기준에 따라야 한다는 것과는 다르다. 둘째, 그 기준은 모든 구성원들에게 그 직종에서 나타날 수 있는 일반적인 문제로 진술되어 있어야 한다. 셋째, 특수한 개인에게 초점을 두는 것이 아니라 보편적인 것이어야 한다.

⑦ 계속적인 훈련(prolonged training): 전문적인 훈련 과정의 조건을 세분화하고, 어렵고 지적 긴장을 야기하는 선별과정을 채택하여 보다 많은 지식을 습득할 수 있게 해야 한다. 인가받은 기관에서 훈련하고 자격증을 부여해야 하며, 핵심적인 지식과 기술을 제시하고, 체계적이고 정규적인 계속 교육이 이루어지

도록 해야 한다.

⑧ 전문화된 지식(specialized knowledge): 전문직은 전문적인 지식을 기초로 한다. 구체적이기보다는 추상적이고, 실천과정에서 일반화될 수 있는 원리로 구성되어 있으며, 체계적인 원리로 조직된다. 지식과 원리는 실천적이고, 전문가들만이 알 수 있도록 난해하거나 배타적이며, 전문가들이 함께 모여 토론을 거쳐 새로운 지식이 전파된다.

보육교사의 전문성은 보육의 질을 논할 때 언급되는 문제로 보육교사의 전문성과 역할, 책무 등은 중요하다. 보육현장에서 교사가 보육하는 일은 매우 복잡하고 불확실하며 사건들이 동시에 일어나기 때문에 보육교사는 이와 같은 상황에서 유연히 대처하고 상황에 맞는 의사결정을 해야 하는 전문적 능력을 필요로 한다.

영유아기는 특히 전 생애의 기초가 되는 시기이며, 또한 이 시기에 성장과 발달이 급격히 이루어지고 성인에게 절대적으로 의존하는 특성이 있다. 그러므로 보육교사의 전문성은 보육의 질과 개별 영유아의 학습과 발달에 많은 영향을 미치므로 교사로서의 전문성 증진에 힘써야 한다(김은영, 박은혜, 2006).

그러나 보육교사는 전문직으로서의 권위와 특권에 대한 사회적 인정도가 낮으며 사회봉사의 기능이 적고, 행정적 통제의 용이성, 생사 문제에 직접 관련되지 않는 등을 근거로 전문직으로 보기 어렵다는 견해가 있다. 이에 보육교사직이 전문직이라는 관점에서 새롭게 보육교사의 전문성을 정립해 보자.

첫째, 보육교사는 교수기술이나 보육실 운영 등의 업무뿐 아니라 진단, 의사결정 및 판단 등과 같은 많은 역할을 할 수 있는 지식이 필요한 전문인으로 매우 창의적인 직업이다. 보육교사는 다른 전문직 종사자와는 달리 자신의 신념과 직업윤리뿐 아니라 영유아의 기대와 사회의 요구까지 고려해야 하는 전문가이다(이은화 외, 1995 재인용).

둘째, 영유아의 보육은 돌봄과 교육의 기능을 동시에 해야 하는 일이다. 보육교사는 어린 영유아를 돌보고 가르치는 역할로 인해 희생과 봉사, 엄격한 직업 윤리가 요구되고, 특별한 자질과 사명감, 창의성, 무엇보다 영유아에 대한 보편적 지식뿐만 아니라 개별 아동과 가정이 갖는 특수성에 대한 개별화된 지식과 현장의 경험이 중요한 전문직이다. 특히 보육은 특수아동, 다문화 아동, 아동의 성격 및 가정환경 등 개별 아동의 발달요구에 긴밀하게 부합해야 하며, 전적으로 의존적인 해당 아동과 자연스럽게 애착관계를 형성하게 되는 특수성이 있는 매우 포괄적이고 다면적인 전문직이다.

셋째, 보육교사에 대한 사회적 인식의 변화로 보육교사에게 전문성을 요구하고 있다. 현대사회의 급격한 변화는 보육의 공공성을 증대시켰고, 보육의 범위와 개념이 확대되었을 뿐 아니라 보육교사의 지위에 대한 사회적 인식의 변화와 보육교사의 전문성에 대한 요구도 높아졌다. 보육은 보육 분야에서 전문교육을 받은 사람이 행하는 전문직이 되었다. 「영유아보육법」에서는 보육교사의 전문성을 강화하기 위해 보육교사의 자격 기준을 1급, 2급, 3급의 3등급으로 구분하였고, 보육교사 국가공인자격증 제도로 정착시켰다. 또한 보수교육도 직무교육과 승급교육으로 구분하여 전문성을 갖도록 하였다.

〈표 4-4〉 보육교사 전문성 발달 수준 평가표

번호	문항내용	전혀 그렇지 않다	그렇지 않다	보통이다	그렇다	매우 그렇다
1	나는 시끄러운 영역과 조용한 영역을 구분하여 배치한다.					
2	나는 실내 흥미영역에 다양한 선택활동영역을 마련한다.					
3	나는 실외 공간을 다양한 활동영역으로 구성한다.					
4	나는 영유아가 편안하게 쉴 수 있는 안락한 공간을 마련한다.					
5	나는 각 흥미영역에 생활주제에 적절한 교재 및 교구를 배치한다.					

번호	문항내용	전혀 그렇지 않다	그렇지 않다	보통이다	그렇다	매우 그렇다
6	나는 교재 및 교구를 수준별로 다양하게 제공한다.					
7	나는 안전하고 위생적인 환경을 유지한다.					
8	나는 영유아의 각 발달영역에 대해 이해한다.					
9	나는 각 연령별 영유아 발달에 대해 이해한다.					
10	나는 영유아의 흥미와 욕구에 대해 이해한다.					
11	나는 영유아들의 개인차를 이해한다.					
12	나는 특수아의 발달특성에 대해 이해한다.					
13	나는 허용적 분위기를 조성한다.					
14	나는 일상생활 속에서 영유아들 간의 의견과 생각을 교환하도록 장려한다.					
15	나는 활동의 계획 및 평가과정에 영유아들을 참여시킨다.					
16	나는 영유아 스스로 선택한 활동에 참여하여 성취감을 느끼도록 격려한다.					
17	나는 영아의 욕구와 질문에 적극적이고 긍정적으로 반응한다.					
18	나는 교육목표에 적절한 내용 및 방법을 계획 · 실시한다.					
19	나는 여러 가지 교육활동을 통합적으로 조직한다.					
20	나는 융통성 있게 일과를 운영한다.					
21	나는 개인차 및 흥미에 따라서 활동을 전개한다.					
22	나는 개인 또는 소집단 · 대집단의 학습기회를 제공한다.					
23	나는 영유아들이 효과적으로 활동을 전이할 수 있도록 유도한다.					
24	나는 영유아들이 반응하고 활동을 마무리할 적절한 시간을 제공한다.					
25	나는 일과계획을 통해 영유아가 활동과 일과의 순서를 인지하도록 돕는다.					
26	나는 동적 활동과 정적 활동의 균형을 유지한다.					

번호	문항내용	전혀 그렇지 않다	그렇지 않다	보통이다	그렇다	매우 그렇다
27	나는 영유아 및 교육과정에 대해 다양한 평가 방법을 계획 · 실시한다.					
28	나는 보육교사가 천직이라고 생각한다.					
29	나는 보육교사가 발전성 있는 직업이라고 생각한다.					
30	나는 보육교사로서 도전적이고 매력적인 일을 하고 있다.					
31	나는 보육교사로서 성취감을 느낀다.					
32	나는 영유아의 질문을 반기고 격려한다.					
33	나는 내가 배운 보육 관련 지식과 기술을 잘 적용하고 있다.					
34	나는 변화에 적극적으로 대처할 수 있다.					
35	나는 이 세상에 살 만한 가치가 있는 사람이다.					
36	나는 새로운 사람들을 만나기를 꺼려하지 않는다.					
37	나는 대부분의 사람으로부터 사랑받고 있다.					
38	나는 어떤 사람과도 잘 지낸다.					
39	나는 다른 사람을 즐겁게 해 준다.					
40	나는 동료 교사들과 서로 관심사에 대해 함께 이야기를 나눈다.					
41	나는 개인적인 문제에 스스로 대처하고 해결하려 한다.					
42	나는 행정적인 업무를 수행함에 있어 동료교사들과 서로 돕는다.					
43	나는 동료교사들과 영유아들에 대해 정보를 주고받는다.					
44	나는 동료교사들과 수업에 대해 정보를 주고받는다.					
45	나는 동료교사들에게 신뢰감을 느낀다.					
46	나는 동료교사들로부터 격려와 지지를 받는다.					
47	나는 부모 및 지역사회 인사와 긍정적이고 우호적인 관계를 형성하고 있다.					

번호	문항내용	전혀 그렇지 않다	그렇지 않다	보통 이다	그렇다	매우 그렇다
48	나는 정기적으로 부모들과 의사소통하고 부모가 영유아의 학습과정에 적극적으로 참여할 수 있도록 격려한다.					
49	나는 부모들의 경제적 지위, 능력, 가치, 흥미의 다양성과 지역사회의 특성을 이해하고 인정하며 존중한다.					
50	나는 부모와 지역사회에 대해 적절한 교육적 지원을 하고 있다.					
51	나는 필요시에 활동할 수 있도록 부모와 긴밀한 연락체계를 수립한다.					
52	나는 일하는 시간을 융통성 있게 조절할 수 있다.					
53	나는 쾌적한 근무환경을 조성할 수 있다.					
54	나는 자기개발을 위한 경비 지원을 어린이집에 요구할 수 있다.					
55	나는 대외활동 시 필요한 경비를 어린이집에 요구할 수 있다.					

출처: 신이희(2011); 이명순 외(2020) 재인용.

2) 전문직으로서의 보육교사

'보육교사직은 전문직인가?'에 대해 전문직으로 보는 입장과 전문직으로 볼 수 없다는 입장이 있다. '전문직으로 볼 수 없다'는 입장은 전문화된 지식이 부족하고 사회적 인식이나 사회적 지위가 낮다고 보기 때문이다. 반면 전문직으로 보는 입장은 영유아를 위한 전문적 교수기술과 지식이 필요하며 책임이 부과되고 봉사 지향적이기 때문이라는 주장이다.

보육교사는 어린 영유아를 돌보고 가르치는 역할로 인해 희생과 봉사, 엄격한 직업윤리가 요구되고, 특별한 자질과 사명감, 다른 일반 전문직과 구분되는 창의성, 영유아에 대한 보편적 지식, 무엇보다도 개별 아동과 가정이 갖는 특수성에 대한 개별화된 지식과 현장 경험의 경력이 매우 중요한 전문직이라 할 수 있다. 또한 보육교사는 어린 아동을 대상으로 한 교육과 돌봄의 기능이 사회봉사의 사명을 가지며 사회 발전에 공헌한다는 점에서 교직으로서의 전문성을 가지고 있다. 보육은 교직과 일반직으로서의 전문성과 함께, 개별 아동의 발달 요구에 긴밀하게 부합해야 하고(예: 특수아동, 다문화 아동, 아동의 성격 및 가정환경 등), 전적으로 의존적인 해당 아동과 자연스럽게 애착관계를 형성하게 되는 특수성이 내재되어 있는 포괄적이고 다면적인 전문직이다(김은설 외, 2009). 다음은 전문직이 갖는 일반적 특징과 보육교사의 전문성을 비교하고 보육교사직이 전문직으로 자리매김하기 위해 보완해야 할 점을 표로 나타낸 것이다.

〈표 4-5〉 전문직 특성과 보육교사의 전문성

전문직의 특성	보육교사의 전문성	보완할 점
• 전문화된 지식과 이를 소화할 수 있는 지적인 능력을 요구하며, 그 직종에 종사하는 사람들만이 가지고 있는 전문화된 지식이 있다.	• 보육교사로서의 전문적 지식은 보육 분야에서만 배타적으로 공유하는 것이어서 외부인들이 이해하기 어렵고 상당한 희소가치를 가지고 있다.	• 부모들이 자녀의 발달과 학습에 대해 그 누구보다 잘 알고 있다고 생각하기 때문에 교사들의 전문성을 인정하지 않으려고 한다.
• 그 직종에 종사할 수 있다는 허가를 내주는 자격증을 필요로 하며 현직교육 등에 상당히 까다로운 조건을 가지고 있다.	• 보육교사로 처음 입문하는 과정과 자격증, 입문한 뒤의 현직교육(승급교육, 직무교육) 등에서 필요로 하는 조건이 있다.	• 희소가치를 인정받기 위해서 교사 자격취득이 더 보완되어야 한다.
• 전문직에 종사하는 사람들은 자신의 일에 대해 외부의 간섭 없이 자율권을 가지고 의사결정을 한다.	• 학급의 보육과정 운영에 있어 상급학교의 교사들보다 더 많은 자율권이 있다.	• 국가나 사회, 학부모의 요구가 지나치게 강할 때 교사의 교권이 상당히 침해되는 경우도 발생한다.
• 전문성에 상응하는 사회적 지위와 경제적 보상이 주어진다.	• 교사들에게 주어지는 사회적 지위가 그리 높지 않고 그에 따른 경제적 보상도 높지 않다.	• 민간 어린이집 교사는 국공립이나 직장 어린이집 교사에 비해 경제적 보상이 더 열악하다.
• 어떤 결정이 적절한 것인가에 대한 기준을 제시해 줄 고유의 윤리강령이 있다.	• 어린이집 원장과 보육교사를 위한 윤리강령이 있다.	

전문직의 특성	보육교사의 전문성	보완할 점
• 새로운 지식을 습득하여 자신들이 하는 일의 전문성을 유지하고 자신들의 권익을 보호해 줄 단체가 있다.	• 지속적인 지식 습득을 필요로 하며 교사의 권익을 보호해 줄 단체가 있다.	• 지식 습득과 권익보호단체는 존재하나 개인의 노력과 의지가 필요하다.

출처: 조혜경 외(2017).

3) 보육교사의 반성적 사고

(1) 반성적 사고의 개념

반성적 사고란 자신의 사고 내용이나 사고 과정, 문제 해결 과정 그리고 그 결과에 대해 생각하는 사고이다. 초인지, 자기 점검 사고, 자기반성과 유사한 의미를 지니고 있다. 또한 문제 해결을 위해 가설적인 생각들을 검토하여 목적을 실현하려고 하는 통제된 사고의 전개 과정이다. 그리고 어떤 신념이나 지식의 근거, 지식이 수반하는 결과를 능동적이고 지속적이며 주의 깊게 고려하는 사고이다. 이와 같은 반성적 사고는 체계적이고 논리적으로 진행된다는 점에서 공상같이 통제되지 않고 진행하는 사고와 구별된다.

듀이(Dewey, 1933)는 반성적 사고란 자신의 신념이나 실천 행위에 대해 그것의 원인과 결과를 고려하여 주의 깊게 생각해 보는 일이라고 하였다. 반성적 사고를 통해 경험을 재구성하고 지식을 습득할 수 있기에 반성적 사고를 통한 교육은 매우 중요하다.

숀(Schön, 1983)은 반성적 사고의 형태를 '행위 중의 반성적 사고(reflection-in action)'와 '행위 후 반성적 사고(reflection-on action)'로 구분하였다. 행위 중의 반성적 사고는 반성적 사고가 행위와 동시에 일어나며 사용 중인 지식을 통해 다음 행위 과정을 이끌어 간다. 행위 후 반성적 사고는 이미 취한 행동에 대한 언어적 또는 비언어적 사고의 형태로 일어난다.

종합해 보자면 반성적 사고란 단순히 의사결정을 위해 자신의 행동을 되짚어 보는 수준을 넘어서서 교사 스스로 자신의 한계를 무너뜨리고 새롭게 거듭나기 위해 '자신의 행위를 사려 깊고 비판적이며 분석적으로 되돌아보고 평가하여 더 나은 미래의 행위를 위한 의사결정을 추구하는 자기성찰과 향상의 과정'(염지숙 외, 2016)이다.

(2) 반성적 사고의 필요성

보육교사는 반성적 사고를 통해 문제해결능력과 의사결정능력 향상 및 자신의 교수행위 능력을 향상시켜 준다. 반성적 사고의 필요성에 대해 살펴보자.

첫째, 반성적 사고는 교사의 사고과정 및 신념체계와 실천행위의 관계를 재구성할 수 있게 도와준다. 교사의 사고과정은 교사의 신념체계와 교수행위에 영향을 준다. 교사가 가진 아동관, 교사관, 교육관, 교수-학습의 이해에 따라 영유아와의 상호작용, 교육목적, 교육내용이나 방법 등이 달라질 수 있다. 교사의 교육에 대한 잘못된 신념은 영유아의 학습을 도우려는 교사의 노력을 방해할 수 있는데, 이러한 순간 교사는 반성적 사고를 통해 교수-학습의 본질을 파악하고 자신의 감추어진 신념을 드러내어 검토하고 분석하는 반성적 사고 능력을 발휘하여야 한다.

둘째, 반성적 사고는 교사의 문제해결능력을 향상시켜 준다. 보육 현장은 예측하기 어렵고 끊임없이 변화한다. 보육교사는 보육현장에서 직면하게 되는 다양하고 불확실하며 복합적인 문제를 합리적으로 해결하는 능력을 향상시키기 위해 반성적 사고가 필요하다. 보육교사는 수많은 딜레마를 경험하고 이러한 상황에서 최적의 선택을 해야 할 때, 이전의 유사한 상황에서 반성적 사고를 통해 습득한 지식을 바탕으로 의사결정을 하게 된다.

셋째, 반성적 사고는 보육교사의 의사결정능력을 향상시켜 준다. 반성적 사고는 자신의 경험이나 사건을 통해 시작된다. 실제로 교실 환경에서 일어나는 많은 문제들을 해결하는 데에는 개인마다 차이가 있을 수 있으나 반성적으로 사고하는 습관을 기르고 지속적으로 노력한다면 반성적 사고능력이 향상될 것이다.

(3) 반성적 사고 요소

① 킬리언과 토드넴(Killion & Todnem, 1991)의 반성적 사고 유형

숀(Schön, 1983)은 그의 저서 「반성적 실천가와 반성적 실천가 교육하기(Reflective Practitioner and Educating the Reflective Practitioner)」에서 '행위 중의 반성'과 '행위에 대한 반성'이라는 두 가지 유형을 제시하였다. 킬리언과 토드넴은 여기에 '행위를 위한 반성'을 추가하여 세 가지 유형의 반성적 사고를 제시하였다.

구분	내용
실천 행위를 위한 반성적 사고 (reflection-for- practice)	수업 전에 아이들의 마음을 사로잡을 수 있는 수업을 준비하기 위해 일어나는 것
실천 행위 중의 사고 (reflection-in-practice)	교사가 가르치는 중에 일어나는 것. 교사가 수업을 하다가 영유아의 반응을 보고 판단하여 교수 내용이나 방법을 변경할 때 일어나는 것
실천 행위에 대한 사고 (reflection-on-practice)	이미 일어난 상황에 대하여 나중에 반성적 사고를 하게 되는 것

② 반성적 사고의 구성 요소

스팍스 랭거와 콜튼(Sparks-Langer & Colton, 1991)은 세 가지의 반성적 사고의 구성 요소를 제시하였다. 첫째, 교사가 어떻게 정보처리와 의사결정을 하는지와 관련된 인지적 요소, 둘째, 사고의 본질에 관련된 비판적 요소, 셋째, 교사가 처한 특정 맥락 속에서 발생하는 사건을 어떻게 해석하느냐와 관련된 서술적 요소가 있다.

첫째, 인지적 요소(cognitive elements)는 교사가 올바른 결정을 내리기 위해 필요한 지식(Schulman, 1987)을 어떻게 사용하는가에 초점을 둔다. 교사가 알아야 할 지식은 다음과 같다.

- 교과 내용에 대한 지식(content knowledge)
- 일반적인 교육학적 지식(general pedagogical knowledge)
- 교육과정에 대한 지식, 전공 지식(pedagogical content knowledge)
- 학습자의 특성에 대한 지식
- 교육적인 맥락에 대한 지식
- 교육의 목표와 가치/ 철학적 · 역사적 배경에 대한 지식

둘째, 비판적 요소(critical elements)는 교육의 수단 및 목적과 함께 사회 정의에 대한 도덕적 · 윤리적 측면을 고려한다. 인지적 반성은 교사들이 어떻게 의사결정하는지를 강조하는 반면, 비판적 반성은 사고를 이끌어 내는 본질적 요소, 즉 교사의 경험, 신념, 사회정치적 가치, 목표를 강조한다.

비판적 사고의 5가지 구성 요소는 다음과 같다.

① 교육적 딜레마 인식
② 상황 인식과 딜레마에 대한 반응
③ 딜레마의 정의
④ 딜레마를 가지고 실험하기
⑤ 시행된 해결책의 검토가 있다

셋째, 서술적 요소(narrative elements), 즉 교사의 내러티브는 전문적인 의사결정이 이루어지는 상황에 대해 교사 자신의 해석을 강조한다. 서술적 요소는 인간이란 본질적으로 이야기하기를 즐긴다는 특성에 근거한다. 서술적 요소가 중요한 이유는 보육실에서 일어나는 모든 경험을 맥락화하여, 생생하게 이해할 수 있기 때문이다. 서술적 방법으로는 저널 쓰기, 교육과정 이야기 만들기, 교사의 이야기를 기초로 한 사례 이용하기 등이 있다.

교사가 내러티브를 작성함으로 얻는 이익은 첫째, 자기 탐구를 통해 교수 행위의 동기에 대한 통찰력을 제공해 준다. 둘째, 교사들의 일상적인 삶의 복잡성을 이해할 수 있게 해 준다. 셋째, 교사들의 이야기를 통해 교수실천에서의 딜레마와 사건 등 다양한 사례들을 제공해 준다.

(4) 반성적 사고 수준

보육교사는 반성적 사고를 통해 사고과정 및 신념체계와 실천행위의 재구성, 문제해결능력과 의사결정능력이 향상된다고 본다. 그렇다면 반성적 사고 능력이 어느 정도까지 발달하는지, 반성적 사고 수준을 측정할 수 있는지에 대해 의문이 제기되었다.

반 매논(Van Manen)은 반성적 사고 수준 단계를 기술적 수준, 전문가적 수준, 도덕적 · 윤리적 수준의 세 단계로 구분하였다.

수준	내용
기술적 수준	(1) 주된 관심사는 주어진 목적을 달성하기 위해 교육적 지식을 기술적으로 적용하는 것이다. (2) 목표 그 자체가 의문시되는 경우는 거의 없으며 실천 행위에 대한 반성적 사고는 단지 경제성이나 효율성 같은 기술적인 측면에 의해서만 정의된다.
전문가적 수준	(1) 교사는 문제상황에 직면하거나 어떤 결정을 내려야 할 때 그 문제나 상황의 기저에 깔려 있는 가정이나 경향성에 대하여 분석해 보고 교사가 취한 행동이 미칠 장기적인 교육의 효과까지 검토한 후에 행동을 하게 된다. (2) 모든 교육적인 행위가 특정한 가치관과 연결되어 있다고 보며, 여러 가지 교육목표들 가운데 어떤 것이 더 교육적으로 추구할 만한 가치가 있는지에 대한 고려도 함께한다. (3) 기술적이고 도구적인 교수활동에서 벗어나지만 아직도 모든 결정이 교육학적 원리에만 기초를 두고 있다.
도덕적 · 윤리적 수준	(1) 학급에서 일어나는 여러 가지 상황과 그에 영향을 미치는 교육적, 사회적, 정치적, 경제적 조건들을 연관시켜 볼 수 있는 능력이 생기게 된다. (2) 어떤 교육적인 경험이나 활동이 공평하고, 평등하며, 행복한 삶으로 이끌어 줄 것인가에 초점이 맞추어지게 된다. (3) 교사들은 영유아들의 장기적인 발달에 혜택을 줄 수 있는 결정을 내릴 뿐만 아니라 자신의 학급을 넘어서서 교육 정책에도 공헌을 하게 되는 것이다.

권정숙(2002)은 갈베즈-마틴 외(Galvez-Martin, Bowman, & Morrison, 1998)의 연구를 토대로 유아교사의 반성적 사고 수준을 분석하였다. 교사의 반성적 사고 수준은 교사의 반성적 저널을 개념 단위로 분석하는 방식으로 평가하며, 경력이 쌓인다고 향상되는 것이 아니라 반성적 사고 경험을 통해 향상된다. 다음은 반성적 사고 수준 측정도구의 분석 기준이다.

수준	반성적 사고능력의 수준
0	• 교육학적 개념이나 기술에 대해 전혀 언급이 없음 • 단지 자신과 느낌에 근거하여 언급 예) 오늘은 날씨만큼이나 유아들의 모습도 밝아 보인 하루였다.
1	• 교수행위/수행에 근거하여 결과를 예견하거나 분석하지 않고, 개인적인 경험으로 교수적/ 비교수적 사건을 일반적으로 설명 예) 한 주가 시작되는 월요일이어서인지 이야기 나누기 시간이나 대그룹 활동 시간에 주의 집중도 잘되고 대체적으로 차분했던 하루였던 것 같다.
2	• 교수행위나 그 뒤에 숨겨진 이론을 분석하지 않고, 기술적인 방식으로 교수적/ 비교수적 사건을 평범하게 묘사 예) 한 주가 시작되는 월요일이어서 이야기 나누기 시간에 주말에 지낸 일을 발표하였다. 주말에 어디 놀러 갔었던 유아나 집안에 일이 있던 유아들은 주말 발표를 할 거리가 있다고 손을 들었지만, 그냥 집에서 지낸 아이들은 "난 한거 없어요"라며 발표할 거리가 없다고 했다. 그래서 나는 아이들에게 내가 주말에 책을 읽고 보낸 이야기를 하고 평상시처럼 질문을 하라고 했다. 그러자 아이들은 그게 어디 주말 지낸 이야기냐고 하면서 의아해했다. 나는 밥 먹은 거, 친구하고 논 거, 그런 것도 다 친구들에게 들려줄 수 있는 이야기라고 했다. 그러자 아이들은 "아, 그런 것도 할 수 있구나." 하면서 자기가 지낸 일을 발표하려고 서로 손을 들었다. 그래서 오늘은 이야기 나누기가 활발하게 이루어졌다.
3	• 교사행동의 일면에만 초점을 두고 관련 이론에 도달 예) 한 주가 시작되는 월요일이어서 이야기 나누기 시간에 주말에 지낸 일을 발표하였다. 주말에 어디 놀러 갔었던 유아나 집안에 일이 있었던 유아들은 주말 발표를 할 거리가 있다고 손을 들었지만, 그냥 집에서 지낸 아이들은 "난 한 거 없어요."라며 발표할 거리가 없다고 했다. 아직 어린 아이들이고 대그룹에서 발표하는 경험이 없어서 유아들에게 발표하는 방법과 내용에 대해 알려 주어야겠다고 생각했다. 그래서 나는 아이들에게 내가 주말에 책을 읽고 보낸 이야기를 하고 평상시처럼 질문을 하라고 했다. 그러자 아이들은 그게 어디 주말 지낸 이야기냐고 하면서 의아해했다. 나는 밥 먹은 거, 친구하고 논 거, 그런 것도 다 친구들에게 들려줄 수 있는 이야기라고 했다. 그러자 아이들은 "아, 그런 것도 할 수 있구나." 하면서 자기가 지낸 일을 발표하려고 서로 손을 들었다. 그래서 교사는 유아들에게 종종 모델링(modeling)을 해 주어야 한다. 아이들이 그것을 보고 방법과 내용을 알게 되기 때문이다.

수준	반성적 사고능력의 수준
4	• 학생들과 학습결과에 미친 영향과 학생의 행위를 상세히 분석하기 • 효율적인 교수와 비효율적인 교수를 구별 • 교사가 아주 특별한 방식으로 바람직하지 않은 행동을 어떻게 다루고 유사한 상황에 어떻게 적용하는지를 분석 예) 한 주가 시작되는 월요일이어서 이야기 나누기 시간에 주말에 지낸 일을 발표하였다. 주말에 어디 놀러 갔었던 유아나 집안에 일이 있었던 유아들은 주말 발표를 할 거리가 있다고 손을 들었지만, 그냥 집에서 지낸 아이들은 "난 한 거 없어요."라며 발표할 거리가 없다며, 지루해하는 얼굴이 나타났다. 그래서 나는 아이들에게 이야기 나누기의 소재가 특별한 것만이 아니라 일상의 일도 소재가 될 수 있다는 것을 보여 주어 아이들이 적극적으로 참여할 수 있게 하기로 했다. 그래서 나는 아이들에게 내가 주말에 책을 읽고 보낸 이야기를 하고 평상시처럼 질문을 하라고 했다. 나는 밥 먹는 거, 친구하고 논거, 그런 것도 다 친구들에게 들려줄 수 있는 이야기라고 했다. 그러자 아이들은 "아, 그런 것도 할 수 있구나." 하면서 자기가 지낸 일을 발표하려고 손을 들었다. 교사의 모델링(modeling)이 종종 아이들에게 필요하다. 아이들은 거의 가정에서 부모하고만 지내기 때문에 사회생활에 대한 정보가 없고 생각이 매우 제한적이다. 교사는 사람들과의 관계를 처음으로 배워 가는 아이들에게 바람직한 모습을 시범으로 보여주어, 아이들이 어린이집의 다양한 생활과 내용을 접하고, 자신의 생각을 키울 수 있게 해 주어야 한다.
5	• 교수활동이 목표와 학생들의 특성에 근거한 것이고, 다양한 교수전략은 학생들의 학습 스타일에 맞추어 사용된다는 것을 인식 • 학생들의 발달과 교수행위와 교수, 학생들의 특성과 가르치는 스타일과 관련된 관계를 분석 예) 한 주가 시작되는 월요일이어서 이야기 나누기 시간에 주말에 지낸 일을 발표하였다. 주말에 어디 놀러 갔었던 유아나 집안에 일이 있었던 유아들은 주말 발표를 할 거리가 있다고 손을 들었지만, 그냥 집에서 지낸 아이들은 "난 한 거 없어요."라며 몸을 비트는 아이들이 많았다. 나는 아이들에게 이야기 나누기의 소재가 특별한 것만이 아니라 일상의 일도 소재가 될 수 있다는 것을 보여 주어야 한다고 생각했다. 아울러 아이들이 주말에 지낸 이야기를 재미있게 이끌어가기 위해서는 발표한 아이가 지적하면 그 아이가 묻도록 하는 방법으로 바꾸어 보기로 했다. 그래서 나는 아이들에게 내가 주말에 책을 읽고 보낸 이야기를 하고 평상시처럼 질문을 하라고 했다. 나는 밥 먹는 거, 친구하고 논 거, 그런 것도 다 친구들에게 들려줄 수 있는 이야기라고 했다. 그러자 아이들은 "아, 그런 것도 할 수 있구나." 하면서 자기가 지낸 일을 발표하려고 서로 손을 들었고 갑자기 집중하는 모습을 보였다. 그래서 교사는 유아들에게 종종 모델링(modeling)을 해 주어야 한다. 아이들에게 바람직한 모습을 시범적으로 보여 주어야 한다. 그리고 같은 활동이라도 유아들이 적극적으로 참여할 수 있도록 방법을 개선해 나가야 한다.

수준	반성적 사고능력의 수준
6	• 교수활동이 목표와 학생들의 특성에 근거한 것이고, 다양한 교수전략은 학생들의 학습 스타일에 맞추어 사용된다는 것을 인식 • 학생들의 발달과 교수행위와 교수, 학생들의 특성과 가르치는 스타일과 관련된 관계를 분석 예) 한 주가 시작되는 월요일이어서 이야기 나누기 시간에 주말에 지낸 일을 발표하였다. 주말에 어디 놀러 갔었던 유아나 집안에 일이 있었던 유아들은 주말 발표를 할 거리가 있다고 손을 들었지만, 그냥 집에서 지낸 아이들은 "난 한 거 없어요."라며 몸을 비트는 아이들이 많았다. 나는 아이들에게 이야기 나누기의 소재가 특별한 것만이 아니라 일상의 일도 소재가 될 수 있다는 것을 보여 주어야 한다고 생각했다. 아울러 아이들이 주말에 지낸 이야기를 재미있게 이끌어가기 위해서는 발표한 아이가 지적하면 그 아이가 묻도록 하는 방법으로 바꾸어 보기로 했다. 그래서 나는 아이들에게 내가 주말에 책을 읽고 보낸 이야기를 하고 평상시처럼 질문을 하라고 했다. 나는 밥 먹는 거, 친구하고 논 거, 그런 것도 다 친구들에게 들려줄 수 있는 이야기라고 했다. 그러자 아이들은 "아, 그런 것도 할 수 있구나." 하면서 자기가 지낸 일을 발표하려고 서로 손을 들었고 갑자기 집중하는 모습을 보였다. 그래서 교사는 유아들에게 종종 모델링(modeling)을 해 주어야 한다. 아이들에게 바람직한 모습을 시범적으로 보여 주어야 한다. 그리고 같은 활동이라도 유아들이 적극적으로 참여할 수 있도록 방법을 개선해 나가야 한다.
7	• 복합적 관점으로 교수적/ 비교수적 사건을 평가 • 학습의 특수한 상황과 맥락의 영향을 인식 • 만일–그때–왜냐하면을 활용하여 향상과 더 나아가 수행을 위해 제안/ 제시 예) 한 주가 시작되는 월요일이어서 이야기 나누기 시간에 주말에 지낸 일을 발표하였다. 주말에 어디 놀러 갔었던 유아나 집안에 일이 있었던 유아들은 주말 발표를 할 거리가 있다고 손을 들었지만, 그냥 집에서 지낸 아이들은 "난 한 거 없어요."라며 몸을 비트는 아이들이 많았다. 주말 지낸 이야기는 매주 하는 활동이어서 거의 같은 방식으로 진행한다. 나는 아이들에게 주말에 지낸 이야기의 소재와 방식에 변화를 줄 필요를 느꼈다. 주말에 지낸 이야기의 소재를 일상적인 내용보다는 유아들에게 세상에 대해 인식하게 하고 부모와 대화를 나누어 유아와 부모와의 관계를 개선시킬 수 있는 방안을 고려해야 한다고 생각했다. 그래서 주말 발표보다는 부모가 주말에 읽어 준 신문의 내용을 이야기하기로 바꾸어야겠다. 유아가 이해하지 못한 부분을 부모가 설명해 주면 부모–자녀관계 형성도 좋아지고, 유아는 사회에 대해 더 이해하게 될 것이다. 그리고 잘 이해한 내용을 친구들에게 발표할 때 유아는 자신감을 가지고 이야기하게 될 것이다. 아마 주말 발표를 하는 날은 유아들이 기대하는 시간이 될 것이다. 아울러 아이들이 주말에 지낸 이야기를 재미있게 이끌어 가기 위해서는 발표한 아이가 지적하면 그 아이가 묻도록 하는 방법으로 바꾸어 보기로 했다. 그리고 다른 활동에서도 같은 활동이라도 유아들이 적극적으로 참여할 수 있도록 방법을 개선해 나가야겠다.

출처: 권정숙(2002).

(5) 반성적 사고의 실제

교사의 전문성 향상이 도움을 주는 방안 중 하나가 반성적 사고를 촉진하는 것이다. 박은혜(1996)는 교사의 반성적 사고를 촉진하는 방법으로 저널 쓰기, 다양한 형태의 이야기 쓰기, 학급 연구, 민속학 연구, 동료와 대화할 기회 제공 등을 제시하였다. 임승렬 외(2014)는 반성적 사고 방법으로 수업 사례, 개념도, 포트폴리오, 저널 쓰기, 실행연구를 제시하였다. 반성적 사고는 교수법이나 학습에 관한 접근법으로 뿌리를 내렸으며 그중 잘 알려진 방법은 저널 쓰기이다.

저널 쓰기는 전문성을 지닌 교사로서의 의견을 기록하는 것으로, 자신의 실천행위에 대해 개인적 관점을 가지고 기록하는 다양한 형태의 글쓰기이다. 교사는 저널 쓰기를 통해 문제의 원인을 규명하고자 노력하고 비판적으로 검토하며 앞으로의 대응책을 모색하게 되므로 구체적인 교수행동의 변화를 가져오게 한다.

저널 쓰기의 예: 유아와의 상호작용에 관한 저널 쓰기

유아가 '못하겠어요.'라는 말에 그 유아에게 시간을 주지 않은 채 자기 소개에서 듣기를 바라는 말과 행동을 교사가 대신해 주었다. 유아가 생각할 수 있는 시간을 주고 유아 스스로 이야기할 수 있도록 도와주어야 하는데… 교사 스스로도 이런 상황에 대해 어떻게 대처해야 할지 모르고 얼버무리는 경우가 된 것 같다. 유아 자신의 생각을 표현하고 자신감 있게 행동하는 것들은 많은 시간이 필요하다는 것을 알고, 유아들 내면에 있는 것들을 이끌어 내기 위해 교사 자신이 노력해야 하겠다.

출처: 임승렬 외(2014, 193).

다음은 수업 사례에 대한 저널 쓰기이다. 수업 사례는 일반 저널 쓰기와는 달리 일정한 형식을 갖추어야 한다.

① 주제 선정

- 관찰한 사례에 기초하기
- 실제적인 사례를 선정하기
- 일반화할 수 있는 상황을 선정하기
- 복잡한 테마를 만드는 사례의 요소를 섞어 넣기
- 다양한 해결을 가진 문제를 선택하기
- 문제를 재해결할 수 있는 능력을 가진 확실한 조력자 만들기

② 수업 사례 형식에 맞추어 쓰기

- 참여자나 비참여자로서 관찰한 내용을 기술하기
- 정서와 물리적 환경을 담아 서술하기
- 시간 순서에 따라 관찰의 자세한 설명 제공하기
- 추론이 아닌, 구체적인 관찰을 표현하기
- 내러티브 요소가 포함되도록 표현하기

– 생동감 있게, 빨리 진행되게 서술
– 교육 용어 사용
– 매우 구체적으로 기술
– 무엇을 했고, 무엇을 해야 했는지의 차이를 기술
  (예: ~한 일이 있었는데, 나는 혹은 00은 ~했어야 했다)
– 논리적인 순서에 의해 기술
– 전형적이고 편견이 있는 언어는 피해서 기술
– 1인칭이나 3인칭으로 기술

다음의 수업 사례를 읽고 다음과 같은 토론을 해 보자.

① 기본적인 배경인 사건 발생 장소, 시간, 관련된 인물들과 특성을 분석하기
② 수업 사례에 포함된 문제를 찾아 다양한 관점에서 분석하기
③ 문제해결을 위해 교사가 가지고 있는 전문적 지식을 적용시켜 보기
④ 수업 사례를 쓴 교사의 입장에서 문제를 해결해 보기
⑤ 수업 사례를 읽은 사람의 관점에서 새로운 대안 생각해 보기

수업 사례의 예

책의 표지를 보여 줌으로써 「도깨비를 빨아버린 우리 엄마」의 동화책에 대해 궁금증을 유발시켰다. 처음에 수수께끼를 낼 때 정답이 나오지 않도록 주의하여 광범위한 언어 선택으로 "찬 바람을 몰고 다녀요."라고 이야기를 했을 때 유아들은 바람, 선풍기 등 바람에 대해 연상하는 것을 볼 수 있었다. 물론 교사의 예측대로 유아들의 답이 나왔다. 다음 단계를 좁혀 "주로 밤에 다녀요."라는 문제를 제시해 4단계에 왔을 때는 유아들이 도깨비임을 알고 도깨비에 대해서 궁금해했고, 동화책을 읽기 전 책의 내용과 표지를 제공했을 때 호기심과 관심을 보이는 경우가 많았다.

동화책을 읽기 전에 유아들과 동화책 읽기 앉는 자세를 이야기하자 저마다 유아들은 책의 내용을 듣고자 자세를 수정하여 바르게 앉아 있었다. 동화책을 읽어나가다 유아들 중 도깨비는 "언제 나와요."라며 도깨비 나오는 부분을 더욱 더 관심 있게 살펴보았다. 동화책을 읽고 나서 유아들에게 도깨비의 행동에 대해 물어 생각을 이야기해 볼 수 있도록 하고 유아들이 청결 · 위생습관에 대해서도 스스로 깨닫고 실천할 수 있도록 일부 이야기에 넣어 씻었을 때의 느낌을 간접적으로 경험할 수 있도록 했다.

책을 덮고 두 팀으로 나누어 게임을 진행했다. 유아들은 승부욕으로 자기 팀의 도화지에 많은 단어를 쓰려고 의욕적인 모습을 보였다. 하지만 아이들의 단어 연상면에서는 한계점이 드러나 교사가 개입하여 「도깨비를 빨아버린 우리 엄마」 동화책을 다시 넘기면서 단어들을 불러 주고, 재치 있고 순발력 있는 유아들은 교사가 들려주는 문장과 단어들 중에 재빨리 써 내려가는 모습을 보였다. 시간이 계속 흐르면서 몸을 뒤트는 유아의 돌발적인 행동에 대해 교사의 순발력이 요구된다는 점을 스스로 생각해 보았다.

출처: 서혜성(2011, 171).

가장 최근 실시한 모의수업 활동이나 실습 활동에 대하여 저널 쓰기를 해 보자.

<table>
<tr><td>주제</td><td colspan="5"></td></tr>
<tr><td rowspan="2">활동명</td><td rowspan="2"></td><td rowspan="2">활동연령</td><td rowspan="2"></td><td>활동일</td><td></td></tr>
<tr><td>소요시간</td><td></td></tr>
<tr><td>활동목표</td><td colspan="5"></td></tr>
<tr><td>저널</td><td colspan="5"></td></tr>
<tr><td colspan="6"></td></tr>
</table>

4) 실천적 지식

보육현장은 양성과정에서 배운 이론적 지식을 그대로 적용하기에는 매우 복잡하고 역동적이다. 보육교사는 보육현장의 상황에 맞게 양성과정에서 습득한 이론적 지식을 자신의 교육관이나 경험 그리고 보육현장의 특성을 고려하여 적용하게 된다.

엘바스(Elbaz, 1983)는 교사가 전문적 지식을 토대로 실제적인 교수행위를 결정하기 위해 사용하는 이해체계를 가지고 있다고 하면서, 실천적 지식이란 '복합적이고 실제적인 전문적 지식으로, 교사 개개인이 가지고 있는 지식을 실제 상황에 맞도록 자신의 가치관이나 신념을 바탕으로 종합하고 재구성한 지식이며, 무엇을 어떻게 가르쳐야 한다는 교육의 방향과 교수방법을 설정해 주는 지식'이라고 정의하였다. 즉 실천적 지식이란 교사가 보육 현장에서 영유아를 보육하면서 겪는 경험을 통해 스스로 터득하고 생성한 지식으로 보육 현장에서 일어나는 사건이나 상황을 이해하고 해결해 나가는 능력을 의미하며, 이론적 개념으로 일반화시키기보다는 어떤 방법으로 사용할 것인가에 대한 지식이다. 이러한 실천적 지식은 교사가 다양한 교육 현상에 끊임없이 의문을 제기하고 이를 해결하기 위해 사고하고 탐색하는 반성적인 과정을 통해 구성된다는 점에서 보육실 상황에 대한 이해와 교수 기술의 개선에 영향을 줄 수 있다.

보육현장에서 실천적 지식이 중요한 이유는 첫째, 현장에서 교사의 모든 결정과 행동의 기초가 되며, 언제나 일관성 있게 문제를 해결할 수 있는 원동력이 된다. 둘째, 보육교사가 실천적 지식을 형성함으로써 다양하고 융통성 있는 교육을 수행할 수 있다.

실천적 지식에 영향을 주는 요소는 다양하다. 엘바스(1983)는 실천적 지식을 ① 교육과 관련된 내용 지식, ② 앞서 배운 지식이 실제 상황에서 인식되는 방식인 정향, ③ 반성적 사고를 지속함으로써 교수 행위에 대한 나름의 틀을 만들어 내는 교수 행위에 대한 가치관을 형성해 가는 구조의 세 측면으로 구분하였다.

실천적 지식의 유형으로는 실제의 지식과 실제와 이론의 중간에 위치한 지식이 있다. 실제적 지식에는 ① 교수 설계자로서의 실천적 지식으로 교수 계획을 세울 때 자신이 경험했던 기억에 의존하여 미리 교수 자료와 교수 방법을 계획하는 것을 의미한다. ② 교수 방법으로서의 실천적 지식으로 영유아들과 상호작용하는 과정에서 교수 방법의 기술로 활용되는 것을 말한다. ③ 교수 내용으로서의 실천적 지식으로 교육과정에서 강조하는 교수 내용에 대한 이해는 활동의 질을 좌우하는 요소가 된다.

실제와 이론의 중간에 위치한 지식은 교수 활동에는 직접적으로 관계되어 있지 않으나 교사의 역할 수행에는 반드시 필요한 지식이다. 예를 들어 교사의 역할 및 전문인으로서의 자질에 관한 지식, 학교 사회 또는 인간관계 등과 같이 교사직 수행에 필요한 기타의 지식이다.

실천적 지식 중 정향은 상황, 개인, 사회, 경험, 이론으로 구분된다. ① 상황적 정향은 교실이라는 특정한 상황에서 유아들을 가르치는 데서 발생하는 특정한 요구와 관련된다. ② 개인적 정향은 교사 자신이 가지고 있는 느낌이나 목적의식, 관점 등이 교실에서 일어나는 다양한 상황의 문제 해결에 영향을 준다는 것이다. ③ 사회적 정향은 사회적으로 바람직하다고 인정되는 여러 요인들을 말한다. ④ 경험적 정향은 교사의 경험이 실천적 지식을 형성하는 데 도움을 준다는 것이다. ⑤ 이론적 정향은 교사가 배운 이론과 지식을 의미하며, 이론과 지식이 실제 보육현장에서 어떻게 활용되느냐에 따라 형성되는 실천적 지식의 내용에 차이가 생길 수 있다.

PART II

보육교사로 성장 · 발달하기

제5장
보육교사의 자질과 역량

1. 보육교사의 자질

자질은 타고난 성품이나 소질이며, 어떤 분야의 일에 대한 능력이나 실력의 정도이다(표준국어대사전, 2001). 이러한 의미에서 보육교사의 자질은 개인적인 성품뿐만 아니라 전문가로서의 능력이나 실력을 말한다. 보육교사는 영유아와 상호작용하며 영유아의 성장과 발달에 많은 영향을 미치는 중요한 존재이다. 따라서 보육교사의 자질은 영유아를 교육하고 보호해야 하는 보육교사로서의 역할수행에 직접적인 영향을 미치게 된다.

보육교사의 자질에 대한 학자들의 견해는 다음과 같다.

- 쿠퍼와 웨버(Cooper & Weber, 1973)는 교사 자질은 아동의 지적, 사회적, 정서적, 신체적 발달을 도모하는 교사의 태도, 이해, 기술 및 행동이라고 정의하였다.

- 하마체크(Hamachek, 1992)는 교사의 자질에 유머감각, 공정함, 감정이입, 민주적 태도, 유아와 자연스럽게 상호작용할 수 있는 능력이 필요하다고 하였다.
- 잘롱고와 아이젠버그(Jalongo & Isenberg, 2000)는 교사가 업무를 추진하는 데 요구되는 전문적 자질로 능동적, 지속적, 세심함, 합리적, 전향적 사고와 태도를 교사의 자질로 보았다.
- 김경이, 박은실, 오은경, 채선희, 한유경, 김미영(2001)은 성공적인 교사의 자질로 교수학습과정에서의 성공, 전문적인 자질, 인성적인 자질로 분류하였다.
- 조영남(2002)은 교육의 질은 교사의 자질을 능가할 수 없다고 보았으며, 교사는 수업계획, 수업전략, 전문성, 인성, 대인관계, 학급관리, 사무 처리의 7가지 분야에 대한 전문적인 자질을 갖추어야 한다고 보았다.
- 송광용, 김도기, 박상철, 윤홍주, 김효정(2007)은 교사가 갖추어야 할 자질을 토대로 바람직한 교사상을 제시하였는데, 이는 교직에 대한 긍정적인 태도, 교직 능력의 향상, 창조성, 학생에 대한 사랑, 건강한 신체를 들었다.
- 강문희, 윤애희, 이경희, 정정옥(2007)은 신체적, 정신적으로 건강한 사람, 온정적 성품을 지닌 사람, 유아를 이해하고 수용하며 존중하는 사람, 매사에 열정적인 태도로 임하는 사람, 도덕적, 사회적으로 건전한 품성을 지닌 사람, 헌신적인 자세와 겸허한 자세, 인내하는 자세, 봉사하는 자세, 생각하는 자세를 가지고 있어야 한다고 하였다.

여러 학자들의 견해를 토대로 보육교사가 갖추어야 할 자질의 내용을 개인적 자질과 전문적 자질로 나누어 살펴보고자 한다.

1) 개인적 자질

개인적 자질은 보육교사 개인의 사람됨과 관계되는 특성으로 주로 인성적 측면의 자질을 말한다.

보육교사는 영유아, 학부모, 동료교사, 지역사회 관계자 등 다양한 사람들을 만난다. 이에 인간관계를 원만하게 이룰 수 있는 능력과 사회적으로 보육교사에게 요구하는 개인적 자질을 갖추어야 한다.

구체적으로 보육교사가 갖추어야 할 개인적 자질을 영유아를 사랑하는 마음, 신체적 · 정신적 건강, 수용적 태도, 성실하고 긍정적인 태도로 구분하여 살펴보고자 한다.

(1) 영유아를 사랑하는 마음

보육교사는 기본적으로 영유아를 사랑하는 마음이 있어야 한다. 영유아들은 자신이 교사로부터 사랑받고 있음을 느낄 때 안정감을 느끼며 교사를 신뢰할 수 있게 되어 교사의 지원과 요구를 잘 받아들일 수 있게 된다. 또한 영유아는 자신이 사랑받는 경험을 통해 다른 사람을 사랑하는 마음과 태도를 배울 수 있다.

보육교사가 사랑하는 마음이 있어야 영유아들의 발달과 성장을 보면서 교사로서의 일에 대한 보람과 행복감을 느낄 수 있다.

(2) 신체적 · 정신적 건강

① 신체적 건강: 보육교사는 하루 종일 영유아와 상호작용하며 지내기 때문에 많은 신체적 활동과 에너지가 필요하다. 영유아가 원할 때 안아 주고, 같이 놀아 주며 영유아가 위험에 처하면 즉시 보호해 주어야 한다. 그런데 교사의 건강에 문제가 생기면 영유아의 보육활동에 직접적인 영향을 미치므로

신체적 건강은 보육교사가 반드시 갖추어야 할 요건이다(조혜경, 구경선, 곽혜경, 2014).

따라서 보육교사는 자신의 신체적 건강에 대해 관심을 갖고 건강을 지키기 위해 기본적으로 다음과 같은 노력을 해야 한다.

- 국가건강검진을 검진시기에 맞춰 1년에 한 번씩 꼭 받아서 건강 상태를 점검해야 한다.
- 지속적인 운동을 통해 체력 및 건강관리를 해야 한다.
- 너무 늦지 않게 잠을 잘 수 있는 환경을 마련하여 충분한 수면시간을 가짐으로써 피로가 누적되지 않도록 해야 한다.
- 건강에 조금이라도 이상이 있을 경우에는 미루지 말고 진료를 받고 치료받을 수 있어야 한다.

② 정신적 건강 : 보육교사의 태도, 정서, 행동, 표정 등은 영유아들에게 직접적인 영향을 미치게 된다. 교사의 밝고 긍정적인 생각, 공감하고 수용해 주는 태도 등은 영유아로 하여금 정서적 안정감을 느끼게 하고, 교사와 긍정적인 관계를 유지할 수 있게 한다. 따라서 교사는 정신적인 건강을 유지할 수 있도록 노력해야 한다. 그러나 보육교사는 직무를 수행함에 있어서 다양한 스트레스를 받는 상황에 노출되어 있다. 그렇기 때문에 스트레스를 잘 관리해야 한다.

- 스트레스 관리하기

스트레스를 관리하기 위해서는 우선 어느 상황에서 스트레스를 받게 되는지, 스트레스의 원인이 무엇인지 먼저 인식할 수 있어야 한다. 정확한 원인을 알아야 그에 따른 스트레스 해소방법도 찾을 수 있기 때문이다.

보육교사는 직무를 수행하는 데 있어서 사람들과의 관계 속에서 겪게 되는 다양한 스트레스 상황에 직면하게 되며, 업무를 수행함에 있어서도 스트레스를 받는 상황이 발생하기도 한다.

보육교사가 어느 상황에서 스트레스를 받는지 알아보고 올바른 대처방법에 대해서 살펴보자.

■ 영유아들에 대해 설정한 목표를 이루기 위한 상황에서 오는 스트레스

보육교사는 영유아를 지도함에 있어서 교사가 계획하고 준비한 대로 영유아들이 따라오지 못할 때 스트레스를 받게 되는 경우가 있다. 이를 해결하기 위해서 보육교사는 다음과 같은 태도를 갖도록 노력해야 한다.

- 영유아 발달에 적합한 목표인지 목표설정을 점검하여 발달에 적합하지 않다면 목표 수준 조절하기
- 영유아 기질 및 특성이 개개인마다 다르다는 것을 인정하고 일방적인 방법으로 지도하지 않기
- 교사 주도로 교육과정이 이루어지기보다는 영유아 주도로 이루어져야 함을 알고 영유아들이 스스로 해 나갈 수 있도록 기다려 주기
- 영유아에게 나타나는 문제행동이 수정되기 위해서는 오랜 시간이 걸린다는 것을 생각하고 조급한 마음 갖지 않기
- 문제행동을 지도하기 위해서는 올바른 행동지도 방법을 찾아서 가정과 동료교사 그리고 필요시 전문가와 협력하여 하나씩 천천히 지도해 나가는 태도 갖기

■ 학부모의 무리한 요구사항을 해결하기 위한 상황에서 오는 스트레스

학부모는 어린이집 전체의 운영과 같은 반 또래의 상황을 고려하기보다는 자녀를 우선하면서 이를 보육교사에게 요구하는 경우가 있고, 교사는 이를 해결하기 위한 과정에서 많은 스트레스를 받게 된다.

- 다양한 학부모의 요구사항을 보육교사로서 윤리에 근거하여 수용 가능한 것인지 수용하기 어려운 것인지를 정확히 파악하여 구분하기
- 수용하기 어려운 부분은 동료 교사와 원장에게 도움을 요청하여 함께 해결할 수 있는 방법 찾기

■ 동료교사와 다른 가치관과 태도에서 오는 스트레스

동료 교사는 나와 다른 사람이기에 나와 다른 가치관과 생각, 태도를 가지고 있을 수 있다. 그러나 일을 하거나, 어떠한 결정을 내릴 때, 이러한 부분이 갈등 상황으로 발생하게 되면서 오는 스트레스가 있을 수 있다. 이를 해결하기 위해 보육교사는 다음과 같은 태도를 갖도록 노력해야 한다.

- 보육신념을 서로 공유하여 보육교사의 올바른 역할을 찾아서 함께 협력하여 나아가도록 노력하기
- 동료 교사의 전문성을 인정하여 받아들일 수 있는 마음 갖기
- 동료 교사와의 갈등상황을 빠른 시간 내에 방법을 찾아서 신속하게 해결하기
- 혼자 해결하기 어려운 경우 선임교사와 원장에게 조언 구하기

■ 과중한 업무량에서 오는 스트레스

- 주어진 업무를 정해진 시간 안에 수행하지 못하여 업무를 퇴근 이후에 해야 하는 일이 잦아지게 되면 그에 따른 스트레스를 받게 된다. 그러므로 가능한 한 업무를 일과 안에 마무리할 수 있는 방법 찾기
- 직무수행을 위한 능력과 기술이 부족할 경우에는 필요한 재교육에 참여하여 전문성을 향상시키고 일을 열심히 할수록 능숙해지기 위해 스스로 노력하기
- 업무량 자체가 많을 경우 동료교사와 협력하여 진행하거나 업무 분장 시 조정 받을 수 있도록 원장과 협의하기
- 일을 체계적으로 계획하고 효율적으로 처리하기 위해 교사로서 하루일과에 대한 타임테이블을 짜 보고 하루 동안 해야 하는 일을 꼭 해야 하는 일, 선택적인 것으로 구분하고 처리하는 습관 가지기

- 스트레스 해소하기

보육교사는 스트레스 해소를 위한 자신만의 방법을 찾아서 실천해야 한다.

영화보기, 친구와 이야기하기, 맛있는 음식 먹기, 여행가기 등의 구체적인 스트레스 해소방법을 찾아서 스트레스 상황을 전환하고 기분을 환기시킬 수 있는 실천 노력이 필요하다.

(3) 수용적 태도

보육교사는 영유아들에게 있어서 수용적인 태도를 가져야 한다. 영유아들은 교사가 자신의 이야기에 귀 기울여 주고, 요구에 민감하게 반응해 줄 때 교사를 신뢰하게 된다. 신뢰가 있으면 영유아들 또한 보육교사에게 수용적인 태도를 보여 줄 수 있게 된다.

또한 보육교사는 어린이집을 통해 서로 다른 문화를 가진 부모들과 동료교사를 만나게 된다. 그러므로 보육교사는 다른 문화를 받아들이고 다른 사람들과의 다름을 인정하며 다른 사람의 생각과 마음을 이해하려는 노력이 필요하다.

수용적인 마음으로 다른 사람들의 이야기에 경청할 수 있는 태도는 사람들의 마음을 열게 하여 긍정적인 관계를 유지할 수 있게 된다. 이렇듯 보육교사가 다른 사람에 대한 수용적인 태도를 가질 때 사람들과 원만한 관계를 유지할 수 있으며 이를 통해 영유아를 지원함에 있어서 협력할 수 있고, 필요한 경우 도움을 받을 수 있다.

(4) 성실하고 긍정적인 태도

보육교사는 자신에게 주어진 업무를 성실하게 해내는 태도가 중요하다. 왜냐하면 보육교사의 업무가 직접적으로 영유아들의 발달에 영향을 미치기 때문이다. 또한 보육교사의 성실한 모습은 학부모에게 신뢰감을 주어서 학부모와의 관계에도 긍정적인 영향을 미치게 된다.

이와 더불어 긍정적인 태도도 보육교사에게 중요한 자질이다. 보육교사는 직무를 수행함에 있어서 때로는 문제 상황에 부딪히게 되는데 그 상황에서 긍정적인 태도는 문제를 해결해 내는 힘을 가질 수 있으므로 좋은 결과를 가져올 수 있게 된다. 그리고 교사의 긍정적인 태도는 유아들을 이해하고 수용할 수 있는 범위를 넓게 하며, 유아들에게도 긍정적인 사고를 할 수 있도록 모델링이 되어 줄 수 있다.

2) 전문적 자질

보육교사는 전문 직업인으로 그에 따른 전문적인 자질이 요구된다. 전문적 자질이란 보육교사에게 요구되는 전문적인 능력으로 교육을 통해 길러진다.

구체적으로 보육교사가 갖추어야 할 전문적 자질은 영유아 발달에 대한 체계적인 지식, 교육과정 및 교수에 대한 전문적 지식, 영유아를 정확히 관찰하고 평가할 수 있는 능력, 반성적 사고를 통한 자기평가 능력, 교직윤리 및 도덕성을 갖는 것이다.

(1) 영유아 발달에 대한 체계적인 지식

보육교사는 영유아의 성장과 발달에 관한 전문적인 지식을 가지고 있어야 한다.

영유아의 성장과 발달에 따른 지식과 충분한 이해가 있어야 그것을 바탕으로 보육계획을 하고 지원할 뿐만 아니라 보육환경을 마련할 수 있다. 또한 영유아의 생각과 행동을 이해하고 올바른 상호작용을 통해서 발달을 지원할 수 있다.

영유아는 개인마다 발달적 차이를 보이기 때문에 개인차를 고려하여 지원하려면 성장과 발달에 관한 전문적 지식을 가지고 있어야 한다.

보육교사가 영유아 성장과 발달에 대해 알고 있어야 하는 전문적 지식의 내용은 다음과 같다.

- 연령별로 발달의 특징에 대한 지식이 있어야 한다.
- 여러 가지 원인에 의해 발달의 양상이 달라질 수 있고 개인차가 있을 수 있는 것을 알아야 한다.
- 발달과정의 변화에 대한 지식이 있어야 한다.
- 환경적 영향이 발달에 영향을 미칠 수 있음을 이해해야 한다.
- 발달의 여러 측면들이 서로 상호작용하며 발달한다는 것에 대한 이해가 있어야 한다.

(2) 교육과정 및 교수에 대한 전문적 지식

영유아를 가르치는 일은 보육교사의 중요한 역할이다. 따라서 교육과정에 대한 이해와 교수에 대한 지식은 전문가인 보육교사에게 필수적인 자질이다. 사라초(Saracho, 1988)는 보육교사는 교육프로그램을 계획하고 수행할 수 있는 능력, 교육활동을 선택하여 적절한 교수법과 교수 매체를 활용하여 수행하는 능력이 요구된다고 하였다.

2019년에 3~5세 누리과정이 개정되었고 2020년에 0~2세 보육과정과 3~5세 보육과정을 포괄하는 총론의 일부를 개정하여 4차 표준보육과정을 고시하였다(보건복지부, 2020). 따라서 보육교사는 누리과정과 표준보육과정의 목표와 내용을 기본으로 하여 전문적 지식, 기술, 태도를 포함하여 교육과정을 계획하고 이를 적용할 수 있는 능력을 갖추고 있어야 한다.

구체적으로 보육교사는 교육과정에 대해 다음과 같은 내용을 이해하고 영유아들의 교육에 적용할 수 있어야 한다(박은혜, 2013).

- 국가수준 교육과정에 대한 이해
- 새로운 이론 및 활동의 적용
- 유아 및 가족을 위한 복지적 서비스의 계획 및 수행
- 교육과정의 특수성에 대한 이해
- 학습 환경(물리적, 인적 환경)에 대한 이해
- 교육목표, 개별유아, 가족, 지역사회의 특성에 적합한 교육계획 수립
- 각 교과영역(언어, 수, 사회, 과학, 음악, 미술, 영양, 건강, 안전 등)의 내용에 대한 이해
- 각 교과 영역의 통합적 적용
- 연령별/ 능력별, 개인/ 소집단/ 대집단 구성 방법에 대한 이해
- 유아-교사 간의 상호작용 유형 및 방법에 대한 이해
- 교재 · 교구의 제작 및 활용 기술
- 학급운영 및 관리에 대한 이해
- 교육과정의 평가 내용 및 방법에 대한 이해와 적용
- 놀이에 대한 이해

(3) 영유아를 정확히 관찰하고 평가하는 능력

보육교사가 영유아를 관찰하고 평가하는 일은 매우 중요하다.

영유아를 관찰하고 평가하는 것은 영유아에 대한 이해와 영유아 지원을 위한 의사결정과정에 중요한 영향을 미치게 된다.

보육교사는 관찰을 통해 영유아의 개별적 특성, 발달 수준, 관심과 흥미 등을 알 수 있고, 관찰된 내용을 통해 보육과정 안에서 적절한 지원을 할 수 있게 된다. 또한 교육과정과 운영에서 영유아들의 반응에 대한 평가를 통해 보육계획에 적용시키거나 교수방법을 개선하고 보육과정의 편성과 운영방법을 수정해 나갈 수 있게 된다.

보육교사의 평가능력은 영유아의 성취와 발달에 대한 다양한 평가 정보를 수집하고 이를 해석하여 부모와의 면담, 자신의 교수활동 등에 활용할 수 있도록 한다.

(4) 반성적 사고를 통한 자기평가 능력

보육교사는 자신의 교수역량과 태도, 보육과정 운영과 지원, 영유아와의 상호작용 등 전문성에 대한 반성적 사고를 통한 자기 평가가 필요하다. 평가의 방법으로는 자기장학, 반성적 저널, 수업 녹화 및 분석 등 다양한 방법을 활용할 수 있다. 이러한 자기 자신에 대한 평가는 전문가로서 교수 역량과 태도를 발전시킬 수 있고 전문성을 높이게 되어 보육의 질을 향상시킬 수 있는 계기가 된다. 따라서 보육교사는 전문가로서 스스로를 평가할 수 있는 능력을 지녀야 한다.

(5) 교직윤리 및 도덕성 갖기

교직윤리는 교사가 직무를 수행함에 있어서 마땅히 지켜야 하는 자율적 행위와 규범이다(조향숙, 2012). 교직윤리는 교사로서의 직무수행과 관련하여 갖추어야 할 도덕적 가치와 개념뿐 아니라 구체적인 행동준칙까지 포함하는 포괄적인 개념(박찬옥, 김지현, 2015)으로 보육교사가 갖추어야 하는 핵심적인 자질이다.

보육교사의 직무는 정형화되어 있는 것이 아니고 다양하기 때문에 교사가 행할 수 있는 자율성의 범위가 넓다. 그렇기 때문에 보육교사는 교수 행위에 관해 당위성을 부여하고, 보육교사가 딜레마에 부딪쳤을 때 올바른 판단을 통해 바람직한 선택을 할 수 있도록 직업윤리를 지녀야 한다.

2. 보육교사의 역량

역량이란 '어떤 일을 해낼 수 있는 힘(표준국어대사전, 2001)'으로 전문성을 발휘하기 위해 기본이 되는 것이다. 전문성을 갖기 위한 핵심역량은 역할과 직무, 자질 및 능력에 관련된 것이다(박승태, 2011).

보육교사는 영유아의 전인적 성장과 발달을 돕는 역할을 수행한다는 궁극적인 목표를 가지고 있으나 가르치며 돌보는 대상에 따라서 직무에 따른 역할수행에 차이가 발생한다. 영아교사의 직무는 전적으로 성인에게 의존하는 영아의 발달특성으로 인해 일상적 양육이 강조되며 개별적인 접근을 고려한 전문적인 역할이 필요하다. 유아교사는 유아의 발달적 요구를 충족하기 위한 지식, 기술, 태도를 맥락과 상황에 맞게 효과적으로 통합하고 조직하여 실천할 수 있는 직무가 강조된다. 유아의 호기심과 흥미에 따른 놀이가 교육적 의미를 가지고, 놀이중심 교육과정이 효과적으로 적용되기 위한 유아 교사의 역할이 중요하다.

따라서 보육교사의 직무에 따른 역할 수행에서 요구되는 역량을 영아교사와 유아교사로 구분해서 살펴보고자 한다.

영유아를 보육하는 전문가로서 보육교사가 직무를 잘 수행할 수 있도록 하는 역량은 다음과 같다.

1) 영아교사 역량

영아교사의 전문성은 영아의 발달특성에 대한 이해를 기본으로 영아발달에 적합한 실제 즉, 환경구성, 영아 발달적 이해, 보육계획 및 운영, 건강 · 영양 · 안전관리, 신체 · 정서 · 인지적 상호작용, 교사 자신의 신념, 동료 교직원과의 관계, 부모 및 지역사회와의 관계에서 역량을 발휘하는 데 있다(김정미, 2017). 영아교사 전문성 척도는 돌봄의 상호작용, 영아발달과 보육과정, 교사–부모–지역사회 관계형성 등 3개 영역으로 구성되어 있다.

〈표 5–1〉 영아교사 전문성 척도

구성요인	하위구성 요인	내 용
돌봄의 상호작용	신체적 돌봄	식사나 간식은 먹기 좋은 크기와 적당한 양을 제공하여 즐겁게 먹을 수 있는 분위기를 조성한다.
		영아가 좋은 식습관을 갖도록 격려한다.
		영아와 함께 대근육 활동에 직접 참여한다.
		영아의 배변시간을 상시로 체크하며 주기를 살피고 청결한 상태를 유지하도록 돕는다.
		배변표현을 해 볼 수 있도록 격려하고 편안하게 대소변 가리기를 할 수 있도록 돕는다.
	정서적 돌봄	영아들과의 스킨십(뽀뽀, 안아 주기, 쭉쭉이, 배 마사지 등)이 어색하지 않고 자연스럽다.
		영아들의 신체접촉(가슴 만지기, 다리 만지기)에 대해 자연스럽게 대처한다.
		영아들의 욕구와 질문에 대하여 항상 따뜻하고 친절한 태도(웃음, 미소 짓기, 안아 주기, 어루만지기 등)로 반응한다.
		영아들이 말할 때 눈이나 얼굴을 보고 끄덕이며 주의 깊게 듣는다
		영아들과 대화를 나눌 때 눈높이를 맞추기 위해 자세를 낮춘다.
		영아의 느낌이나 생각을 존중하고 자유롭게 표현할 수 있는 분위기를 만든다.
		영아가 활동에 참여하도록 구체적인 언어와 행동(할 수 있어, 함께 해 보자)으로 격려한다.

구성요인	하위구성 요인	내 용
돌봄의 상호작용	정서적 돌봄	영아의 이름을 자주 불러 주어 자기 자신과 친구 이름을 인식할 수 있도록 지원한다.
		기저귀 갈이를 할 때 눈을 마주치며 따뜻한 미소와 부드러운 목소리를 유지하며 영아의 배변활동을 격려한다.
		배변 지도 시 실수에 대한 실패감을 느끼지 않도록 노력한다.
	인지적 돌봄	영아가 자유롭게 주변을 탐색해 볼 수 있도록 격려한다.
		일상생활 속에서 영아들 간의 대화를 격려하여 타인과 소통하는 방법에 관심을 갖도록 돕는다.
		영아의 행동에 대해 일관성 있게 대응하고, 교사의 개입이 필요한 상황(안전상 위험한 상황, 다툼, 분쟁 등)에는 즉각적으로 개입한다.
		놀이를 할 때 사물이나 사물의 명칭을 구체적으로 영아에게 이야기한다.
영아발달과 보육과정	환경구성	영아를 위한 실외활동을 마련하고 시설, 설비 및 교재, 교구들을 적극적으로 활용할 수 있도록 계획, 실행한다.
		보육실의 공간을 영아의 연령, 발달 특성을 고려한 흥미영역으로 구성하여 배치한다.
		반 활동 인원에 맞춰 놀이할 수 있도록 놀잇감을 충분히 제공한다.
		영아들이 감각적 탐색활동을 충분히 할 수 있도록 다양한 흥미영역을 구성한다.
	영아발달적 이해	만0~2세 영아들의 보편적 발달특징을 이해한다.
		영아의 기본적인 욕구 충족 및 발달 자극을 통해 영아의 성장을 돕는다.
		영아의 흥미와 욕구에 대하여 이해한다.
		영아 개개인의 변화에 관심을 기울이고 변화에 따른 개인차 및 흥미에 따라서 활동을 전개한다.
		영아 개개인의 생리적 주기(수면, 배변, 식사 및 수유시간 등)를 고려하여 적절하게 보육한다.
	보육계획 및 운영	표준보육과정의 목표, 6개 영역, 내용 범주, 내용의 세부내용 체계를 이해한다.
		표준보육과정의 6개 영역으로 이루어지는 활동을 발달수준에 맞게 적용하여 운영한다.
		일상생활 관련 활동과 다양한 보육활동을 균형 있고 융통성 있게 계획하고 그 계획에 따라 일과를 진행한다.

구성요인	하위구성 요인	내 용
영아발달과 보육과정	보육계획 및 운영	연간, 월간(또는 주간), 일일보육계획안을 영아의 연령, 흥미, 수준, 태도, 계절 등을 고려하여 구체적이고 연계성 있게 수립한다.
		영아들이 반응하고 활동할 수 있는 충분한 시간을 제공한다.
		일과계획을 일관성 있게 운영하여 영아들이 일과의 흐름을 인지하도록 돕는다.
		동적 활동과 정적 활동의 균형을 유지한다.
		상황(재시-탐색-놀이 시, 발문 시, 훈육 시)에 적합하게 보육활동을 진행한다.
		영아에게 매일 실외놀이 시간을 충분히(만 0~1세 30분 이상, 만 2세 1시간 이상) 제공한다.
		영아에게 매일 신체(대 · 소근육)활동을 충분히 제공한다.
		영아에게 발달에 적합한 언어활동을 충분히 제공한다.
		영아 자신과 가족, 또래, 지역사회의 구성원에 대해 관심을 갖도록 하는 활동 기회를 충분히 제공한다.
		다양한 실물 자료나 자연물, 일상생활 경험을 이용한 감각탐색 활동을 충분히 제공한다.
		다양한 음악 및 동작, 미술 자료를 활용하여 창의적인 예술활동을 충분히 제공한다.
		다양한 역할 및 쌓기놀이 자료를 충분히 제공한다.
		영아가 스스로 놀이에 참여하여 성취감을 느끼도록 격려한다.
		기본생활습관 형성에서 영아의 모델링이 된다.
		일상생활 관련 활동(신발 신고 벗기, 옷 입고 벗기, 양말 신고 벗기 등)에 수준별 단계가 있음을 알고 실천한다.
		산책활동 시 주변 환경에 대한 아름다움을 느끼고 충분한 탐색이 이루어지도록 상호작용한다.
		영아에 대한 관찰과 평가를 주기적으로 계획하여 실행한다.
		영아의 관찰과 평가 결과를 보육과정 운영에 반영한다.
		정기적으로 보육과정을 평가하고, 적절하게 활용한다.
	건강 · 영양 · 안전 관리	영아의 놀잇감을 자주 세척하고 소독한다.
		개별 영아의 건강 및 영양에 대해 최신 기록을 유지하고 관리한다.
		영아의 질병에 대한 기본지식과 응급처치 방법을 안다.
		36개월 미만 영아에 대한 영아용 보호장구 착용을 인지하고 있다.

구성요인	하위구성 요인	내 용
교사-부모-지역사회 관계형성	교사 자신의 신념	영아에게 나타날 수 있는 돌발 상황에 대처할 수 있는 순발력과 대처능력이 있다.
		자기 자신에 대한 반성적 사고를 통하여 개인의 발전을 도모한다.
		다양한 상황에 대한 긍정적인 사고와 수용적인 태도를 가지고 있다.
		동료교사와 타인을 배려한다.
		또래보다 느리게 반응하는 영아들을 위해 기다려 준다.
		영아들에게 편견을 갖지 않고 공정함을 유지한다.
		영아의 바람직하지 않은 행동에 대하여 객관적으로 반응한다.
		긍정적인 사고방식과 조화로운 대인관계 능력이 있다.
		체력이 강하고 신체적으로 건강하다.
		약속을 잘 지키고 부지런하며 노력하는 자세를 갖추고 있다.
		새로운 일을 적극적으로 시도하고 추진하는 열정이 있다.
		일하는 시간을 융통성 있게 조절하여 업무시간에 효율적으로 일한다.
		편안하고 공정한 반 분위기를 형성하고 유지하기 위해 노력한다.
		보육교직원으로서 지켜야 하는 인사 및 복무규정을 알고 있으며, 이를 준수한다.
교사-부모-지역사회 관계형성	동료 교직원과의 관계	동료교직원과 대화의 시간을 자주 가지며 좋은 관계를 유지한다.
		문제 상황에 대해 원장 또는 선배, 동료교사와 편안하게 의견을 교환하며 해결방법을 찾는다.
		자신의 실수나 잘못에 대해 솔직하게 인정한다.
		행사나 행정적 업무를 수행함에 있어서 동료교직원들과 자유롭게 의논하고 서로 돕는다.
		보육활동 방법에 대하여 동료교사들과 정보와 자료를 주고받으며 협력한다.
		솔선수범의 자세로 근면, 성실하게 맡은 업무에 최선을 다한다.
	부모 및 지역사회와의 관계	학부모로부터 영아의 개별적 발달 특성과 다양한 배경(언어, 문화, 사회경제수준, 신념 가족구조, 장애 등)에 대한 정보를 얻고 이해한다.
		어린 영아를 어린이집에 보내는 부모의 마음을 이해한다.
		학부모와 보육운영 및 영아의 생활에 대하여 다양한 방법(부모참여 활동, 전화상담, 원아수첩, 면담, 메일, 등 · 하원 시 등)으로 의사소통을 한다.
		지역사회와 연계하여 일상생활 관련 활동을 주기적으로 실행한다.

출처: 김정미(2017).

영아교사의 전문성 척도는 영아발달을 고려하여 영아가 나타내는 기본적인 욕구들에 대한 이해와 적절한 지도, 교사의 민감한 반응, 영아보육에 영향을 미치는 다양한 요인들이 고려되었다.

애착과 돌봄을 통해 인간발달의 기초가 형성되는 영아기 특성을 반영한 돌봄의 상호작용 요인이 강조되었으며, 태도적 요소보다는 지식과 기술적 요소에 더 비중을 두고 교육적 측면의 전문성을 강조하는 영아발달과 보육과정 요인이 구성되었다. 그리고 영아는 다양한 환경 속에서 성장하면서 부모, 가족, 지역사회, 국가 등의 영향을 받기 때문에 교사-부모-지역사회 관계형성이 구성 요인으로 제시되었다.

2) 유아교사 역량

유아교사의 역량은 사회적 변화와 가치, 유아기의 특성을 교육과정에 반영하여 교육과정을 계획하고 운영하는 데 있다. 우수한 교사는 유아기의 특수성을 보장하고, 유아가 미래사회에 적응하고 미래에 요구되는 역량을 발휘할 수 있도록 교육할 수 있어야 한다(유재경, 황지영, 박은미, 2019).

2019년 개정 누리과정을 반영하여 개발된 유아교사 핵심역량 모델은 교사인성 및 전문성 개발, 유아와의 상호작용, 놀이지원, 유아의 성장과 발달, 학습환경과 교육과정, 가족과 지역사회, 유아교육기관 운영 및 학급관리, 문화소양 등 8개 영역으로 구성되었다(하위역량 23개, 하위내용 92개로 구성).

〈표 5-2〉 유아교사의 핵심역량 모델

핵심역량	하위역량	하위내용
교사 인성 및 전문성	교사 인성 및 신체건강	자신의 성격, 장단점 인지 및 긍정적 자아감 형성
		교사 감정 조절
		진실한 마음과 긍정적 태도
		유아건강 관리
	교직윤리	교사로서 자긍심과 소명감
		교사 윤리강령 알고 실천
		교사로서의 책무성 인식 및 실천
	근무태도	교사로서의 바른 자세 인식 및 실천
		기관 내 교직원들과 협력
	전문성 개발	반성적 사고 개발
		전문성 신장을 위해 정보 찾거나 연수 등에 참여
		동료와 학습공동체가 되어 멘토링, 동료장학 등을 실시
유아와의 상호작용	유아존중	유아 행동의 이해 및 공감
		아동권리 인식 및 옹호
		유아와의 긍정적 관계 형성
	유아행동 지도	유아의 친사회적 행동지원
		유아 간 갈등 해결 지원
		유아의 사회문제해결능력 지원
		(친사회적 행동, 갈등해결, 적응 등이 포괄된 개념)
		유아의 부적응 행동 원인 분석 및 적응 지원
유아와의 상호작용	생활지도	기본생활습관 지도(양치질 지도, 줄 서기, 손 씻기등)
		개별 유아 적합한 급 · 간식 지도(알레르기와 배식 양 등)
		등원(감정 및 건강상태 확인)과 하원(소지품 등 확인)지도
		유아의 안전생활 지도
		유아가 자신의 물건을 잘 챙길 수 있도록 지도
놀이지원	유아놀이 참여 촉진	놀이와 교육의 관계 이해
		놀이 환경에 대한 이해
		놀이 환경구성 및 놀이자료 배치
		유아가 자발적으로 놀이 선택
		유아가 놀이 주제를 발견하도록 지원
		유아가 원하는 공간에서 놀이하도록 지원
		유아에게 충분한 놀이 공간 제공
		유아가 놀이에 몰입할 수 있도록 충분한 놀이시간 제공
		유아가 원하는 놀이자원 지원

핵심역량	하위역량	하위내용
놀이지원	유아놀이 참여 촉진	풍부한 놀이자료 제공
		유아가 원하는 놀이상대로 참여
		구성놀이의 확장, 지속을 위한 다양한 지원
		상상놀이의 확장, 지속을 위한 다양한 지원
		유아가 원할 때 구성물을 또래에게 소개 및 전시 지원
		유아의 놀이 결과물을 또래 간 공유 지원
		유아의 안전한 놀이지원
	놀이 연계 및 통합	유아가 발현한 놀이 주제를 교사가 계획한 활동과 연계
		유아가 원할 때 여러 영역의 놀이 활동이 연계, 통합되도록 지원
		유아가 원할 때 일과 중 오전과 오후의 놀이, 실내와 실외 놀이가 연계되도록 운영
유아의 성장과 발달	유아발달	유아발달 및 발달의 연속성 이해
		유아발달 영역(신체, 언어, 인지, 사회, 정서)의 특성과 발달영역 간 관계성 이해
		유아발달에 영향을 주는 생물학적, 환경적 요인 이해
		유아의 개별적 발달 특성 이해
		다양한 유아(경계선 유아, 특수아)의 발달특성을 이해하고 지원
	유아관찰 및 평가	유아 관찰과 평가방법을 이해하고 실행
		유아 평가활용(놀이지원, 가정연계, 교육계획반영)
학습 환경과 교육과정	교육과정 이론 이해	유아교육과정에 대한 이론 이해
		국가수준교육과정이 추구하는 인간상에 대한 이해
		유아교육에 대한 사회적, 철학적, 심리적 기초이해
		국가수준 유치원 교육과정에 대한 이해
	교과교육 내용 이해 및 적용	놀이와 연계한 유아과학교육, 유아사회교육(다문화, 통일, 환경, 금융), 유아미술교육, 유아음률교육, 유아신체(동작)교육, 유아언어(문학)교육, 유아수학교육 이해 및 적용
	교육계획안 구성 및 적용	교사의 자율적인 연간교육계획안, 월간교육계획안, 주간교육계획안, 일일교육계획안 계획 및 실행
		교육과정 평가하여 다음 계획에 반영
		유아의 흥미를 고려하여 계획안에 반영 및 실행
		필요한 정보를 수집하여 교육활동에 활용
	교수학습 방법	유아 교수 학습방법에 대한 지식
		유아의 능동적인 놀이, 탐색, 배움을 격려하는 교육환경과 교수매체의 구성방법 이해
		유아의 능동성과 자발성을 격려하는 교육환경과 교수매체 이해 및 지원

핵심역량	하위역량	하위내용
가족과 지역사회	가족과 협력	가족과 긍정적인 관계 형성
		상담기술(I-message) 활용 및 상담
		유아 관찰과 분석에 근거하여 상담
		부정적인 태도를 가진 학부모에게 적절한 상담
		다양한 가족을 이해하고, 다양한 가족 지원
		부모참여 지원
	지역사회와의 협력	지역사회와 우호적인 관계 유지
		주제와 관련한 지역사회 기관을 현장학습하거나 지역사회 자원인사 활용
		유아와 가족 위한 교육 복지 정책 이해 및 전달
유아교육 기관 운영 및 학급관리	학급관리	교실문화 조성하고 교실 운영관리
		안전하고, 안락하고 청결한 교실환경 관리
		유아 출결 관리
		학급운영 리더십 발휘
		시설설비와 비품, 활동자료 관리
	유아교육 기관 운영	유아교육기관 관련업무 제도 및 행정조직에 대한 이해
		유아교육기관 공동 구역 관리(화장실 휴지, 비누, 수건, 치약 등 구비)
		유아교육기관 행사 기획(정보수집과 기획)하고, 기획안 소통하고 실행
		기관 환경구성
	문서작성 및 관리	학급운영 관련 문서(알림장, 계획안 등) 작성과 관리 방법 알고 실행
		기관 문서 관리
문화 소양	정보화 소양	교육, 행정, 재정 업무 처리 위한 정보화 기술 활용
		교수매체로서 정보화 기술 비판적 활용
		새로운 정보화 기술에 대한 관심
	다학문적 지식 이해	인문학, 과학, 기술, 사회학, 예술 등의 폭넓은 교양지식 이해 및 탐구
		다학문지식의 교육과정 적용
	창의성	다양한 문화적 경험
		다양한 상황과 조건 수용하여 새로운 방법 모색
		새로운 아이디어 창출

※ 유아교사의 핵심역량 용어 중 유치원을 유아교육기관으로 표현함.

출처: 유재경, 황지영, 박은미(2019).

유아교사의 핵심역량 모델은 2019년 개정 누리과정의 성격인 놀이중심, 유아중심, 놀이를 통한 배움, 자율적 학습공동체, 교사의 자율성 강조 등을 반영한 것이다.

아동 권리에 대한 유아존중이 하위역량으로 포함되었으며, 놀이지원 역량이 강조되고 유아놀이 참여 촉진과 놀이 연계 및 통합으로 구성되었다. 또한 유아관찰 및 평가가 유아의 성장과 발달 역량의 하위역량에 포함되었고, 정보화 소양, 다학문적 지식이해, 창의성이 문화 소양의 하위역량으로 구성되어 제시되었다.

3) 미래사회 영유아교사의 디지털 역량

2019년 시작된 코로나19 감염병으로 인해 우리나라 교육의 방향에도 크게 변화가 일어났다. 정해진 공간 안에서 대면으로 했던 교육이 시공간의 제약을 넘어서 온라인 학습 환경에 직접 참여하는 새로운 교육방식들이 주목받게 되었다. 그리고 4차 산업혁명시대가 도래하며 디지털 기기의 활용이 교육현장에서 점차 다양해지며 디지털 시대를 맞는 미래교육에 대한 관심도 커져가고 있다.

인공지능, IoT, 빅데이터 기반의 수업도구를 활용한 실시간 교육뿐만 아니라, 실시간 온라인 교육 플랫폼 활용을 통해 쌍방향의 상호작용을 강화하기 위한 방법들이 제안되고 있다. 그러나 유아들과의 대면 상호작용이 중요한 유아교육과 보육영역에서 유아교사들에게 필요한 역량과 기술, 디지털 환경은 상급학교 교사의 전문성과는 상당한 차이가 있다(박창현, 2021).

앞으로는 영유아교사에게 필요한 역량 중 하나가 영유아에게 적합한 디지털 기술의 활용능력이 될 것이다. 따라서 보육교사도 이러한 시대적 흐름을 알고 디지털시대 에듀테크 기술 활용을 통한 교육을 수행할 수 있도록 영유아교사로서의 역량을 갖추어야 할 것이다.

〈표 5-3〉 미래사회 영유아교사에게 필요한 능력 및 역량

번호	내용
1	디지털 리터러시 역량
2	유아의 발달과 학습 특성에 대한 이해력
3	에듀테크에 대한 유아교육철학의 이해
4	컴퓨터 사고력
5	유아교육과정 재구성 및 수업 역량
6	클라우드 및 플랫폼 활용 능력
7	데이터 분석 능력
8	과학적 탐구 역량
9	기술변화 이해 역량(민감성 및 미래 예측력)
10	에듀테크 기반 교수설계 능력(콘텐츠 개발 및 적용 능력)
11	인문학적 소양
12	윤리적 소양

출처: 박창현(2021, 1-34).

미래 디지털시대 에듀테크 활용을 위한 예비 유아교사교육은 첫째, 교육과정 재구성 방법으로 에듀테크를 활용한 교육과정 및 유아 평가방법이 강화될 것이다. 둘째, 정보통신 윤리교육을 기반으로 한 디지털 리터러시 교육 확산이 예상된다. 셋째, 다양한 디바이스와 AR, AI, 인공지능 및 메타버스를 손쉽게 활용한 교육이 강화될 것이다. 넷째, 빅데이터로 축척된 자료에 근거하여 개별 학습자의 특성을 파악하고 지원하는 방법에 대한 다양한 교육이 강화될 것이다. 다섯째, 새로운 기술과 학습자에 대한 개별화된 이해 강화로 개별화와 강점 중심의 교육이 강화될 것이다. 여섯째, 유아교사자격을 취득하기 위한 필수 과목으로 컴퓨터 교육(ICT+SW)이 지정될 가능성이 높다. 일곱째, 테크놀로지 활용 교수 설계 관련 과목이 기존 교육학 과목과 통합 또는 신설될 것으로 예상된다(박창현, 2021).

미래 디지털시대 에듀테크 활용을 위한 현직교사 교육은 첫째, 안정된 원격교육 플랫폼을 통한 교사교육이 상시 이루어질 것이다. 둘째, 디지털 콘텐츠를 통한 장애영유아 개별화교육 지원이 강화될 것이다. 셋째, AI를 활용하여 교사 개인의

전문성 수준에 맞춤형으로 피드백을 제공할 수 있는 교육이 이루어질 것이다. 넷째, AR, VR 등 실감형 교육환경에 대한 이해 등 에듀테크의 효과적인 활용을 위한 교수학습 방법이 강화될 것이다. 다섯째, 교육 플랫폼에서 새로운 에듀테크를 배우고, 나아가 교사들끼리 공유하는 형태의 교육이 강화될 것이다. 여섯째, 교사의 학습공동체가 보다 활성화되고, 우수사례발표와 토론식으로 성공 경험을 공유하는 방식이 진화될 것이다. 일곱째, 하이브리드(원격+대면) 학습이 강화될 것이다. 여덟째, 장애영유아의 흥미를 높여 주고 상호작용 기능을 할 수 있는 다양한 음성지원, 보조공학 기기 지원, 대체자료 제공 방법으로 변화될 것으로 예상된다(박창현, 2021). 따라서 앞으로는 이러한 교사교육이 원활히 이루어지도록 교사교육 플랫폼의 구축과 더불어 통합 지원이 개방될 것이다.

현재 유치원과 어린이집 현장에도 미디어 기기를 보유하고 학급의 교육·보육 활동에서 활용하고 있다. 유치원과 어린이집에서 보유하고 있는 미디어 기기인 컴퓨터(92.5%), TV(79.9%), 빔프로젝트(54.5%), 공용 카메라(31.5%), 태블릿PC(26.2%)는 비교적 높은 보유율을 보이고 있으나 인공지능 스피커, 가상현실(VR)기기, 전자책 단말기 등은 10% 미만으로 보유율이 낮은 편이다(이정원, 2021). 그러나 미래 사회에는 이러한 기기들을 활용한 교육이 증가하고, 좀 더 다양한 디지털 기기들이 유치원과 어린이집에 보급될 것이다. 따라서 미래사회 영유아교사를 준비하기 위해 필요한 교육을 받고 다양한 미디어 기기들을 활용할 수 있는 역량을 키워 나가야 한다.

제6장

영유아 권리존중을 반영한 보육교사의 직무수행

1. 보육교사의 직무

1) 보육교사의 직무영역

직무란 직책이나 직업상의 맡은 바 임무(표준국어대사전, 2001)로 정의되며 보육교사의 직무는 보육교사가 어린이집에서 직업적으로 수행해야 하는 일을 의미한다.

보육은 영유아를 건강하고 안전하게 보호하고 양육하며, 영유아의 발달특성에 맞게 최적의 교육을 제공하는 것이다. 이를 위해 보육교사에게는 다양한 직무 수행을 위한 전문성이 요구된다.

보육교사는 전문성을 가지고 어린이집 내에서 영유아를 안전하게 보호하고 양육하는 것뿐만 아니라 가정에서도 안전하게 양육될 수 있도록 양육자를 지원하고 가정과 연계하는 일을 해야 한다. 또한 영유아의 흥미와 관심에 따른 보육과정을 계획, 실행, 평가하고 더 나아가 지역사회와 연계하는 직무를 수행해야 한다.

강문숙과 황해익(2008)은 보육교사의 직무를 〈표 6-1〉과 같이 보육교사의 직무영역을 보육활동 준비, 보육활동 실제, 보육활동 평가, 전문성 신장, 영유아 보호 관련 업무, 학부모 관련 업무, 행사 관련 업무, 사무 관련 업무, 시설 관련 업무, 대인관계 및 사회적인 업무인 10가지 영역으로 나누고 세부적인 내용으로 구분하고 있다.

〈표 6-1〉 보육교사의 직무영역과 직무내용

직무영역	직무내용
보육활동 준비	연간, 주간, 일일 보육계획, 현장학습 계획, 교재 · 교구 제작, 교재 · 교구 보수 및 정리, 주제에 따라 흥미영역 구성, 흥미영역 외 교실 환경 구성, 교실 외 환경구성, 실외 흥미영역 구성, 수업준비를 위한 정보검색, 보육자료 준비 및 점검, 개별 수준에 따라 수업자료 수정, 다른 교사와 수업에 대해 협의, 학급 내 교사 간 역할 분담, 공동시설 사용 협의
보육활동 실제	실내 놀이계획, 실외 놀이 활동 및 평가, 발달과 수준에 따른 개별지도, 바르게 인사지도, 자기 물건 · 놀잇감 정리지도, 바른 언어사용 지도, 차례 지키기, 아껴 쓰기, 부적응 행동 관리, 친사회적 행동 격려, 영유아의 독립성 격려, 영양교육, 급 · 간식 준비 및 도우미 지도, 화장실 사용, 귀가지도, 영유아 간 상호작용 격려, 개별 영유아와 긍정적 상호작용, 대집단 활동 운영, 소집단 활동 운영, 전이 활동 특기교육, 학기 초 영유아 오리엔테이션 진행, 현장학습 지도
보육활동 평가	표준화 검사, 놀이 관찰기록, 흥미영역 평가, 영유아 포트폴리오 제작 및 분석, 영유아들과 하루일과 평가, 평가척도를 이용한 프로그램 평가, 프로그램에 대한 부모 의견수렴, 평가 결과 반영
전문성 신장	원내 연수 참여, 외부 연수 참여, 외부 수업 및 시설 참관, 영유아 보육 박람회 참관, 연구회 활동, 신입교사 오리엔테이션 진행, 교생지도, 동료장학 실시 및 받기, 자기장학, 교사 윤리 실천, 교사 법적 권리와 의무 이행, 구성원 협동
영유아 보호 관련 업무	영유아 건강검진 계획 세우기, 교사 건강검진 받기, 적절한 휴식지도, 식단 짜기, 영유아 씻기기, 기저귀 갈아 주기, 배변처리하기, 실내온도, 습도, 채광 조도 조절, 영유아 개인용품 청결 관리, 놀잇감 청결 유지, 교실 청소, 교실 외 시설 청소, 아픈 영유아 간호, 영유아 안전교육 받기, 원내 안전규칙 세우기, 위험물에 대한 안전관리, 안전점검 기록부 관리, 차량 탑승 안전지도, 영유아 안전 관련 보험 가입, 아동학대 징후 살피기, 응급상황 시 역할 분담 계획, 응급상황 훈련, 응급상황 대비 부모동의서 받기, 응급 시 의료처치 부모동의서 받기, 응급처치하기, 사고 시 적법 절차 따르기

직무영역	직무내용
학부모 관련 업무	부모-교사 협의회, 부모와 수시로 정보 교환, 학부모 지원 요청, 학부모 상담 부모참여 수업, 부모 간 교류 제공, 지역사회 자원에 대한 정보 제공, 다양한 방법으로 가족 지원
행사 관련 업무	행사 계획하기, 행사준비 위한 정보 수집하기, 행사 역할 분담하기, 행사 진행하기, 행사 뒷정리하기
사무 관련 업무	보육과정 운영 문서작성, 원아관리 문서작성, 교육관리 문서 작성, 재무관리 문서 작성, 보건복지부 요청자료 작성, 각종 보고서 작성, 각종 문서관리, 회의록 관리, 각종 신청서 관리, 공문 처리, 유인물 제작 및 발송, 전언 통신, 제 증명 발급, 우편물 확인, 예금 관련 업무, 사진 관련 업무, 회계 관련 업무, 당직, 재고 조사, 물품구입 계획, 물품구입, 원아모집 관련 업무, 홈페이지 관리, 학급 편성, 차량 노선 편성
시설 관련 업무	실내외 안전점검 의뢰, 실내시설 안전점검, 실외시설 안전점검, 실내 소독 계획 및 의뢰, 기자재 바른 사용법 익히기, 기자재 점검, 기자재 보수
대인관계 및 사회적인 업무	교사친목 및 경조 활동 참여, 상사업무 보조하기, 손님 및 상사 접대하기, 졸업생 관리하기, 지역사회 행사 참여하기

출처: 강문숙, 황해익(2008).

2) 보육교직원의 업무분장

보육교직원의 직무는 보육교직원의 전문성을 고려하여 효율적으로 직무를 처리할 수 있도록 업무분장이 이루어져야 한다. 업무분장을 할 때 전체 보육교직원과 협의를 통해 결정해야 하며, 주어진 업무는 책임감을 가지고 성실히 수행해야 한다.

〈표 6-2〉 어린이집 업무분장의 예시 1

구분	담당	업무내용	비고
주요 업무	원장	• 원의 전반적인 교육 및 운영 계획 • 견학 및 행사계획 • 업무분장, 감독, 근무평정 등 업무관리 • 시설설비 및 재정 관리 • 운영 및 교육 정보 수집 • 행정당국 및 단체와의 관계유지 • 일지 취합 검사 • 전체 청소 • 구역 관리	

구분	담당	업 무 내 용	비고
주요 업무	교사	• 보육활동 진행 및 준비 • 보육일지 작성 • 각 보육실의 환경 구성 및 청결 관리 • 학부모 상담 • 영유아에 대한 관찰 일지 및 보고서 작성 • 영유아 건강 및 안전관리 • 영유아 영양 및 급식 관리	• 담당 교실 관리
기타 업무	교사 000	• 영아반의 전반적인 교육내용 관리 • 연간보육계획안, 주간보육계획안, 일일보육계획안 작성 • 원아 관리 및 관찰지도 • 소모성 교재 점검 및 신청 • 시청각 기자재 관리(O.H.P, 빔프로젝터, 비디오 카메라 등) • 안전관리(소화기 점검), 비상 대피 훈련 담당	• 계단 청소 • 외부 청소
	교사 000	• 입학상담 및 자원봉사자 담당 • 위생 소독 • 식단표작성 및 주문 담당 • 화분 관리 • 게시판(주간보육계획안, 주간식단표, 월 행사) 담당 및 관리	• 화장실 청소 • 화장실 수건 관리
	교사 000	• 유아반의 전반적인 교육내용 관리 • 연간보육계획안, 주간보육계획안, 일일보육계획안 작성 • 원아 관리 및 관찰지도 • 교재교구 정리 및 관리 • 행사 일지 작성 • 비디오 및 테이프 정리 담당	• 실외 놀이터 청소
	교사 000	• 사무실 도서 정리 및 관리 • 업무 일지 작성 • 종이, 시트지, 코팅지, 복사지(복사기) 등 지류 정리 및 관리 • 약품장 관리 및 약품사용 대장 담당 • 생일잔치 계획 및 준비	• 현관 청소
	운전사 000	• 차량안전 준수사항 • 차량 내 소화기 관리	• 차량 청결
	조리사 000	• 1층 물컵 관리 • 식자재 주문 및 관리 • 2층 정수기 물컵 관리	• 수족관, 화초 관리 • 세탁기 관리

출처: 한국보육진흥원(2016).

〈표 6-3〉 어린이집 업무분장의 예시 2

<table>
<tr><th>담당</th><th colspan="3">업무 내용</th></tr>
<tr><td>원장</td><td colspan="3">• 원아관리, 부모관리, 교직원관리, 시설운영관리, 재무회계, 보육과정관리 등 총괄</td></tr>
<tr><td rowspan="5">보육교사</td><td>원아 관리</td><td>• 영유아 출석부 작성 및 관리
• 신입원아 적응프로그램 실행기록
• 영유아 관찰 및 영유아 발달평가 기록
• 생활기록부 작성
• 필수 예방접종 및 건강검진 안내
• 응급처치 및 귀가동의서 취합</td><td>• 등 · 하원지도
• 차량 운행 시 영유아 탑승 지도 및 등 · 퇴원 일지 작성
• 영유아 건강관리(건강 체크, 신체계측, 투약의뢰서 · 투약 관리, 전염성 질환의 예방 및 관리대책 기록, 알레르기 여부 파악)</td></tr>
<tr><td>부모 관리</td><td colspan="2">• 학부모 상담, 가정통신문 작성, 알림장(원아수첩) 작성</td></tr>
<tr><td>교직원 관리</td><td>• 교사회의 참여 및 기록
• 출근부 및 근무상황부 작성</td><td>• 교직원 당직 계획
• 보육실습생 및 자원봉사 지도</td></tr>
<tr><td>시설 운영 관리</td><td>• 행사(입학 · 졸업식, 생일잔치, 신입원아 오리엔테이션, 부모참여 등)계획 및 실행
• 시설 안전점검 및 점검 결과 작성(안전점검표)
• 영유아 칫솔 및 양치컵 위생관리</td><td>• 보육실 및 공동 공간 환경 구성 및 청결 · 위생 관리(놀잇감 소독, 기저귀 갈이대 · 화장실 · 침구 관리)
• 교재교구 · 도서 및 약품 관리</td></tr>
<tr><td>보육 과정 관리</td><td>• 보육계획안 작성
• 보육과정 준비 · 운영 · 평가(실내외 활동, 기본생활습관 지도, 지역사회 연계활동, 일상생활 관련 활동, 사회관계 증진 활동 실행)
• 보육일지 작성(특별활동 및 통합반 운영 · 관리 포함)
• 시간 연장 서류 관리</td><td>• 안전교육계획 · 실행 · 평가기록(아동학대예방, 약물오남용예방, 재난대비교육 등)
• 비상대비 훈련 실행 · 평가(소방대피, 지진대피, 폭설대비 등)
• 현장학습 계획 · 실행
• 영양관리(급 · 간식지도)
• 특별활동 동의서 취합</td></tr>
<tr><td>시간연장 교사</td><td colspan="3">• 시간연장 운영계획 및 실시, 시간연장 보육일지 작성, 시간연장 서류관리
• (시간연장 보육 실적 확인서 관리 등), 석식 준비 및 석식 지도 등</td></tr>
<tr><td>누리과정 보조교사</td><td colspan="3">• 수업준비 등 담임교사 누리과정 업무 지원(활동보조, 수업준비, 현장학습 시 보조교사, 급 · 간식 배식 및 지도, 어린이집 위생 및 청소 등)</td></tr>
<tr><td>비담임 교사</td><td colspan="3">• 영유아 보육 보조, 보육 공백 시 대체보육, 행정사무 및 급식, 현장학습 보조, 어린이집 위생 및 청소 등</td></tr>
<tr><td>보육 도우미</td><td colspan="3">• 행정사무, 급 · 간식, 어린이집 위생 및 청소 등</td></tr>
</table>

담당	업무 내용
간호사	• 어린이집 영유아 건강관리(건강검진 관리, 예방접종 일정 관리, 건강교육 및 약물 오남용 교육, 발열 체크 및 투약, 계절별 · 시기별 유행 감염병 공지 및 관리, 신체검사 시행 등), 비상약품 관리, 안전사고 및 응급상황 관리 등
영양사	• 월별 식단 작성 및 영양 정보 안내, 조리계획서 작성, 급식 일지 작성, 식품 발주, 주방 위생관리, 건강교육 등
조리원 (취사부)	• 식자재 주문 · 검수 · 관리, 급 · 간식 조리 및 기록, 조리실 위생관리, 설거지, 음식물 쓰레기 처리
운전기사	• 영유아 등 · 하원 시 차량운전, 차량 안전점검표 작성 및 관리, 어린이 통합버스 안전교육 이수
특수교사	• 장애아를 위한 보육교사로서 IEP(개인별 교육프로그램) 적용 지도 등
치료사	• 장애아를 위한 물리치료, 작업치료, 임상치료, 언어치료, 행동치료, 미술치료 등

※ 어린이집 규모에 따라 추가 채용인력이 있는 경우 등에 따라 적절히 배분할 수 있음.

출처: 황혜경, 김용희, 김지영, 심윤희, 김보영, 이회현(2018) 재인용.

2. 영유아 권리존중 보육

영유아의 권리는 영유아를 하나의 인격체로 존중하는 것으로 영유아가 자신의 권리를 알고 누리며 어떤 상황에서도 누구에게나 차별을 받지 않고 살아갈 권리이며 발달에 맞게 적극적으로 보장 받아야 하는 권리이다(안사라, 2012).

보육교사는 아동권리존중 보육에 결정적 역할을 하는 중요한 인적 환경이므로 보육교사의 올바른 아동권리 인식을 통해 아동의 의사와 권리를 보호해 주는 아동권리존중 보육을 실행해야 한다(박수연, 2012). 영유아의 권리에 대한 의식이 높은 교사는 영유아의 의견을 존중해 주고, 영유아가 자신의 흥미와 관심에 따라 스스로 선택한 활동을 지지해 주며, 잠재적 능력을 개발해 나가도록 돕는다. 또한 어린이집 일과 안에서 영유아가 자신의 권리를 누릴 수 있도록 지원한다.

영유아는 자신이 존중받는 경험을 통해 다른 사람을 존중하는 태도를 기를 수 있다. 즉, 다른 사람으로부터 자신의 생각과 감정을 지지받았던 경험은 다른 사람을 존중하고 배려하는 태도로 이어지고 다른 사람의 권리에 대한 중요성을 알게 한다.

그러므로 영유아의 권리를 존중하는 보육교사의 인식은 영유아를 하나의 인격체로 존중하며, 영유아의 성장과 발달에 적합한 교육과 환경을 제공하고, 영유아가 다른 사람의 권리를 존중하는 태도를 기를 수 있게 한다.

1) 영유아 권리존중 보육의 특징

영유아의 권리를 존중하는 보육의 특징은 민감한 교사의 태도, 영유아의 주도성을 인정하는 환경, 영유아를 진심으로 사랑하는 따뜻한 정서적 지원이 이루어지는 것으로 구체적인 내용은 다음과 같다(우정순, 김영옥, 차승환, 배진희, 김란옥, 2018).

(1) 영유아의 권리에 대해 교사의 민감한 태도가 발휘된다.

영유아의 권리를 민감하게 알아차려서 교사가 영유아의 관심과 욕구를 충족시켜 영유아의 관점에서 문제를 해결해 나간다. 영유아는 교사로부터 관심과 존중을 받고 있다는 느낌을 갖게 되고, 높은 자존감과 긍정적 자아개념을 발달시킨다.

(2) 영유아를 존중하는 보육은 영유아가 삶의 주체자로서 주도해 나가도록 영유아의 주도성을 인정하는 환경이 조성된다.

영유아가 스스로 탐색하고, 의사표현에 참여하도록 허용하고 격려하는 분위기가 제공된다. 영유아는 능동적인 힘과 자기조절능력이 발달하며 자율성과 자기절제 능력이 향상된다.

(3) 영유아를 진심으로 사랑하고 공감하는 따뜻한 정서적 지원이 이루어진다.

교사와의 온정적인 관계를 경험한 영유아는 건강한 애착을 형성하여 자신이 신뢰 관계 속에서 존중받고 있는 존재임을 깨닫게 된다. 그래서 자신에 대한 긍정적인 자아개념이 형성되며 또한 타인을 존중하고 배려하는 태도를 기를 수 있다.

2) 영유아 권리존중 보육의 실제

보육교사는 영유아의 생존과 발달의 권리를 존중하는 보육을 제공하여 심신이 건강한 아동으로 성장 · 발달할 수 있도록 도와야 하고 영유아와 교사 간에 강한 정서적 애착을 형성하여 성장과 발달의 권리를 존중하는 질적 보육을 실행해야 한다. 또한, 영유아의 의사표현의 권리, 교육의 권리, 정보와 자료접근의 권리를 존중하는 보육을 통해 영유아가 협상, 협력, 갈등해결을 경험하고 약속을 지키며, 다른 사람에 대한 책임을 인정하는 법을 배우고 나아가 타인과의 약속을 지키고 자신이 한 일에 대해 책임을 지는 사람으로 성장 · 발달하도록 지원해야 한다(서영숙, 2009). 따라서 보육교사는 영유아들의 권리가 존중되는 보육이 되도록 유엔아동권리협약 4대 기본원칙에 근거한 실제 보육이 이루어지도록 노력해야 한다.

(1) 생존권에 근거한 영유아 권리존중 보육의 실제

- 급 · 간식을 제공할 때 연령, 발달수준, 개인차를 고려하여 영유아가 원하는 양만큼 배식하고 급식 시간을 충분히 계획하여 영유아에게 서두르지 않고 편안히 먹을 수 있도록 지도한다.
- 영유아들이 휴식이 필요하면 언제든지 쉴 수 있는 공간을 마련해 주고 휴식을 취하도록 배려해야 하며, 낮잠 시간 개별적인 수면시간을 고려해야 한다.
- 영유아의 건강을 위해 영유아 건강 검진, 개월 수에 맞는 예방접종 실시 여

부를 확인하고 미검진, 미접종 시 학부모에게 안내한다.
- 영유아가 배변의 욕구가 있을 경우 언제든지 화장실을 갈 수 있도록 한다.

(2) 보호권에 근거한 영유아 권리존중 보육의 실제

- 영유아의 인권을 존중하며 학대가 절대 일어나지 않도록 주의한다.
- 명령어 사용을 자제하고 청유형을 사용하여 영유아를 존중하는 상호작용을 한다.
- 가정에서나 외부로부터 신체학대, 정서학대, 성 학대, 방임 등의 학대가 이루어지고 있지는 않는지 영유아의 상태를 잘 확인해야 한다. 보육교사는 아동학대 신고의무 대상자로서 영유아에게 조금이라도 의심스러운 상황이 발생하면 절차에 따라 처리한다.

(3) 발달권에 근거한 영유아 권리존중 보육의 실제

- 영유아가 놀이를 통해 개별적인 호기심을 충족하고 전인 발달을 이룰 수 있도록 환경을 제공해 준다.
- 개개인의 발달 차이를 알고 그에 따른 개별적인 지원이 이루어질 수 있도록 보육과정을 계획하고 실행해야 한다.
- 발달이 지연되거나 장애가 있는 영유아도 원하는 놀이나 활동에 참여할 수 있도록 지원해 주어야 한다.
- 다양한 문화적 경험을 할 수 있도록 보육과정을 계획하여 진행하고, 현장학습을 통한 문화 체험의 기회를 제공한다.
- 교사는 영유아의 발달 상태에 맞게 상호작용해야 한다.

(4) 참여권에 근거한 영유아 권리존중 보육

- 보육과정의 계획 진행 평가의 모든 과정에 영유아의 의사를 반영한다.
- 일과 진행 시 영유아의 의사를 반영한다.
- 영유아에게 공간의 주도권을 제공한다.
- 자료의 활용 방법도 영유아의 결정에 따른다.
- 교실의 규칙을 정할 때 영유아들과 함께 정한다.

〈표 6-4〉 영유아를 존중하는 보육의 실제 워크시트 1

워크시트 1
영아들은 교실을 꾸미기 위해 다람쥐를 만들고 있었다. 교사는 이틀 전에 다람쥐 모양의 종이를 오려 놓았다. 어제 영아들은 각자 한 장씩 다람쥐 종이를 갈색으로 색칠하였다. 오늘 영아들은 다람쥐 꼬리에 면 공(cotton-ball)을 풀로 붙일 것이다. 칼리의 순서가 되었다. 교사가 꼬리 부분에 풀칠하는 동안 칼리는 교사 옆에 서 있다. 그 후 교사는 면 공이 들어 있는 가방에서 다섯 개의 공을 꺼내어 옆에 서 있던 칼리의 손에 건네주었다. 칼리는 공 하나를 들고 풀칠이 되어 있지 않은 꼬리 부분에 그 면 공을 붙이려고 여러 번 시도하였다. "여기에 붙여야지, 칼리." 교사는 면 공을 붙일 자리를 가리켜 준다. 교사는 자신의 손으로 칼리의 손을 잡고 꼬리 쪽에 면공을 붙여 주었다. 잠시 후 교사는 처음의 실수를 반복하고 있는 칼리에게 나머지 공들을 쥐여 준다. 그리고 교사는 다섯 개의 면 공을 꼬리에 붙일 때까지 칼리의 손을 신체적으로 조작하면서 지시를 반복한다. 그러고는 "끝났다. 가서 놀아."라고 말한다. 그 후 교사는 로렌을 호명한다. 로렌이 책상에 올 때쯤 교사는 바쁘게 다람쥐의 꼬리에 풀칠한다. 로렌이 책상에 놓여 있는 풀을 잡으려 한다. 교사는 풀을 치우면서 "그 순서가 아니야."라고 말한다. 로렌이 기다렸다. 면 공을 붙일 차례가 되자, 교사는 칼리에게 했던 것과 같은 패턴으로 진행한다. 잠시 후 로렌이 "왜 이거 만들어요?"라고 묻는다. 그러자 교사는 "네가 면 공을 풀칠하는 것을 재미있어 하니까." 라고 대답한다. 출처: Robin Lynn Leavitt(2014). 어린이집의 권력과 정서, 87-88.

이 활동의 목표는 무엇이었을까요?	('누가', '무엇을', '어떻게'의 순서대로 써 보세요.)

워크시트 1	
활동의 목표는 어떻게 달성했을까요?	('누가', '무엇을', '어떻게'의 순서대로 써 보세요.)
영아가 활동에서 어떻게 하고 싶었을까요?	
영아의 느낌은 어떠했을까요?	

출처: 서울시 외(2017).

〈표 6-5〉 영유아를 존중하는 보육의 실제 워크시트 2

워크시트 2
교사는 학부모가 방문하는 날을 위해 교실에 전시할 학생들의 작품을 고르고 있다. 교사는 주위환경을 밝고 생기 있어 보이게 할 색채가 풍부한 그림을 찾고 있다. 교사는 한 아동이 자기가 찾고 있던 색감이 풍부한 그림을 그리고 있는 것을 발견하고, 다가가서 지금 그리고 있는 그림을 교실에 전시해도 되는지를 묻는다. 교사: 다 마친 후에 네 그림을 걸어도 되겠니? 아동: 네, 좋아요. 교사: 좋아. 네 그림이 끝나면 선생님한테 알려줘. 이 그림을 그려서 저기에 걸 거야. 걸고 싶은 장소는 네가 고를 수 있단다. 아동: (고개를 끄덕이고 계속 그림을 그린다)

워크시트 2
교사가 그 영역을 잠시 비운다. 교사가 다시 돌아왔을 때 아까는 밝았던 그림이 지금은 약간 어두워진 것을 발견하고 깜짝 놀란다. 아동: 저는 모든 색을 다 쓸 거예요. 보이죠? (붓을 검정 물감에 담근다) 교사: 그래, 재미있구나. 아동: 여기에 검정색을 칠할 거예요(검정 줄을 그려 넣는다). 교사는 교실 전시물에 첨가하려고 했던 밝은 색 그림의 색이 달라진 것에 대해 실망했지만 입을 다문 채, 아동이 그림을 다 그릴 때까지 지켜본다. 출처: Trawick-Smith, J.(2012). 놀이지도: 아이들을 사로잡는 상호작용, 358.

유아는 어떤 방법으로 활동하고 있나요?	
교사는 유아가 활동하는 방법을 존중해 주기 위해 어떻게 했나요?	
이 상황에서 평소의 나라면 어떻게 반응했을까요?	

출처: 서울시 외(2017).

〈표 6-6〉 서울시 어린이집 영유아 권리존중을 위한 자가 체크리스트

연번	내용	확인
1	어린이집 일과에서 영유아의 권리 존중을 실천하고 있습니까?	
1-1	낮잠 및 휴식에 대한 영유아의 개별적 욕구를 반영할 수 있는 적절한 환경(시간, 공간)을 조성해 주고 있다.	□
1-2	대·소집단 활동에 참여하지 않거나 계속해서 놀이하려는 영유아의 욕구를 존중해 주고 있다.	□
1-3	급·간식에 대한 영유아의 기호, 먹는 속도와 양을 존중해 주고 있다.	□
1-4	배변, 배뇨 등 영유아의 기본적인 생리적 욕구를 존중해 주고 있다.	□
1-5	보육교직원은 일관성 있는 태도로 영유아의 욕구를 존중해 주고 있다.	□
2	영유아가 보육과정의 계획과 운영에 참여할 수 있는 구조가 있습니까?	
2-1	영유아가 만든 결과(작품, 사진, 노래, 블록, 구조물 등)에 대해 존중하며 결과물이 적절히 게시되어 있다.	□
2-2	영유아의 의견이 잘 표현될 수 있는 분위기를 조성하며 영유아이 의견을 반영한 보육과정을 운영한다.	□
2-3	규칙을 정할 때는 영유아의 의견을 반영하거나 동의를 구하고 있다.	□
3	자유선택활동시간에 영유아를 존중하는 상호작용을 하고 있습니까?	
3-1	영유아의 개인차를 인정하고 놀이에서 자율성과 주도성을 지지하는 상호작용을 한다.	□
3-2	영유아의 흥미, 관심, 기분 및 건강상태를 전반적인 맥락으로 파악하고 있다.	□
3-3	영유아 간의 관계를 살피며 상호 역동성을 파악하여 상호작용한다.	□
4	영유아 권리 실천을 위해 어린이집을 다양한 방법으로 개방하고 있습니까?	
4-1	어린이집 운영위원회를 운영하고 있다.	□
4-2	열린어린이집 운영 등의 다양한 방식으로 양육자의 참여가 이루어지고 있다.	□
4-3	양육자의 보육실 참관(절차 및 방법, 안내)이 이루어지고 있다.	□
5	보육교직원은 영유아 권리 존중을 위해 양육자와 소통하고 있습니까?	
5-1	보육교직원은 양육자와의 소통을 통해 영유아의 전반적인 상태(기분, 건강, 배변 등)와 가정 내 주요한 정보를 파악하고 있다.	□
5-2	양육자에게 규칙적인 등·하원 시간 등 안정된 생활습관의 중요성을 전달하고 있다.	□
5-3	보육교직원은 영유아에 대하여 양육자와 서로 협의하고 책임을 공유하는 적극적인 노력을 하고 있다.	□
6	영유아 권리존중의 이해와 실천을 위한 보육교직원의 교육이 이루어지고 있습니까?	
6-1	영유아 권리존중을 위한 보육교직원의 교육이 실행되고 있다.	□
6-2	아동학대 신고의무자에 대한 교육, 양성평등교육 등을 이수하였다.	□

연번	내용	확인
6-3	영유아 권리의 기초가 되는 'UN아동권리협약'의 내용을 이해하고 있다.	□
7	영유아의 권리 보호를 위해 보육교직원의 적절한 근무환경이 이루어져 있습니까?	
7-1	보육교직원의 적절한 근무환경에 대한 노력이 이루어지고 있다.	□
7-2	보육교직원의 업무스트레스 해소를 위한 구체적인 노력이 이루어지고 있다.	□
8	영유아 권리존중을 위해 보육교직원 간 협의 · 지원이 이루어지고 있습니까?	
8-1	어린이집 운영(보육과정, 특별활동, 견학, 행사 등)의 계획과 평가에 보육교직원의 의견이 수렴되고 있다.	□
8-2	반 운영의 어려움이 있을 때 자체회의를 통해 협력 및 해결하는 구조가 있다.	□

출처: 서울시육아종합지원센터(2015).

3. 영아반 보육교사의 직무수행

1) 하루 일과 운영에서 영아를 존중하는 교사의 역할

영아반의 하루 일과를 운영할 때에는 영아의 발달특성과 생리적인 욕구, 안전을 고려하여서 운영되어야 한다. 영아의 경우 규칙적으로 반복되는 일과 안에서 심리적 안정감을 느낄 수 있으나 영아의 개별적인 발달수준과 개인차를 고려하여 융통성 있게 일과를 운영해야 한다.

일과 운영을 위한 교사의 역할에서 영아에게 기저귀를 갈 것을 미리 알려 주고 개별적인 낮잠 시간을 고려해 주며 영아의 흥미에 따라서 개별적인 놀이지원을 해 주는 것은 영아를 존중하는 교사의 태도이다.

(1) 등원

보육교사는 영아의 등원 시 눈을 맞추고 이름을 불러 주고 반갑게 맞이하며, 영아의 건강상태, 기분 등을 확인하고 적절히 반응해 주어야 한다.

부모와 헤어지기 어려워하는 경우 영아가 편안하게 헤어질 수 있는 시간까지 기다려 주고 영아가 헤어질 준비가 되면 따뜻하게 안아 주고 유아의 감정에 공감해 주어서 안정적인 상태에서 헤어질 수 있도록 배려해 주어야 한다.

(2) 일상생활

① 수유 및 이유식/ 간식 및 점심

영아에게 수유를 할 때 보육교사는 영아를 안정된 자세로 안고 수유를 진행하며, 수유를 하는 동안 눈을 맞추고 대화를 해 주는 것이 바람직하다.

이유식은 영아의 월령, 발단단계 등을 고려하여 제공되어야 한다. 이유식의 조리형태는 발달단계에 따라서 유동식, 반고형식, 고형식으로 다르게 제공해야 한다. 이유식은 편안한 분위기에서 영아가 섭취하는 속도에 맞춰 천천히 먹을 수 있도록 지원한다.

간식과 점심도 영아들이 즐겁게 식사할 수 있도록 분위기를 만들어 주고 교사가 도움을 주어 식사하는 것을 지원하되 발달에 따라서 스스로 먹을 수 있는 기회를 제공하여 올바른 식습관이 형성되도록 교육해야 한다.

간식과 점심을 제공할 때 영아의 요구에 맞춰 충분한 양을 제공하며, 음식물은 작게 잘라서 제공하여 영아들이 쉽게 먹을 수 있도록 준비해 주어야 한다. 제공된 음식은 적정한 온도를 확인하여 너무 뜨겁거나 차갑지 않도록 제공한다.

점심 후에는 영아들도 발달에 따라서 적절한 방법으로 이를 닦을 수 있도록 지원한다.

② 기저귀 갈기와 화장실

영아의 기저귀 갈이는 반드시 지정된 공간에서 갈아 준다. 기저귀 갈이를 하기 전에는 영아에게 기저귀를 갈 것을 미리 알리는 것이 영아를 존중하는 바람직한 태도이다. 교사는 기저귀 갈이 시 영아의 눈을 맞추며 대화를 나눔으로써 영아에게 이 시간이 즐거운 경험이 되도록 해 주어야 한다.

영아들의 배변훈련은 영아의 발달에 따른 준비 정도를 고려하여 가정과 연계하여 일관되게 진행되는 것이 안정적이며, 배변 실수를 하더라도 교사가 너그럽게 수용해 주어야 긍정적인 배변 경험을 하게 된다.

③ 휴식 및 낮잠

영아들의 편안한 낮잠 시간을 위해서 먼저 환경을 준비해 주어야 한다. 블라인드와 커튼을 이용하여 보육실의 채광을 조절해 주고, 온도와 습도가 적정하게 유지되도록 확인하며 조용한 음악을 틀거나 개인마다 애착물을 준비하여 영아들이 편안하게 낮잠을 잘 수 있도록 지원해야 한다. 어린 영아들은 제각기 낮잠 시간과 특성이 다르기 때문에 개별적인 낮잠 시간을 고려해야 한다. 낮잠 시간 동안 교사는 자고 있는 영아들을 살피며 잘 자고 있는지 안전을 확인해야 한다.

낮잠 시간 이외에도 영아들의 건강, 기분 상태에 따라서 쉬어야 할 경우에는 언제든지 휴식을 취할 수 있도록 공간을 마련해 주는 것이 필요하다. 휴식 공간은 소파, 쿠션 등을 준비해 두어서 영아들이 편히 쉴 수 있도록 해야 한다.

(3) 실내 자유놀이

실내 자유놀이를 위해서는 흥미영역 또는 놀이영역을 마련하고 영아들의 연령과 발달 수준, 사전 경험 등을 고려하여 놀이자료를 준비하며 영아들이 스스로 꺼내서 사용할 수 있도록 한다.

교사는 영아들의 탐색과 놀이가 잘 이루어지도록 영아들의 놀이를 주의 깊게 관찰하는 것이 필요하며 관찰한 것을 바탕으로 놀잇감의 지원, 모델링 보이기, 함께 참여하기와 같은 방법으로 영아의 놀이가 지속, 확장되도록 지원한다.

더 어린 영아들일수록 개별적인 흥미와 관심에 따라서 개별적인 놀이가 이루어진다. 따라서 보육교사는 영아의 놀이에 개별적인 지원을 하도록 해야 한다.

(4) 바깥놀이

바깥놀이 시 영아들이 발달적 특성을 고려하여 계획해야 한다. 걷기가 가능한 영아들의 경우 걷기, 뛰기 등 신체를 이용한 놀이와 영아용 실외 놀이기구를 이용한 놀이, 물, 모래놀이, 자연물을 이용한 놀이 등 바깥에서 할 수 있는 다양한 놀이를 경험할 수 있도록 지원해야 한다. 걷기 어려운 영아들의 경우에도 유모차를 이용하여 산책하며 자연환경을 경험하도록 기회를 제공해야 한다.

바깥놀이에서 보육교사는 놀이시설의 안전과 청결 상태를 확인한 후 영아들이 이용할 수 있도록 해야 하고, 항상 영아들의 놀이 상황을 주시하여 안전한지 확인한다.

(5) 귀가

영아들의 귀가 전 보육교사는 영아들의 개인 소지품을 정리하여 보호자에게 전달할 수 있도록 준비해 둔다.

안전을 위해 귀가 동의서에 기록된 보호자에 의해서 귀가할 수 있도록 확인 후 귀가 시킨다.

귀가 시 보호자에게 그날 어린이집에서 지낸 일들을 전달한다. 보호자를 직접 만나지 못하는 경우 일일 보고서나 스마트 알림장을 통해 어린이집에서의 생활을 전달하도록 한다.

2) 영아교사의 보람과 어려움

영아들은 발달 특성상 급속한 성장과 발달을 이루게 되며, 미숙한 발달로 인해 그 과정에서 성인의 지원을 많이 필요로 한다. 더 어린 영아들일수록 먹고, 이동하고, 잠자고, 놀이하는 영아들의 생활 전반에 성인의 도움을 필요로 한다.

영아교사는 영아들이 올바르게 성장 · 발달하도록 지원하는 역할을 하며, 그 과정에서 보람도 느끼고 때로는 어려움을 경험하게 된다. 구체적으로 영아교사들이 경험하는 보람과 어려움은 다음과 같다.

(1) 영아교사의 보람

첫째, 영아교사는 영아들의 성장과 발달하는 모습을 통해 보람을 느낀다. 영아기는 인간의 전 생애에서 첫걸음을 내딛는 경이로운 시기로 가장 급속하고 현저한 성장과 변화가 일어난다(박남희, 이대균, 2014). 교사는 이러한 영아들의 성장과 발달 속에서 자신이 영아들에게 긍정적인 영향을 미치는 존재라고 느낄 때 보람을 느낀다. 교사가 세심한 관찰을 통해 영아들의 요구를 알고 그것을 교육적 경험과 놀이로 지원해 주고 이를 통해 영아들이 성장 · 발달하는 과정을 함께하며 보람을 느낀다.

> 영아반은 성장 과정 중 영아가 이 나는 것부터 모든 걸 같이 하는 것 같아요. 영아의 키가 크고 말이 트이면서 성장하는 게 눈에 보이잖아요. (중략) 배변 훈련을 가정이랑 연계해서 지도하는데 가정에서는 협조를 안 해 주셨어요. 어린이집에서는 유아반으로 진급을 해야 하는데 너무 늦어지니까 제가 많이 도와주면서 아이가 결국 배변 훈련에 성공했어요. 변기에 서서 첫 소변을 보던 그때요. 그 당시 보람이 확 느껴졌죠(I교사, 2019. 4. 5.)!
>
> 출처: 엄태현(2020).

> 아이들이 못하던 것을 내가 가르쳐서 할 때, 그게 큰 애들이 하는 걸 보는 것보다 0세 반 아이들이 하는 거를 보는 게 곱절로 보람이 있어요. 기어 다니던 애가 걷고 어떤 애가 뛰고 이게 순식간에 일어나요. 말을 못했던 아이가 "이거 모야?" 하고 말할 때 그것 하나만 봐도 진짜 보람을 느끼거든요. 내 자식 같고… 내가 이만큼 키웠구나, 힘들었지만 그거에 보람을 느끼죠(F교사 1차 심층면담, 2015. 5. 5.).
>
> **출처: 박나래(2016).**

둘째, 영아교사는 영아들이 보육교사를 통해 정서적 안정감을 느끼고 정서적 교류가 이루어질 때 보람을 느낀다. 영아들은 교사와 안정적인 애착형성을 통해 신뢰감을 형성하면서 정서적인 안정감을 느끼고 교사를 의지하게 된다. 또한 연령이 증가함에 따라서 점차 분화된 정서를 나타내고 다른 사람의 정서를 이해 할 수 있는 능력도 갖게 된다(최지현, 2012). 이를 통해 영아는 교사의 정서를 이해하며 교사와 정서적 교감을 하게 되고 교사는 그 안에서 보람을 느끼게 된다.

> 아이가 4개월에 원에 왔는데 낯가림을 하게 되면서 저만 따라다니고 다른 교사에게는 가지 않으려고 하고 집에 갈 때도 엄마가 데리러 오면 울면서 가지 않으려고 한 적이 있는데 밉지가 않고 힘들면서도 기분이 좋았어요. 육체적으로는 힘들었지만 내가 이 아이와 애착이 잘 형성된 것 같아 한편으로는 뿌듯했어요(김-E교사, 2012. 7. 26.).
>
> **출처: 서경화(2013).**

> 어떤 날은 지쳐서 좀 앉아 있으면 아이가 와서 어깨를 만져 줘요. 내가 힘들고 지쳐 있는 걸 아이들도 느꼈는지 외면하지 않고 옆에 와서 애교 부려 주고 고사리 같은 손으로 등을 토닥거려 줄 때는 너무 행복해요. 아이들한테 사랑받고 있다는 느낌을 받을 때 정말 이 일에 보람을 느끼는 것 같아요(박-B교사, 2012. 7. 17.).
>
> **출처: 서경화(2013).**

> 어려서 아무것도 모를 것 같은 영아들도 교사의 감정과 상태에 대해 어찌나 잘 공감해 주는지 교사가 아파 보이거나 힘들 때 먼저 다가와 "선생님, 아파요?" 하며 이마를 만져주고 '호' 하고 불어 주기도 하고, "선생님, 사랑해요." 하면서 꼭 안아 줄 때 교사로서 영아에게 큰 위로와 힘을 얻기도 했어요. 교사가 사랑을 준다고 하지만 영아들에게 받는 사랑이 더 크다는 걸 느낄 때가 많았어요. 영아들이 안아 주거나 교사를 졸졸 쫓아 다니거나, 자리에 앉을 때도 교사의 옆자리에 앉기를 원하며 언어와 손짓, 몸짓으로 사랑을 표현해 줄 때, 힘이 들어도 힘을 낼 수 있는 원동력이 되었습니다(엄태현 저널, 2019. 3. 1.).
>
> 출처: 엄태현(2020).

셋째, 영아교사는 교사를 전문가로 인정하고, 교사를 지지해 주는 부모를 통해 자신감과 보람을 느낀다. 교사는 영아보육의 특성상 보살핌의 역할이 클 수밖에 없다. 이러한 특성으로 인해 학부모와 사회로부터 비전문적인 역할로 인식되곤 한다. 이러한 잘못된 인식으로 인해 영아교사 스스로도 갈등과 좌절감을 경험하게 된다. 따라서 부모가 교사를 전문가로 인정해 주고 영아의 발달 및 성장에 관한 사항에 대해 조언을 구하고, 교사가 제시한 안내에 따라 부모가 양육에 도움을 받을 때 교사는 전문가로서 자긍심을 가지게 되고 보람을 경험한다. 또한 학부모에게 신뢰를 얻고 수고에 대한 인정을 받고, 감사하다는 긍정적인 피드백을 받을 때도 보람을 느끼게 된다.

> 제가 문제 상황을 해결해 드린 느낌이 들었을 때, 그리고 그 부모님이 저를 많이 믿어 주실 때요. 제게 조언을 구하고, 제 의견에 따라 실천해 보시고, 그것에 대해 피드백을 해 주시면서 "선생님, 이렇게 해 보니 정말 좋아진 것 같아요. 선생님, 감사합니다."라고 말씀해 주세요. 또 문제 행동에 관해 아이가 손가락을 빨 때, 식습관에 관해서나 훈육을 할 때 어떻게 해야 하는지 궁금한 부분들을 저에게 물어봐 주실 때가 있어요. 교수법이나 이론적인 부분에서는 '내가 전문가다'라는 생각을 할 수 있게 해 주세요. 관계가 그렇게 믿어지는 구조가 되고 나면 소통하는 것도 훨씬 좋아져요. 그 아이에 대해서도 더 많이 얘기하게 되고 저를 믿어 주시고, 전문가로서 의견을 물어보실 때 보람을 느껴요(J교사, 2019. 4. 6.).
>
> 출처: 엄태현(2020).

어느 날 학부모님께서 "선생님 감사해요, 정말 아무것도 모르고 애기 때 왔는데 그나마 선생님들이 잘해 주셔서 아이가 이만큼 컸어요."라고 말 한마디씩 해 주실 때, 감사하죠(D교사 전화면담, 2015. 8. 17.).

출처: 박나래(2016).

(2) 영아교사의 어려움

첫째, 영아교사의 전문성에 대한 낮은 사회적 인식에서 심리적 어려움을 느낀다.

영아교사는 질 높은 영아보육을 제공할 수 있도록 전문화된 지식과 기술, 태도가 요구되는 전문가이다(Degotardi & Pearson, 2014). 영아교사는 순간순간 교육적이고 각 영아에 적합한 개별화된 의사결정을 해야하기 때문에 다른 연령의 교사보다 훨씬 더 높은 전문성 수준이 요구된다(유주연, 이승연, 2015). 또한 영아교사는 매일 영아와 장시간을 직접 접촉하고 함께 보내며 전인 발달 및 심리적인 안정 등 총체적인 발달에 영향을 주고 부모를 대신하여 발달의 직접적인 모델이 되는 중요한 역할을 수행하고 있어 전문성이 더욱 요구된다.

그러나 영아교사는 영아의 특성상 배변, 낮잠, 휴식, 수유, 이유식, 세면 등 부모가 해 주는 양육적인 역할을 많이 하게 된다. 그로 인해 가정에서 아이를 키우는 부모들의 모습과 오버랩이 되는 탓에 외부에서 바라보는 영아교사들은 유아교사에 비해 가치 절하되고 낮은 평가를 받는다고 인식한다(이명순, 염지숙, 조형숙, 김현주, 2020). 이처럼 영아 보육에 대한 낮은 사회적 인식으로 인해 영아교사들은 심리적 어려움을 느낀다.

주변에서 엄마들이 그냥 아기 돌봐 주는 사람? 그러니까 아무래도 유아반 선생님들을 더 질 높게 생각하죠. '수준 있다'고 생각하는데… 근데 0세는 아이들을 더 세밀하게 봐야 되거든요. 그래서 지속적으로 많이 알고 있어야 하는데 그런 걸 모르죠(B교사 1차 심층면담, 2015. 6. 5.).

출처: 박나래(2016).

> 영아 교사가 사회적 지위도 낮고 저조차도 초임 때 제 일을 낮게 평가했어요. 아이들 기저귀나 갈아 주는 사람이고 어떤 부분에 있어 전문성이라기보다는 아이들한테 최우선으로 필요한 안전, 위생이나 건강 같은 것들을 채워 주고 그런 역할 위주잖아요. 또, 어린이집 교사라고 하면 사회적 지위도 낮고 그런 사회적 분위기에 저조차도 편견이 있었던 거죠. 이 일이 영아들이 그냥 귀엽다 말고는 뭔가 의미 찾기가 정말 힘든 일인 거예요. (중략) 제가 이 일을 하는 데 있어 전문가라는 느낌이 들고 오래 일을 했으면 좋겠어요. 교사로서 역량이 부족하면 오래 이 일을 못하니깐 또, 우리 일의 가치를 스스로 인정하고 싶어 동료 교사들에게 이런 부분을 자주 이야기하기도 했어요. 영아교사에 대한 사회적 인식이 낮으니까 저희라도 개선해야 해요(J교사, 2019. 4. 6.).
>
> **출처: 엄태현(2020).**

둘째, 영아교사는 영아에 대한 지식과 이해 부족으로부터 오는 교사의 역할의 혼란으로 어려움을 경험한다.

영아 교사는 그동안 자신이 배워왔던 것들을 실제 교육현장에서 활용할 수 있을 것이라는 기대가 만족되지 않아 자신의 역할에 회의와 혼란을 느끼게 된다(유주연, 이승연, 2015). 보육교사를 양성하는 교육기관에서의 교육은 대부분 유아 중심으로 이루어져 있기 때문에 영아에 대한 지식과 이해가 부족한 상태로 영아교사를 맡게 된다. 이로 인해 영아교사는 교사의 역할에 대한 혼란스러움을 느낀다.

> 제가 생각하기에 유아교육이랑 영아 보육이랑은 정말 많이 다른 것 같아요. 진짜 4년 동안 유아에 대한 것만 배우고, 영아에 대한 것은 한두 과목만 했는데, 막상 현장에서 영아를 딱 맡으니까. (중략) '나는 유아교육을 전공했는데, 영아보육에 대한 지식은 많이 없는데, 내가 그동안 유아교육하면서 배운 거를 써 먹을 수가 없고' 하니까, 그런 것도 회의가 들고…(교사 J).
>
> **출처: 유주연, 이승연(2015).**

> 만 1세반 아이들은 개별적으로 놀아 주고 집단 활동이 안 된다는 것을 알아야 하는데 자꾸 저는 유아반에서 수업한 것처럼 집단활동으로 진행하고 아이들은 자기중심적으로 활동하고… (H교사, 개인면담, 2014. 3. 14.).
>
> **출처: 유희정(2015).**

> 4년 동안 학교를 다니면서 영아에 대한 실질적인 지도는 많이 부족했던 것 같아요. 학교 수업에서 배운 것을 가지고 ○○반 아이들을 보았을 때 어떻게 해야 하는지 당황해서 우왕좌왕했어요. 매번 요구도 달라지고 왜 우는지도 모르겠고… 대학을 다니면서 배운 것만으로는 어떻게 해야 할지 몰라서 힘들었어요(초임 B교사, 2011. 2. 12.).
>
> 출처: 탁정화, 황해익(2012).

> 막상 현실적으로 0세반 교사를 하다 보니까 부딪히는 점들이 많더라고요. 그러니까 가볍게 생각을 해서 아이들과 놀아 주고 이렇게 해 주면 된다고 생각했는데 처음 시작할 때는 수업 준비라든지 아니면 기본생활습관 같은 거… 그러한 것에 대해서 실질적으로 참고할 만한 자료나 실습을 나가서 배운다거나 이런 철저한 과정이 없어서 처음에 그걸 알아서 스스로 해결해 나간다는 게 어려웠어요(I교사 1차 심층면담, 2015. 8. 17.).
>
> 출처: 박나래(2016).

셋째, 영아교사는 개별적으로 세심하게 지원해 줄 수 없는 상황에서 오는 갈등의 어려움을 경험한다.

영아기는 인생에서 가장 급속하게 신체적, 정신적 성장을 이루고 변화하는 시기이며 개별적으로 발달 속도나 요구, 흥미도가 다르고 즉각적인 만족과 소유욕, 자기주장이 강한 시기이다(유희정, 2015). 그러므로 교사는 개개인의 발달 과정을 관찰하면서 개별 영아의 요구에 맞춰 민감한 반응을 보여 주고 그에 따른 상호작용을 해 주어야 하며, 영아의 특성상 개별적인 요구가 다르기 때문에 보육교사는 영아 한 명 한 명 다르게 반응해 주어야 한다. 그러나 현재 우리나라 영아반의 경우에는 교사가 다수의 영아들과 생활해야 하는 환경 안에서 다양하고 동시다발적인 영아들의 개별 요구에 대해 반응해 주고 영아 간에 일어나는 모든 문제 상황을 혼자 대처해야 하는 어려움이 있다. 개별적인 영아들의 요구를 수용해야 하는 영아교사의 역할을 알고 있지만 그렇게 해 줄 수 없는 상황에서 오는 갈등의 어려움이다.

영아들과 지내면서 영아들이 탐색하고, 스스로 하기까지 지원하고 기다려 줘야 하는 걸 알면서도 부딪히는 어려움은 '기다려 주기'였습니다. 교사가 다수의 영아를 돌보다 보니 영아에게 충분한 시간을 제공할 수 없는 상황들이 자주 발생했습니다. 하물며 바깥놀이를 위해 신발을 신는 상황에서 신발을 빠르게 신는 영아와 천천히 신는 영아를 모두 기다리다 보면, 신발을 먼저 신은 영아들이 다른 곳으로 제각기 뛰어가는 상황이 벌어지기도 했어요. 결국, 다른 영아들의 안전을 위해 신발을 스스로 신기까지 충분히 기다려 주지 못하고 교사가 신발을 신겨 함께 이동했던 경우가 빈번했습니다. 교사가 영아를 기다려 줄 수 없는 상황 속에서 갈등을 겪었습니다(엄태현 저널, 2019. 3. 1.).

출처: 엄태현(2020).

ㅇㅇ가 애착을 저한테만 했는데 이 아이 때문에 다른 아이를 못 보는 거예요. 다른 아이를 보고 있으면 ㅇㅇ가 다가와서 저한테 안기고 안아 달라고 막 자지러지게 울고, 그런데 또 다른 선생님한테는 안 가고 저한테만 오니까 그거 때문에 고민을 많이 했어요. ㅇㅇ가 저한테만 애착을 해서 이 아이를 떼어 놔야 하는지… 다른 선생님한테도 애착을 할 수 있도록 해 줘야 하는지… 모르겠더라고요(A교사 2차 심층면담, 2015. 6. 1.).

출처: 박나래(2016).

밥 먹을 때 지금 아이들은 "앉아"라고 이야기해도 돌아다니면서 먹는 시기잖아요. 그래서 그게 조금 어려운 것 같아요. (중략) 또 3명이다 보니까 한 명 먹여 주면 앉아 있던 한 명이 일어나서 돌아다니고… 자기한테 관심을 안 보이면 일어나 버리니까, 계속해서 관심을 줘야 하는데 3명이다 보니까 분산적으로 주어야 하고, 식사지도가 제일 힘든 것 같아요(A교사 1차 심층면담, 2015. 5. 21.).

출처: 박나래(2016).

영아들은 언제 어디서 다칠지 예측을 못하겠어요. 정말 다칠 상황이 아닌데도 넘어져서 입술 찍고 피나고 혹도 나고… 분명 같이 잘 놀이하고 있어서 기저귀를 꺼내려고 잠시 뒤돌아서 꺼내는 사이에 싸우고 물고 있고… 동시다발적으로 교실 여기저기에서 일이 생겨요. 어떤 날은 혼자서 감당이 안 되는 날도 있어요.물려서 약 바르고 있는 사이에 한 명은 교구장 위에 올라가 있고, 저희 반은 교실 창문이 낮아서 환기하느라 열어 놓으면 거기에 올라가서 앉아 있고… 하루하루가 전쟁이예요. 다행히 아이들이 안 다치고 가는 날은 그나마 편한 퇴근을 해요(G교사 심층면담 2016. 08. 26.).

출처: 김아경(2016).

넷째, 영아교사는 체력적인 소진의 어려움을 경험한다.

영아반 교사들은 유아들과 달리 아직 신체적으로 미성숙한 영아들의 기본적인 생활을 도와야 하기 때문에 늘 분주하게 움직여야 하며 손목, 어깨, 허리 등의 신체적 통증을 느낀다(유희정, 2015). 또한 영아들이 컨디션이 안 좋을 때, 적응기간에 부모와 떨어져서 정서적으로 불편을 느낄 때 울거나 칭얼거리는데 이를 달래기 위한 교사의 대처 방법으로 오랜 시간 안아 주고 업어 주는 신체적 방법을 쓸 수밖에 없기 때문에 교사들은 체력적인 소모가 많다. 이외에도 영아놀이는 신체적인 놀이가 많고 영아의 특성상 교사가 놀이 시 영아들에게 모델링이 되어 주고 함께 놀이해 주어야 하기에 놀이 시에도 교사는 체력적인 소모를 느낀다. 이렇듯 영아교사는 체력적 소진에서 오는 어려움이 있다.

> 아이들이 컨디션이 안 좋으면 많이 안아 달라고 하는데 또 한 명을 안아 주면 다른 아이들도 다 안아 달라고 하죠. 여러 아이들을 한꺼번에 안아 주고 이 아이 저 아이 안아 주고 업어 주고 달래 주는 일이 많아지니까 허리와 무릎에 통증을 느끼게도 돼요(F교사, 개인면담, 2014. 3. 5.).
>
> 출처: 유희정(2015).

> 개별적으로 씻기고 먹이고 하며 지원을 해 줘야 하고, 영아들이 울면 안아서 달래 줘야 하는 일도 많고 안전사고가 일어나지 않도록 계속 따라다니다 보면 체력적으로 많이 힘들고 지칩니다. 그리고 앉고 일어서는 일들이 많고 아이들을 들어서 안아야 하는 일이 많다 보니 팔목, 무릎과 허리가 아픕니다(A교사 면담, 2020. 11. 20.).
>
> 출처: 서울시 K어린이집 A반 교사 면담 자료.

> 영아들은 스킨십과 몸으로 부대끼는 것이 많으니 체력적으로 어려움이 있는 것 같아요. 안아 주고 업고 정 붙이기까지의 과정도 어렵고… 영아들은 체구가 작기 때문에 안거나 들거나 하는 경우가 많아요. 그러면 손목도 아프고 허리도 아프고 육체적으로 힘이 들 때가 많이 있지요. 나이가 들면 더 힘들어져서 체력적으로 영아를 돌보는 것이 어렵다니까요. 손목이 시큰시큰할 때도 많고… 그리고 영아들은 무슨 일이 언제, 어디서 일어날지 모르니까 항상 관찰해야한다니까요(경력 E교사, 2011. 2. 12.).
>
> 출처: 탁정화, 황해익(2012).

4. 유아반 보육교사의 직무수행

1) 하루 일과 운영에서 유아를 존중하는 교사의 역할

유아반의 하루 일과를 운영할 때에는 유아의 발달특성과 유아의 요구, 안전을 고려한다. 유아의 경우 하루 일과의 일관성도 필요하나, 유아를 존중하기 위해서는 일과 순서와 시간, 장소의 이용에 있어서도 유아들의 의견을 존중해 주어야 한다.

보육교사는 유아들의 놀이 지속에 대한 요구, 전날 놀이 흐름에 대한 평가 등을 반영하고, 날씨와 자연 현상 등을 고려하여 일과를 융통성 있게 운영해야 한다.

일과 운영을 위한 교사의 역할에서 유아 스스로 원하는 놀이를 계획하고 진행하도록 지원하고 정리시간 유아의 놀이가 방해되지 않도록 주의하며 개별적인 요구에 따라서 낮잠이나 휴식을 취할 수 있도록 배려하는 것은 유아를 존중하는 교사의 태도이다.

(1) 등원

보육교사는 유아가 등원하면 이름을 불러 주며 반갑게 맞이해 주어야 한다. 등원시 유아들이 집에서 있었던 일들을 이야기해 줄 때 경청하며 들어 주고 반응해 주며, 유아의 기분이나 감정 상태를 확인하여 지지해 준다.

유아에게 하루 일과 계획도 소개하고 스스로 원하는 놀이를 계획하고 진행하도록 안내한다.

(2) 일상생활

① 간식과 점심

간식과 점심시간에는 바르게 앉아서 유아 스스로 숟가락과 포크 또는 젓가락을 활용하여 골고루 먹을 수 있도록 격려한다. 유아들이 선호하지 않는 음식은 조금

씩 경험해 볼 수 있도록 먹는 양을 조절해 주어 조금씩 늘려 갈 수 있도록 한다. 유아마다 먹는 속도의 차이를 인정하며 천천히 꼭꼭 씹어 먹을 수 있도록 지도한다. 간식, 점심시간은 일상적인 대화를 나누며 즐거운 분위기에서 음식을 섭취할 수 있도록 지원한다.

보육교사는 이 시간에 유아의 편식지도, 영양교육, 식사예절 교육 등이 자연스럽게 이루어질 수 있도록 지도한다.

② 화장실 사용

유아들 스스로 화장실을 이용할 수 있도록 하되 뒤처리와 옷 정리는 잘하고 입었는지 변기의 물은 잘 내렸는지를 확인해 주어야 하며 필요한 경우 교사가 도와주어야 한다. 유아가 실수를 한 경우에는 수치심을 갖지 않도록 상호작용하며 깨끗이 씻기고 옷을 갈아입을 수 있도록 지원한다. 화장실을 사용한 후에는 꼭 손을 씻을 수 있도록 지도한다.

■ 유아가 꼭 손을 씻을 수 있도록 지도해야 하는 상황

- 등원 직후 손 씻기
- 음식을 먹기 전 손 씻기
- 화장실을 다녀온 후 손 씻기
- 바깥놀이 후 손 씻기
- 콧물 등 신체 분비물을 만진 후 손 씻기
- 식물, 애완동물을 만진 후 손 씻기
- 손에 이물질이 묻으면 손 씻기

③ 양치질하기

점심을 먹은 후 바로 양치질을 하도록 칫솔, 치약, 개별 양치컵을 준비해 준다. 보육교사는 유아에게 올바른 방법으로 이를 닦을 수 있도록 지도하고 스스로 이

닦기 습관을 기를 수 있도록 지원한다. 간식 후 양치질이 어려운 경우에는 물을 이용해 가글을 할 수 있도록 지도한다.

④ 휴식 및 낮잠

유아반의 경우에도 만 3세까지는 낮잠 시간을 꼭 계획하고 만 4~5세 유아들도 개별적인 요구에 따라서 낮잠이나 휴식을 취할 수 있도록 해 주어야 한다.

낮잠을 위해서는 이불, 요, 베개는 개별로 준비되어야 한다.

유아들의 편안한 낮잠 시간을 위해서는 조용한 분위기를 조성해 주고, 채광을 어둡게 조절해 주도록 한다.

잠들지 못하는 유아들이나 일찍 일어난 유아들은 별도의 공간에서 놀이하도록 하거나 보육실의 한쪽 공간에서 조용한 놀이를 할 수 있도록 해 주어야 한다.

(3) 실내 자유놀이

유아반의 경우 흥미영역 또는 놀이영역을 구성할 때 유아의 놀이가 방해받지 않도록 공간의 크기를 고려하여 구성해야 한다.

보육교사는 자유놀이시간 유아들의 놀이가 유지되고 확장될 수 있도록 관찰하기, 질문하기, 제안하기, 함께 참여하기의 방법으로 유아와 상호작용하고 유아들의 필요시 즉시 놀이자료가 지원될 수 있도록 하여 놀이를 직간접적으로 지원해야 한다.

교사는 유아들이 놀이에 몰입하여 놀이가 잘 이루어지면 놀이시간을 충분히 제공하여 놀이의 흐름이 끊기지 않도록 일과를 융통성 있게 조절해 주어야 한다.

(4) 바깥놀이

바깥놀이는 유아들의 발달을 위해 꼭 필요하다. 이에 유아들이 실외에서의 놀이가 활발히 이루어질 수 있도록 하기 위해 보육사업에는 정원 50인 이상 어린이집은 실외놀이터를 갖추도록 의무화하고 있으며, 50인 미만 어린이집은 자체 놀이터를 갖추기 어려운 경우 대체 놀이터를 이용하도록 되어 있다.

■ 어린이집 놀이터 놀이기구 종류

- (고정식) 대근육활동 놀이기구
  - 영유아의 발달을 위한 놀이기구
  - 그네, 미끄럼틀, 정글짐, 회전놀이기구, 공중놀이기구, 흔들놀이기구, 오르는 기구, 건너는 기구, 또는 이를 2가지 이상 결합한 조합 놀이대, 고정식 수영장 등 2종 이상의 대근육 활동 놀이기구를 결합한 조합 놀이대는 2종 이상 설치로 간주하며, 아동 안전을 위하여 영아용, 유아용으로 각각 구분하여 설치하는 것을 원칙으로 함.
    (예: 미끄럼틀, 건너는 기구를 결합한 조합 놀이대는 2종 설치로 인정)
  - 기타 고정식 대근육활동 놀이기구로 인정할 만한 놀이기구
- (이동식) 대근육활동 놀이기구
  - 영유아의 대근육 발달을 위한 놀이기구 중 이동이 가능하거나 실내용으로 제작한 놀이기구
  - 놀이집, 널빤지와 안전 사다리, 삼각대, 뜀틀, 평균대, 점핑 바운스, 구르기용 매트, 헌 타이어, 대형 블록류, 이동식 농구대, 이동식 수영장 등
  - 기타 이동식 대근육활동 놀이기구로 인정할 만한 놀이기구
- 모래놀이 기구
  - 영유아의 감각 및 정서발달 등을 위한 모래놀이 기구
  - 모래밭과 모래놀이대 등이 포함됨

* 물놀이 도구, 게임놀이, 공놀이, 사회극적 놀이도구(역할놀이) 등 놀이도구는 놀이기구에 해당하지 않음

출처: 2021년도 보육사업안내.

■ 대체 놀이터의 종류

- 옥내놀이터 : 어린이집 건물 내부의 실내외 공간에 설치한 놀이터
- 실내놀이터 : 어린이집 건물 내부의 방(이에 준하는 공간)에 설치한 놀이터
- 옥내중간놀이터 : 어린이집 중간층의 실외공간을 활용한 놀이터

* 건물 내부 공간 중 외기와 직접 접하는 공간(중간 옥상, 베란다 등)
- 옥상놀이터 : 어린이집의 최상층 바닥면 공간에 설치하는 놀이터
- 인근 놀이터 : 어린이집과 인접하여 설치한 실외놀이터
- 초등학교 놀이터의 경우, 놀이기구가 영유아의 연령에 맞지 않으며, 수업시간 시설물 사용은 사실상 어려우므로 대체(인근) 놀이터로 인정하지 않음.

출처: 2021년도 보육사업안내.

보육교사는 유아들이 실외에서 충분한 시간 동안 놀이가 이루어질 수 있도록 계획하고 지원해야 한다.

실외에서 유아들이 대근육 놀이기구를 이용한 놀이뿐만 아니라 신체를 이용한 달리기, 물 · 모래놀이와 같은 동적인 놀이와 텃밭 가꾸기, 자연물 관찰하기, 책 읽기, 미술놀이 등 정적인 놀이도 이루어질 수 있도록 지원해야 한다.

바깥놀이 시에도 교사가 놀이를 제안할 수는 있으나 유아들이 요구하는 놀이가 있다면 유아 주도로 놀이가 이루어지도록 교사가 지원하는 것이 바람직하다.

안전사고의 경우 실내에서보다 바깥놀이 시 큰 사고로 이어질 수 있으므로 교사는 유아들을 주의 깊게 관찰하고 안전을 위한 규칙들을 잘 지키며 놀이할 수 있도록 지도해야 한다.

(5) 정리시간

정리시간은 유아들이 놀이한 것을 스스로 정리하도록 지도해야 한다. 놀이 중간에 교사의 정리로 인하여 유아들의 놀이가 방해되지 않도록 주의해야 한다. 정

리할 때에는 교사가 모델링을 보이며 함께 정리할 수 있으나 유아가 정리에 참여할 수 있도록 지도해야 하고 유아들이 즐겁게 정리에 참여할 수 있는 여러 가지 방법을 찾아서 정리시간을 갖는 것이 중요하다.

정리시간을 통해 유아들은 또래들과 협력하는 태도를 기를 수 있으므로 교사는 이러한 상황에서 유아들을 격려하는 상호작용을 해 주어야 한다.

(6) 대소집단 활동

대소집단 활동은 교사 주도의 활동으로 이루어지는 경우가 많으므로 꼭 필요한 경우 최소한으로 진행되도록 계획되어야 한다. 대 · 소집단 활동은 유아들의 놀이를 지원하기 위한 가장 효과적인 방법으로 진행되어야 한다. 활동방법으로는 이야기 나누기, 동화 · 동극 · 동시, 신체표현, 게임 등이 있다.

(7) 귀가

유아들이 귀가하기 전 오늘 일과를 되돌아보고 놀이하며 즐거웠던 것을 기억하며 내일 놀이를 이어 갈 수 있도록 해야 한다. 부정적인 감정을 느꼈던 상황은 귀가 전 해결하고 마무리하는 시간을 가질 수 있도록 하는 것이 좋다. 교사는 귀가 전 유아가 자신이 가져갈 개인 소지품을 잘 챙길 수 있도록 지도해야 한다.

유아들의 귀가는 정해진 보호자에게 인계하여 안전하게 이루어지도록 한다. 귀가 지도 시 보호자에게 그날 어린이집에서 있었던 일들을 간단하게 전달해야 하나 대면으로 전달하기 어려운 상황에서는 알림장 등을 통해 서면으로 전달한다.

2) 유아를 담당하는 보육교사의 보람과 어려움

(1) 유아교사의 보람

첫째, 유아교사는 유아들로부터 교육활동에 대한 긍정적인 반응으로 피드백을 받을 때 보람을 느낀다.

유아교사에게 있어 가장 중요한 직무 중 하나는 유아들의 교육 활동을 진행하는 것이다. 교사는 관찰을 통해 유아들의 흥미와 관심을 파악하고 그에 따라 놀이와 활동이 이루어지도록 계획하고 준비한다. 준비하는 동안 교사는 유아들이 '얼마나 즐겁게 참여할까?', '어떤 반응을 보일까?'를 기대하게 된다. 교사는 자신이 기대한 바와 같이 열심히 준비한 교육 활동에 대해 유아들의 반응이 좋고 긍정적인 피드백이 있을 때, 자신이 계획한 놀이지원과 활동이 성공했다고 느끼게 된다. 성공에 대한 경험은 다양한 교수방법의 연구로 이어지게 되고 그로 인해 교육과정의 질이 향상되는 과정에서 보람을 느낀다.

> 환경수업을 했는데 아이가 집에 가서 수업에서 배운 것을 엄청 이야기한 거예요. 그 아이는 그 수업을 재미있고 인상적으로 봤나 봐요. (중략) 그 아이한테 인상적이었구나. 뿌듯하더라구요(B교사 1차 심층면담, 2020. 08. 05.).
>
> 출처: 김혜진(2021년).

> 제가 가장 좋아하는 주제가 '동식물과 자연'이거든요. 아이들이 좋아하기도 하고 저도 동물을 좋아해서 주제 전개할 때 여러 활동을 많이 생각해요. 아이들과 개구리 신체표현을 하려고 열심히 개구리 얼굴 모자, 손과 발을 아이들이랑 만들고 개구리를 직접 길러 보기도 하고 했는데 진짜 아이들이 개구리랑 똑같이 점프도 하고 혓바닥을 날름거리기도 하는 거예요. 아이들이 오늘 정말 재밌었다고 하면서 하원하는데 너무 뿌듯했어요(B교사 면담 2016. 7. 8.).
>
> 출처: 장지영(2017).

> 근무하면서 이런저런 힘든 일도 있었지만… 그 힘듦을 견뎌낼 수 있었던 원동력도 많았기에 지금까지 지내고 있지 않을까 생각이 듭니다. 가장 먼저 보람을 느낀 점은 아이들에게 교육을 함에 있어서 교육기관인 만큼 연구하고자 하는 마음가짐을 가지고 교육을 계획하고 실행했는데, 아이들이 좋아해 주고 흥미를 가져 줄 때 가장 기쁜 마음이 듭니다(H교사의 저널, 2014. 09.20.).
>
> 출처: 강주희, 이대균(2015).

둘째, 유아교사는 유아들이 교사를 신뢰하며 친밀감을 표현할 때 보람을 느낀다. 유아들이 교사인 자신을 좋아해 주고 우리 선생님이 최고라고 생각하며 표현해 줄 때, 교사의 말과 행동에 무한한 신뢰를 보낼 때 교사로서 자긍심을 갖게 되고 보람을 느끼게 된다.

> 하루는 귀가지도할 때 부모님께서 "어제 우리 아이가 시금치를 먹었어요"라며 좋아하시더라고요. 부모님이 "제가 맛있다고 먹어 보라고 할 때는 입에도 안 대고 맛이 없을 거라며 쳐다보지도 않더니 어제 선생님이 겨울 시금치는 달콤하고 맛이 있다고 했다며 시금치를 먹는 거예요 그리고는 '진짜 맛있네'라고 이야기하는데 선생님의 말을 엄마 말보다 잘 듣는구나 싶었어요"라고 말하는 데 기분이 좋더라고요. 아이가 저랑 어제 그림책을 보면서 이야기했던 것을 기억하고 그렇게 했던 것 같아요. 제 말을 믿어 주는 모습이 너무 예뻐 보였고, 교사로서 보람도 느껴졌어요(L교사 면담, 2021. 12. 8.).
>
> 출처: 서울시 K어린이집 D반 교사 면담 자료.

> 우리 선생님이 최고예요. 아무리 옆반 선생님이 예쁘다고 잘해 줘도, 혹시 잘못한 게 있어서 저한테 혼나도 우리 선생님이 제일 예쁘고 최고라고 생각하는 아이들인 거죠, 그럴 때 저도 고마운 마음입니다(D교사 1차 심층면담, 2020. 08. 28.).
>
> 출처: 김혜진(2021).

> 아이들이 저를 좋아해 줄 때도 그렇고 어머님한테 듣는 얘기들이 좀 더 보람되게 하는 것도 있어요. 아이들은 아직까지 저한테 표현을 안 하거든요. 좋아도 싫어도. 저한테 표현을 안 하고 집에 가서 이야기를 하나 봐요. 어떤 아이가, 그 아이는 평소에 대답도 잘 안 해요. 친구들하고는 잘 놀거든요? 제가 낯설었던 거예요. 그 아이는 3월부터 거의 7월까지 적응하느라 고생했던 것 같아요. 낯도 많이 가리고 다른 선생님과는 아예 눈도 안 마주치는데, 어느 날 아침에 교실에 들어오더니 가방도 안 벗고 제가 앉아있는 의자로 턱턱턱 걸어오더니 사탕을 한 개 놓고 가는 거예요. 말도 안하고 작은 목캔디를 놔두고 가는 거예요. 그래서 "이거 뭐야? 선생님 먹으라고 주는 거야?" 하니까 끄덕끄덕하고 가는 거예요. 어머님한테 얘기를 했더니 "선생님 좋아해서 선생님 줄 거야." 하면서 사탕을 가지고 갔대요. 그런 걸 보면 제 기분은 좋죠. 그 일은 정말 잊을 수가 없어요. 말로 표현할 수 없을 정도로 뿌듯했죠(F교사 면담, 2015. 8. 22.).
>
> **출처:** 소예은(2016).

셋째, 유아교사는 자신을 유아의 성장과 발달에 기여하는 중요한 사람이라고 인식할 때 보람을 느낀다. 교사의 이러한 인식은 자기 스스로 전문성을 인정하게 되어 교사직을 수행하는 데 자긍심을 갖게 되며 교사로서 역할수행의 만족도도 높아지게 한다. 또래와 갈등상황이 많았던 유아들이 교사의 지속적인 지도로 사회적 기술을 습득하고 또래와 긍정적인 관계를 맺는 법을 알아간다든지, 글자에 관심이 없었던 유아들이 교사의 다양한 문해 환경 지원을 통해 글자를 알아가는 즐거움을 경험하게 되고, 기본생활습관에 어려움을 보였던 유아들이 교사의 반복적인 지도를 통해 자주적인 습관이 형성되는 모습을 보게 될 때 교사는 유아의 성장과 발달에 기여하는 의미 있는 일을 하고 있다는 보람을 느낀다.

> 변화하는 거, 성장하는 걸 볼 때 제일 보람이 있는 것 같아요. 어떤 아이들은 말을 훨씬 잘하게 된다거나 아니면 학기 초에는 조금 폭력적인 성향도 있고 아이들이랑 갈등이 좀 잦은 유아였는데 지내면서 점점 부드럽게 다른 친구들이랑 의견을 조율하는 것을 볼 때 '진짜 많이 성장했다.' 생각하면서 보람을 많이 느껴요(A교사 면담, 2015. 8. 10.).
>
> **출처:** 소예은(2016).

> 학기 초 아이들에게 가장 많이 들은 이야기는 '선생님이 해 주세요', '선생님 이거 안 돼요', '도와주세요'인 것 같아요. 그런데 이제 그 아이들이 많이 자라서 스스로 해결하는 것들이 많아지고 교사의 도움 없이도 친구들과 놀이를 지속하고 확장해 나가는 모습을 보면서 그동안 힘들었던 것들을 보상받는 것 같은 느낌이 들 때가 있어요. 아이들이 성장해 가는 모습을 볼 때 교사로서 보람이 가장 큰 것 같아요(J교사 면담, 2021. 12. 6.).
>
> **출처 : 서울시 K어린이집 F반 교사 면담 자료.**

(2) 유아교사의 어려움

첫째, 유아교사는 유아들의 호기심과 지적 능력의 발달을 확장 · 심화하는 교육내용을 선정하고 이를 수행한다. 또한 이에 대한 평가를 적용하는 일련의 과정을 거친다. 이로 인해 유아교사는 많은 노력과 오랜 시간이 걸리는 현실적인 어려움을 느낀다. 또한 이러한 과정에서 수업의 결과물을 산출해 내야 한다는 부담감도 경험한다(강주희, 이대균, 2015).

유아교사는 교육계획을 위해 유아들의 놀이를 관찰한 것을 정리하고 평가하여 유아의 흥미와 관심을 발견해 내고, 놀이가 지속되고 확장되도록 계획하고, 교재교구를 준비하는 과정에서 많은 노력과 오랜 시간을 필요로 한다. 그러나 이러한 준비 시간이 충분하지 않음으로 인하여 근무 시간 외에도 준비를 해야 하는 어려움을 경험한다. 또한 유아교사의 자질 중 교육적 측면이 강조되면서 유아들이 교육목표를 도달할 수 있는 결과를 얻어야 한다는 부담감을 느끼게 된다.

> 교사니까 수업이 가장 큰 업무잖아요. 수업을 열심히 준비했는데 아이들이 흥미 없어하거나 생각대로 수업이 되지 않으면 좌절하게 되더라구요. 내가 수업을 잘 못하는 교사인가 싶어서 우울해져요(E교사 면담, 2016. 12. 22.).
>
> **출처: 장지영(2017).**

동극 같은 경우에는 소품이나 이런 걸 같이 준비하잖아요. 배경판을 같이 그리고 아이들과 함께 소품을 준비했는데 그날 따라 한 명이 고집을 부리는 거예요. 하기 싫다고 고집을 부려서 그 아이를 지도하느라 동극을 할 수 있는 시간이 줄어든 거예요. 역할을 바꿔서 한 번 진행할 수도 있었을 텐데… 교육 활동이 잘 이루어지지 않았을 때 힘든 것 같아요(C교사 면담 2016. 7. 8.).

출처: 장지영(2017).

아이들을 하루 종일 보면서 일지 작성해야 하고, 관찰기록 정리하고, 내일 놀이를 지원할 자료를 찾아서 준비하거나 제작하려면 근무시간 안에 다 하기는 어려운 것 같아요. 그래서 집에 가져가서 하거나 주말까지 하는 경우도 있어요. 근무시간 안에 끝내고 싶은데 그럴 수 없는 점이 너무 힘들고 어려워요(L교사 면담, 2021. 12. 8.).

출처 : 서울시 K어린이집 D반 교사 면담 자료.

둘째, 유아교사들은 유아들의 기본생활습관 지도 및 바른 인성지도와 예절지도를 하는 상황에 어려움을 느낀다(문송이, 2007).

유아교사는 일과 중 바른 자세로 편식하지 않고 식사하기, 정리정돈하기, 집단생활에서의 규칙 지키기 등의 다양한 생활지도를 하고 있다. 생활지도는 유아의 수준에 맞춰 교사의 일관된 태도로 반복적인 지도가 필요하기 때문에 교사의 인내심이 요구된다. 또한 교사가 상황에 따른 효과적인 지도방법에 대해 고민하는 과정에서 어려움을 경험한다. 그리고 교사의 노력에도 불구하고 긍정적으로 개선되지 않을 때 어려움을 느낀다.

힘들긴 하죠. 정말 반복해서 많이 지도하니까요. 처음에는 거의 하루 종일 화장실 가는 거 배우고, 복도 다니는 거 배우고, 물 먹는 거 배우고 이런 것만 해도 한 달이 다 가거든요(B교사 2차 심층면담, 2020. 09. 09.).

출처: 김혜진(2021).

> 기본생활은 습관이 되어야 하는 것이기 때문에 반복적으로 계속 지도해야 하잖아요. 그런데 기본생활습관이 금방 잘 잡히는 아이가 있는 반면 나를 놀리는 것일까 하는 정도로 잘 안 되는 아이들이 있어요. 학기가 다 끝나가는 데도 내 앞에서 줄 서기를 하는데 바르게 서서 기다리지 못하고 친구들을 밀치거나 장난쳐서 친구들을 다치게 할 때면 교사로서 그러면 안 되는데 화가 나는 경우도 있어요(P교사 면담, 2021. 12. 10.).
>
> **출처: 서울시 K어린이집 C반 교사 면담 자료.**

셋째, 유아교사는 유아의 문제행동에 대한 지도에 어려움을 느낀다.

유아의 문제행동은 부정적 정서표출, 충동적 행동, 주의력 결핍, 조절능력 부족, 공격성, 거짓말 등 외현화된 문제행동과 불안, 위축, 두려움, 슬픔에서 오는 과도한 정서 표현 등 다양하게 나타난다(보건복지부 외, 2013). 문제행동의 원인 또한 발달 단계와 개인적 기질 및 특성, 심리적 원인, 주변 환경의 영향 등 다양하다. 이로 인해 교사는 유아의 문제행동에 대한 적절한 지도방법을 찾는 것에 어려움을 경험한다. 또한 문제 행동 지도로 인해 수업 및 활동을 원활하게 진행할 수 없는 어려움을 느낀다. 그리고 다른 유아들의 요구도 들어주어야 하기 때문에 충분한 시간을 갖고 지도할 수 없는 점에서 어려움을 경험한다.

> 문제행동을 보이는 아이가 있잖아요, 그 아이에게 해 주는 중재방법은 너무 다 다른 것 같아요. 어떤 아이에게는 이 방법이 통했는데 다른 문제행동을 보이는 비슷한 행동이어도 그렇게 중재하면 오히려 역효과가 나는 것 같아서 아직까지도 가장 어려운 문제인데… (C, 7:211-214).
>
> **출처: 김주희(2016).**

> 저는 어머니께 도움을 요청하려고 전화를 하긴 해요. 하지만 내가 어머니한테 어떤 도움을 어떻게 요청해야 하는지를 아직은 모르겠어요. 그 부분에 대해서 내가 잘 알고 어머니께 '이제 이 아이에게 이렇게 이렇게 상호작용해 주시고 훈육해 주셔야 해요' 이런 도움을 요청할 어떤 목록들이나 사항들이 있어야 하는데… 내가 구체적으로 가지고 있어야 하는데 그게 어려운 거예요(윤 교사, 2011. 8. 20.).
>
> **출처: 송나리(2011).**

왜 7살이라고 하면 수업진행도 중요하고 깊이 있게 수업해야 하는 상황에서 대그룹 수업을 할 때 아이가 이런 행동을 보이면 갈등상황을 조절한다거나 이 아이와 개별적인 면담을 갖게 되잖아요. 그러다 보면 문제행동을 보인 아이를 제외한 같은 반 친구들이 이 아이로 인해 교사가 그 시간이 많이 할애하니까 수업진도에 있어서도 간혹 방해가 되는 부분이 없지 않아 있었어요. 아이가 문제행동을 보일 경우, 지원되는 에너지와 시간이 필요하다 보니 수업의 맥락이 끊기기도 하구요(B,4:111-117).

출처: 김주희(2016).

지도 시 다른 유아들을 돌보지 못하는 어려움이 있는데 일단은 수업하다가 그 친구한테만 무조건 집중하고 그 친구가 이해할 때까지 얘기해 주고 싶은 마음은 당연히 있죠. 저도 오랜 시간 얘기도 하고 했는데 언제까지나 애 하나만 붙잡고 할 순 없잖아요. 다른 애들은 방치가 되는 거니까. 물론 바로 얘기를 해야 하는 문제행동을 보이면 바로 얘기해 주긴 했지만 너무 길어질 순 없잖아요. (중략) 다른 아이들과 활동을 진행해야 하니까 진심으로 뉘우치고 이런 것은 없던 것 같아요.(D,4:110-120)

출처: 김주희(2016).

5. 연장반 보육교사의 직무수행

1) 오후 일과와 영유아를 존중하는 연장교사의 역할

(1) 연장반 아이들 맞이하기

연장반은 연령이 혼합되어 구성되는 경우가 많고, 여러 반에서 한 공간으로 모여 보육이 이루어진다. 따라서 기본반에서 보육실이 달라져서 연장반으로 오게 되는 아이들이 불안하지 않을 수 있도록 반갑고 편안한 태도로 아이들을 맞이해야 한다.

기본반 보육교사로부터 연장반으로 오는 아이들을 인계받을 때 인원수를 정확하게 확인하고, 영유아의 건강상태라든지 오전 일과 중 특이사항(건강상태, 투약의뢰 등)을 전달받는다. 사안의 내용에 따라 대면하여 받을 수 있고, 기록을 남긴 것을 전달받을 수도 있다.

(2) 자유놀이

교사는 영유아가 흥미를 보이는 놀이를 할 수 있도록 환경을 마련해 주고, 여러 연령이 함께 있으므로 발달특성에 따른 다양한 놀잇감을 준비해 주어서 놀이가 잘 유지될 수 있도록 지원해 주어야 한다. 놀이 중 교사는 영유아의 관심과 요구를 읽어 내고, 언어적 · 비언어적으로 민감하게 반응해 주도록 한다. 또 오전 일과를 보낸 영유아들이 힘들어 할 수 있으므로 편안한 환경을 마련해서 휴식을 원하는 경우 쉴 수 있도록 배려하는 것이 필요하다.

(3) 귀가지도

귀가동의서에 기록된 보호자인지를 확인하고 귀가시켜서 안전한 귀가가 이루어지도록 해야 한다.

영유아의 개별 소지품을 미리 챙겨두고 귀가 시 꼭 챙겨 보낸다.

기본반 보육교사가 전달해 준 내용이 있다면 잘 확인하고 귀가 시 보호자에게 전달한다.

2) 연장반 교사의 보람과 어려움

(1) 연장반 교사의 보람

첫째, 연장반 교사는 돌봄과 쉼을 제공하는 보육전문가로서 정체성을 알고 직무를 수행하는 과정에서 보람을 경험한다.

연장반을 이용하는 영유아들은 장시간 어린이집에서 생활하게 된다. 그래서 연장반 교사는 연장반을 이용하는 영유아들이 어린이집을 좀 더 평안한 곳으로 느끼도록 돌봄과 쉼 위주의 일과 운영과 양육적인 교사의 직무를 중요하게 여긴다. 따라서 연장반 교사는 영유아들이 긴장되었던 몸과 마음의 쉼을 얻고 편안함과 정서적 안정감을 느낄 때 직무수행의 만족도가 높아지고 보람을 경험한다.

> 연장반에서 생활하는 영유아들은 정규 일과시간보다 좀 더 자유롭고 타이트한 일과보다 여유로운 시간을 보낼 수 있어요. 이에 아이들에게 편안하고 안전한 물리적 환경을 제공할 수 있고 심리적으로 안정감을 갖도록 돕는 역할을 수행하는 데 있어 보람을 느끼죠(김교사면담, 2020. 10. 15.).
>
> **출처: 이남수, 임민정(2021).**

> 오전일과를 마친 영유아들이 또 다른 교사와의 만남에서 자신의 몸을 맡기며 포근히 안기는 모습을 보며 정서적 지원이 필요함을 인식하게 되었고, 관심을 표현하며 안아 줄 때 정서적 안정감을 느끼는 모습을 보면서 보람을 느꼈어요(김교사면담, 2021. 3. 23.).
>
> **출처: 이남수, 임민정(2021).**

둘째, 연장반 교사는 영유아와 애착이 잘 형성되고 정서적 교류가 이루어질 때 보람을 느낀다.

영유아들이 연장반으로 이동하는 시간을 기다리고, 연장반 교사에게 달려와서 선생님을 부르며 안기는 등 영유아들로부터 사랑받고 있다고 느낄 때 연장반교사로서 기쁨을 느낀다. 또한 영유아들이 교사의 정서 상태를 함께 공감해 줄 때 보람을 느낀다.

> 그날그날에 따라서 다른데. 일과를 마치고 나서보다는 출근했을 때, "선생님" 하면서 뛰어올 때 '아아~ 좋구나' 하고 느껴요(김교사면담, 2021. 3. 23.).
>
> **출처: 이남수, 임민정(2021).**

> 주말을 지내고 왔는데 연장반 아이가 "선생님 주말 동안 보고 싶었어요. 그래서 내가 엄마한테 오늘은 늦게 데리러 오라고 했어요"라고 말하는데 눈물이 핑 도는 거예요. 그 말이 연장반 교사를 하는 데 큰 힘이 되었어요(S교사 면담, 2021. 12. 2.).
>
> **출처: 서울시 K어린이집 유아반 연장교사 면담 자료.**

> 하루는 몸이 피곤해서 저도 모르게 얼굴 표정이 좋지 않았나 봐요. 그때 한 아이가 저에게 와서 "선생님 슬픈 일 있어요?"라고 묻는 거예요. "왜 선생님이 슬픈 것 같니?" 라고 묻자 "선생님이 안 웃어서요"라고 말하는 거예요. 그리고는 "선생님 내가 웃겨 줄게요"라며 개그맨 흉내를 내는 거예요…(중략) 아이가 나의 기분과 감정까지 느끼는 구나 싶어 좋지 않은 얼굴 표정을 아이에게 들켰다는 생각에 부끄럽더라고요, 그리고 나를 웃겨주려고 애쓰는 아이에게 고마웠어요…(중략) 나만 아이에게 준다고 생각했는데 나도 아이들을 통해 기쁨을 느낀다는 생각을 하게 되었어요(C교사 면담, 2021. 12. 2.).
>
> **출처: 서울시 K어린이집 유아반 연장교사 면담 자료.**

(2) 연장반 교사의 어려움

첫째, 교사의 전문성과 자율권이 인정되지 않는 상황에서 어려움을 느낀다.

연장반 교사는 정교사의 처우개선 일환으로 연장 보육이 도입됨에 따라 담임교사로 지칭되었지만, 교사로서의 전문성과 자율권이 인정되지 않는 현실적인 어려움을 경험한다. 어린이집 기본반 담임교사와 비교되어 보조교사의 역할로 인식되는 경우가 많아서 영유아놀이 지원이나 생활지도 과정에서 기본보육 담임교사가 개입하는 상황이 많이 발생한다, 그로 인해 보육교사로서 전문성과 자율권을 침해받는 것에 대해 어려움을 느낀다.

> 연장반 담임으로 직무하고 있지만 기본반 담임교사가 연장반에서 연장반 담임인 나보다 권한을 행사하는 경우가 종종 있어요. 가령 연장반 아이들이 놀이하는 모습을 보며 기본반 담임교사가 문제 행동을 지시하거나 중재 역할을 하는 등 오히려 나에게 지시하면서 보조교사의 역할을 담당하고 있다는 착각을 하게 만들어요. 이렇듯 담임교사로서의 전문성과 자율성이 보장되지 않을 때 역할에 대한 어려움이 생기죠(정교사면담, 2020. 3. 27.).
>
> **출처: 이남수, 임민정(2021).**

> 동료교사들과 역할업무에 대해 소통할 시 다른 부분보다 안전에만 신경써달라는 이야기를 전해 들을 때 보육교사로서 아이들에게 의미 있는 타인이 되기 위해 다양한 방법을 시도해 보고 적용해 보고 싶은 열망이 사라질 때 어려움을 느껴요(정교사면담, 2021. 3. 26.).
>
> **출처: 이남수, 임민정(2021).**

둘째, 연장반교사는 연장반 전담 보육실의 부재에서 오는 어려움을 경험한다.

연장보육은 연장반을 이용하는 영유아들에게 별도의 장소를 마련하여 독립적으로 운영하도록 권장된다. 그러나 현실은 어린이집 공간의 부족으로 인해 연장반 전담 보육실을 따로 둘 수 없는 경우가 많다. 별도로 연장반 보육실이 없는 경우 기본반 보육실을 이용하게 되는데 이때 기본반과 공유하여 사용하는 것에 따른 물리적 불편이 초래된다. 기본반과 다른 놀잇감을 제공해 주기 위해 공간을 마련하는 데 어려움이 있고, 기본반에서 놀이하던 것이 정리되지 않은 상황에서 연장반으로 이어지면 연장반 놀이에도 영향을 미치게 된다. 이로 인해 연장반 교사는 영유아들의 관심과 흥미에 따라 환경을 구성해 주거나 놀잇감을 제공해 주는 데 한계가 있음을 경험하며 어려움을 느낀다.

> 어린이집에서는 기본반에서 했던 놀이보다 새로운 놀이로 진행되길 원하는데, 동일한 물리적 환경에서, 별도의 공간 없이 연계된 놀이 공간에서 새롭게 놀이를 셋팅하여 진행하는 것이 너무 어려워요(김교사면담, 2021. 3. 23.).
>
> **출처: 이남수, 임민정(2021).**

> 기본반에서 놀이가 활발이 진행되어서 보육실의 반 이상을 마트로 구성해 놓았어요, 기본반 선생님이 내일도 마트 놀이가 이어져야 하니 연장반 아이들이 부수지 않도록 해달라는 요청을 받았어요. 그러다 보니 연장반 아이들을 자유롭게 놀이하게 하지 못했어요. 마트 놀이를 궁금해하는 연장반 아이들에게 혹시라도 망가트릴까봐 그쪽으로는 못 가게 하고 활동범위가 큰 신체놀이는 못하게 할 수 밖에 없었어요. 어렵겠지만 연장반 보육실이 별도로 있었으면 좋겠다고 생각했어요(S교사 면담, 2021. 12. 2.).
>
> **출처: 서울시 K어린이집 유아반 연장교사 면담 자료.**

제7장
보육교직원과의 관계형성

어린이집은 보육교사 외에도 간호사, 영양사, 조리사, 운전기사, 보육도우미, 환경미화원, 차량 운전기사 등 어린이집 규모에 따라서 다양한 교직원이 함께 일하게 된다. 이 모든 어린이집 교직원들은 영유아가 안전하고 행복하게 생활하며 성장과 발달을 이루도록 하기 위한 공동의 목표를 가지고 있다. 공동의 목표를 이루기 위해서는 교직원들 간에 좋은 관계를 형성하여 협력해야 한다. 동료 교직원들과의 긍정적인 관계는 교직원들의 직무에 대한 만족도를 높인다.

어린이집은 대체로 소규모 조직이기 때문에 어린이집 내의 교사 간 융통성 있는 업무 조정이 요구된다. 업무조정 과정에서 보육교사는 의사소통이나 갈등관리와 같은 인간관계에 관련된 어려움을 경험하게 된다.

갈등은 어느 조직 안에나 있게 마련이다. 따라서 갈등을 회피하는 것이 아니라 갈등의 원인을 찾고 해결하려는 노력이 필요하다. 또한 교사들 간의 상호 협동적이고 긍정적인 인간관계는 교사, 유아, 부모들에게도 긍정적인 영향을 미치게 되어 질적으로 우수한 교육을 제공할 수 있으므로 동료 교사들과 상호협력하려는 자세는 중요하다(함남희, 2010).

이를 위하여 보육교사 스스로 자신의 발전에 대해 책임감을 갖고 다른 교직원들의 전문성을 인정해 주고, 서로 이해하고 배려하기 위해 노력하며 갈등 발생 시 이를 적극적으로 해결하려는 노력이 필요하다.

1. 보육교직원과의 긍정적인 관계형성

1) 보육교직원들 간에 긍정적인 관계형성을 위한 태도

보육교직원들 간에 긍정적인 관계를 형성하기 위해서는 스스로 자존감을 높이고, 자기 자신을 먼저 개방할 수 있어야 하고, 서로의 전문성을 인식하고 존중하며, 스스로 책임감을 갖는 태도가 필요하다.

(1) 자존감 높이기

사람은 스스로 자신을 소중하게 생각하고 자신에 대해 긍정적으로 생각할 수 있어야 다른 사람을 소중히 생각할 수 있다. 따라서 보육교사는 먼저 자신에 대해 긍정적으로 생각하며 자존감을 높여야 함께 일하는 교직원도 소중히 여기며 존중할 수 있다. 이를 위해 보육교사로서 지금 있는 모습 그대로의 자신의 강점과 보완할 점을 알고 받아들이며 인정할 수 있어야 한다. 또한 자신의 강점이 어린이집에서 일을 하는 데 업무효율을 높여서 다른 동료 교직원들에게 도움을 줄 수 있다면 긍정적인 관계를 맺는 데 도움이 되기 때문에 자신만의 강점을 만들도록 해야 한다.

〈표 7-1〉 자존감 체크리스트

문항	① 전혀 그렇지 않다	② 별로 그렇지 않다	③ 보통 이다	④ 조금 그렇다	⑤ 매우 그렇다
1. 나는 가치 있는 사람이라고 생각한다.					
2. 나에게는 좋은 점이 많다고 생각한다.					
3. 나는 무슨 일이든 다른 사람만큼 잘할 수 있다.					
4. 나는 나 자신에게 긍정적인 태도를 가지고 있다.					
5. 대체로 나는 나 자신에 대해 만족한다.					
6. 나에게는 자랑할 만한 것이 별로 없는 것 같다.					
7. 나는 스스로를 지금보다 좀 더 존중할 수 있게 되기를 바란다.					
8. 대체로 나는 실패한 사람이라는 느낌이 든다.					
9. 나는 쓸모없는 사람이라는 생각이 든다.					
10. 나는 잘하는 것이 아무것도 없다는 생각이 들 때가 있다.					

출처: 서정은(2016).

(2) 자기 개방하기

사람과의 관계를 맺기 위해 먼저 해야 하는 것 중에 하나가 자기 자신을 다른 사람에게 보여 줄 수 있어야 한다. 자신의 긍정적인 부분도 보여 주어야 하지만 때로는 자신의 부족한 부분도 드러낼 필요가 있다. 보육교직원과의 관계에서는 자기 자신을 감추기 위해 벽을 만들고 다른 사람을 대한다면 진솔한 관계를 만들기 어렵고, 관계를 지속하기 어렵다. 자신의 고충을 드러냈을 때 다른 교직원들도 공감하며 나를 이해하게 되고 이를 통해 좋은 관계를 맺을 수 있다. 따라서 교직원들과 긍정적인 관계를 맺기 위해 자신의 부족한 점, 어려운 점 등도 드러내는 자기 개방이 필요한 경우도 있다.

(3) 전문성 인정하고 존중하기

보육교사는 전문지식을 바탕으로 영유아의 전인적 성장과 발달을 지원하는 전문가이므로 서로를 전문가로서 인정하고 존중하는 태도가 필요하다.

이를 위해 전문가로서 전문성을 갖추기 위해 스스로 노력해야 하고 다른 보육교사들과 보육에 대한 신념을 공유함으로써 영유아들을 교육할 때 서로 다른 지원방법의 합의점을 찾고 협력할 수 있게 된다.

또한 어린이집에는 보육교사뿐 아니라 보육도우미, 간호사, 영양사, 조리사, 차량기사 등 다양한 업무를 맡은 교직원이 함께 근무한다. 이들과는 하는 업무가 다르므로 서로 이해하지 못하는 부분이 있을 수 있다. 따라서 갈등이 생기기 전 다른 교직원들의 전문성을 인정하고 서로의 입장에서 이해하려는 노력이 필요하다. 이를 위해서는 무엇보다 서로를 존중하는 태도가 필요하다.

어린이집에서 보육교직원 간에 존중하기 위한 태도는 다음과 같다.

- ○○ 선생님, 조리사님, 기사님 등과 같이 적절한 호칭을 사용한다.
- 나이, 경력, 맡은 업무와 관계없이 서로 존중하는 태도를 갖고, 존댓말을 사용한다.
- 회의 시 모든 교직원은 평등한 입장에서 의견을 자유롭게 제시할 수 있어야 하고, 가장 적합한 의견으로 합의되어야 한다.
- 영유아, 부모 앞에서 동료 교직원의 부정적인 이야기를 하지 않아야 하고, 다른 동료 교사들과도 뒤에서 비난하지 않는다.
- 동료 교직원의 실수에 대해서는 그 부분에 대해서만 이야기 나누고 긍정적으로 표현하려고 노력한다.

〈표 7-2〉 보육교사 전문성 체크리스트

문항	① 전혀 그렇지 않다	② 별로 그렇지 않다	③ 보통 이다	④ 조금 그렇다	⑤ 매우 그렇다
1. 영유아를 보호, 교육하는 일은 매우 중요하다.					
2. 보육교사는 사회적으로 필요한 직업이다.					
3. 보육교사는 주변사람들로부터 전문직으로서의 적절한 사회적 대우와 존경을 받고 있다고 생각한다.					
4. 보육교사가 되기 위해 자격증을 취득하는 것에 대해 후회 없이 만족한다.					
5. 보육교사직은 안전성이 있다고 생각한다. (예를 들어 정년문제, 해직문제 등)					
6. 보육교사직은 같은 학력을 가질 수 있는 타 직업에 비해 보수가 좋은 편이라고 생각한다.					
7. 보육교사직은 사회발전에 기여하는 직업이다.					
8. 보육교사직은 사적인(개인적인) 일을 다소 희생하더라도 보육에 충실하도록 노력해야 한다.					
9. 보육교사로서 나의 업무수행은 원장 또는 주임교사(외부)로부터 간섭 없이 이루어져야 한다고 생각한다.					
10. 나는 보육교사가 된다면 학급 운영에 대한 결정권은 나에게 있다고 생각한다.					
11. 우리 반에서 발생하는 사건에 대한 책임은 교사에게 있다고 생각한다.					
12. 보육교사가 된다면 어린이집 운영에 대한 중요한 결정에 적극적으로 참여하여야 한다고 생각한다.					
13. 나는 나의 보육하는 일에 신념을 갖고 있다.					
14. 보육교사로서 지켜야 할 윤리적 실천사항(예를 들면 윤리강령)을 준수할 수 있다.					
15. 나는 보육교사가 된다면 실천사항을 스스로 규정하여 그 역할을 충실히 할 수 있다고 생각한다.					

문항	① 전혀 그렇지 않다	② 별로 그렇지 않다	③ 보통 이다	④ 조금 그렇다	⑤ 매우 그렇다
16. 영유아 및 학부모의 사적인 정보는 특별한 경우가 아니면 보호되어야 한다고 생각한다.					
17. 보육교사는 영유아의 개인차를 인정하고 수용하며 존엄성을 인정해야 한다.					
18. 나는 보육교사가 된다면 영유아들이나 그의 부모들과 적절한 심리적 거리를 유지할 수 있다고 생각한다.					
19. 나는 보육교사가 된다면 영유아를 객관적으로 관찰할 수 있다고 생각한다.					
20. 나는 문제 상황에서 감정을 조절할 수 있다고 생각한다.					

출처: 김미정(2017).

(4) 책임감 갖기

보육교사는 영유아 보육, 가족지원, 지역사회 연계를 위해 보육과정을 진행하는 것 이외에 문서작성, 안전, 청결관리, 어린이집 행사준비 등 다양한 업무를 수행한다. 그러한 업무는 보육교직원의 역할에 따라 담당업무를 정해서 진행하게 된다. 그렇기 때문에 보육교사 자신이 맡은 업무를 충실히 해내지 못할 경우 동료 교직원들에게 피해를 줄 수 있고 이러한 상황이 반복되다 보면 동료 교직원들과 긍정적인 관계 맺기가 어려워질 수 있다. 따라서 보육교사는 책임감을 갖고 맡겨진 일은 최선을 다해서 충실히 수행하도록 노력해야 한다. 만약 맡겨진 업무를 수행하기 어려운 경우 미리 동료 교직원에게 이유를 이야기하고 도움과 협조를 구하는 것이 좋은 관계를 맺을 수 있는 방법이다.

2. 보육교직원과의 갈등 해결을 위한 의사소통

〈표 7-3〉 **보육교직원 갈등 사례 워크시트 1**

워크시트1
• 교사 A: 경력 8년 차이고 주임교사이다. • 교사 B: 경력 1년 차 초임교사이다. • 보육교사 갈등 사례 보육교사 A와 B는 만 1세 담임교사이며 팀티칭으로 한 보육실에서 아이들을 보육하고 있다. 보육교사 A는 주임교사로 전체 원의 행사 준비, 행정업무를 해야하기 때문에 반에 대한 일은 B교사가 더 많이 책임을 져야 하는 상황이 발생한다. 특히 오후 시간에 주임 교사가 원 전체 업무를 위해 보육실을 나가게 되면 B교사는 오후 시간 내내 보육실에서 보육을 해야 하는 상황이 발생하게 된다. 이러한 상황이 지속되면서 서로 간에 갈등 상황이 발생하였다.

A교사는 보육실을 나갈 때 어떤 마음과 생각이 들까요?	
B교사는 오후 시간까지 보육을 책임져야 할 때 어떤 마음과 생각이 들까요?	
갈등 상황을 어떻게 해결하면 좋을까요?	

〈표 7-4〉 보육교직원 갈등사례 워크시트 2

워크시트 2
• 교사 A: 경력 3년 차이다. • 교사 B: 경력 4년 차이다. • 보육교사 갈등 사례 보육교사 A와 B는 만 2세 담임교사이며 팀티칭으로 한 보육실에서 아이들을 보육하고 있다. 서로 잘 협력하며 보육을 하고 있으나 때로는 기본생활습관 지도를 하는 데 있어서 서로 다른 생각으로 인해 갈등을 겪고 있다. 점심시간에 교사가 먹여 주어야만 밥을 먹는 영아가 있다. 교사가 먹여 주지 않으면 혼자서는 잘 먹으려 하지 않는다. A교사는 한 번이나 두 번 정도 스스로 먹어 볼 수 있도록 지도하다가 그래도 안 먹으면 모두 먹여 준다. B교사는 스스로 먹어 볼 수 있는 기회와 시간을 더 주고 싶어 한다. 그래서 계속적으로 먹어 볼 수 있도록 상호작용해 주며 기다려 준다. 그러다 보니 다른 영아들의 식사 지도는 주로 A교사가 하게 되고 식사시간이 길어짐에 따라서 오후 일과가 다 늦어지게 되는 상황이 발생한다. 이러한 상황이 지속되면서 서로 간에 갈등 상황이 발생하였다.

A교사는 왜 한 번이나 두 번 정도 스스로 먹어 볼 수 있도록 권유하고 모두 먹여 줄까요?	
B교사는 왜 영아가 스스로 끝까지 먹을 때까지 상호작용 하면서 기다려 줄까요?	
갈등 상황을 어떻게 해결하면 좋을까요?	

보육교직원 간의 갈등해결을 위해 의사소통은 중요한 요인이 된다.

인간관계에 있어 의사소통은 무엇보다 중요한 수단이다. 자신의 요구와 욕구를 표현하고 타인의 요구와 욕구 또한 이해하여야 하며 이에 반응하는 메시지를 지속적으로 주고받을 때 비로소 서로 간 관계의 실현이 가능하기 때문이다(박근주, 서혜전, 노성향, 강경민, 이상혁, 오현주, 2019).

갈등을 해결하기 위한 위사소통방법으로는 I-message 사용하기, 자신의 감정을 조절하기, 경청하기, 결과 중심의 사고하기가 있다.

1) I-message 사용하기

다른 교직원과의 갈등 상황에서 의사소통을 해야 할 경우에는 I-message의 방법으로 대화를 나누어야 한다.

I-message는 '나'를 주어로 하는 메시지 전달 방법이다.

I-message는 '나는 어떻게 생각한다', '나는 어떠한 감정을 느꼈다'와 같이 나의 상태나 반응을 중점적으로 이야기하게 된다. 반면 YOU-message의 경우 '너 때문에 이렇게 됐다.'는 비난하는 말로 이어져서 갈등이 깊어질 수 있다. 따라서 갈등 상황에서는 다른 교직원이 내가 했던 반응의 이유를 들으며 나를 이해할 수 있고, 더 부드러운 대화를 이어 나갈 수 있도록 I-message의 방법을 이용해서 대화를 나누어야 한다.

2) 자신의 감정 조절하기

교직원 간에 갈등 상황이 생기면 감정이 좋지 않을 수 있다. 이러한 상황에서 감정적인 대응은 상황을 더욱 악화시킬 수 있다. 따라서 대화할 때 말하는 톤을 낮추고, 화를 누르고 차분한 분위기를 유지해서 갈등이 완화될 수 있도록 감정을 조절해야 한다.

3) 경청하기

교직원과의 갈등 해결을 위해 의사소통할 때 가장 중요한 것이 경청하기이다. 서로 간에 진심으로 들어 주는 태도가 갈등 해결의 시작이 될 수 있다. 따라서 갈등 상황에서 대화를 나눌 때는 눈을 마주보고 이야기 나누며, 말을 하는 것보다 듣는 것에 더 초점을 두고 상대방이 이야기하는 중간에 말을 끊지 말아야 한다. 또한 공감되는 말에는 적극적으로 공감하는 표정이나 말로 표현하는 것이 갈등 해결을 위해 긍정적인 결과를 이끌어 낸다.

4) 결과 중심 사고 갖기

교직원 간에 갈등 상황이 있을 때는 내 의견이 관철되지 않더라도 결과적으로 좋은 성과를 이룰 수 있도록 갈등을 해결하는 것을 우선으로 생각해야 한다, 이를 위해 갈등 상황에서 양보할 수 있는 태도도 필요하다.

제8장
학부모 및 지역사회와의 협력

1. 학부모와의 관계형성

보육교사와 학부모는 영유아의 성장과 발달에 관한 공동의 목표와 관심을 가지고 함께 협력해야 하는 관계이다.

부모와 협력적인 관계(Familly-school partnership)라는 용어는 부모가 적극적으로 참여하여 유아교육 기관과의 상호적인 관계를 갖는 것이다(Bae, 2002; Swick, 1991).

교사와 부모는 영유아에 대해 정보를 공유하고 의사소통함으로써 신뢰로운 관계를 유지하며 협력하고 상호 보완해 가야 한다. 이를 통해 영유아에 대한 이해를 바탕으로 부모와 교사가 일관된 교육을 할 수 있게 되고 이것이 영유아의 안정적인 성장과 발달을 이루도록 하는 데 많은 영향을 미치게 되기 때문이다.

유아교육은 부모와 교사가 상호신뢰를 바탕으로 보다 원활한 상호작용으로 협조할 때 바람직한 유아의 성장과 발달을 도모할 수 있는 특성이 그 어느 단계의 교육보다 강하다고 강조하고 있다(윤기영, 박상님, 2000). 따라서 보육교사는 부모와 협력적인 관계를 맺기 위해 구체적인 방안을 모색하는 것이 필요하다.

보육교사는 부모와 협력적인 관계를 맺기 위해 다음과 같은 태도를 가져야 한다.

첫째, 교사는 부모의 역할에 대해 이해와 존중하는 자세를 갖는다.

둘째, 교사는 영유아의 가정생활과 어린이집 생활을 부모와 공유한다.

셋째, 교사는 어린이집 운영 및 보육과정에 부모를 적극적으로 참여시키려는 노력을 해야 한다.

이를 위해 교사는 부모에게 어린이집 공간과 운영 관련 정보에 대해 개방해야 한다. 이러한 개방성은 부모와 교사의 활발한 소통을 이끌어 내는 데 필수적인 요소이기 때문이다. 그리고 교사는 어린이집 운영 및 보육과정 실행에 부모의 자발적 참여를 이끌어 내야 한다. 부모의 자발적인 참여는 모든 부모참여 프로그램의 전제 조건이며, 어린이집에 대한 지속적인 관심과 지원을 독려하는 데 도움이 된다.

교사와 부모의 신뢰를 구축하기 위해서 부모참여는 일회성이 아닌 지속적인 교류로 이어질 수 있어야 한다.

교사는 다양한 배경과 요구를 가진 부모들을 고려하여 부모참여 프로그램의 참여수준과 방식, 프로그램의 내용 등을 다양하게 계획, 실행하고자 노력해야 한다(최석란, 김현미, 신윤지, 이슬기, 이윤정, 2020).

2. 학부모와의 의사소통

부모와 교사는 유아의 성장과 발달에 있어서 중요한 역할을 하게 되지만, 서로 속해 있는 환경과 역할의 차이로 부모와 교사가 생각하는 교육적 가치나 태도에 차이가 나타날 수 있다(조희수, 2003). 이러한 부모와 교사 간 발생하는 차이를 극복하기 위해서는 원활한 의사소통이 전제될 필요가 있다. 따라서 교사는 부모와 다양한 방법과 통로를 통해 소통하려고 노력해야 한다. 의사소통 방법으로 부모 상담, 알림장 등 여러 가지 방법을 활용해야 한다.

1) 부모상담

부모상담은 부모와 교사가 긴밀하게 영유아에 대한 정보를 주고받으며, 영유아의 발달을 지원하기 위한 중요한 매개체 역할을 한다. 이와 같이 중요한 학부모 상담이 성공적으로 이루어지기 위해서 부모와 교사는 서로가 신뢰를 바탕으로 긴밀한 협력 관계를 유지하며 서로의 요구를 제대로 파악하고 원활한 의사소통을 해야 한다.

부모상담을 위해서는 신뢰로운 관계형성이 선행되어야 합니다. 영유아와 관련된 긍정적인 이야기부터 시작해서 부드러운 분위기를 만들고 부모와 나누는 이야기는 비밀이 보장됨을 안내하고 부모의 말에 경청하도록 합니다.

- 아이의 장점을 발견하고 자주 표현해 줍니다.
- 아이의 성향이나 세세한 행동 특성에 대해 잘 알고 있어야 합니다.
- 편견 없이 누구에게나 공정한 교사이어야 합니다.
- 작은 메모 등을 활용하여 비공식적인 소통을 자주 합니다.
- 솔직하고 진실하게 대하며 교실과 자신을 개방합니다.

■ 상담의 실제

(1) 상담을 위한 준비

① 각 영유아에 대한 교사의 관찰 기록을 정리한다.

보육교사는 매 학기 영유아에 대한 자료들을 모아 총괄적인 평가 및 기록을 하고 부모 상담에 앞서 행동관찰기록부에 총괄적인 기록을 하여 부모에게 전달할 내용을 정리한다. 또한 상담에 도움을 줄 보충적인 자료가 필요한 경우 영유아의 작품들도 준비한다. 그리고 개별 영유아에 대한 상담준비가 완료되면 모든 자료를 영유아별로 별도의 파일에 넣어 상담에 사용한다.

② 부모의 관찰 기록을 참고한다.

매 학기마다 2회 정도 부모들에게 참관일을 통해 영유아를 관찰하고 그 기록을 제출하게 하여 상담 전 교사의 관찰과 비교하여 어떤 부분에서 유아를 보는 시각에 차이가 있는지를 검토한다. 부모에게 제시하는 관찰기록서는 한 번에 관찰할 항목이 너무 많지 않게 하는 것이 효과적이므로 교사가 사용하는 기록의 관찰 항목 중 범주별로 나누어 학기별로 2회에 걸쳐 기록하도록 할 수 있다.

③ 상담의 시간과 장소를 정한다.

부모와의 상담은 영유아 1인당 20분 내외로 하는 것이 적절하며 매번 5분 정도의 쉬는 시간을 두고 시간표를 작성함으로써 교사가 한 영유아에 대한 상담을 끝낸 다음 다른 영유아의 상담을 준비할 수 있는 여유를 주어야 한다. 상담 일자는 월간계획안을 통해 미리 한 달 전에 부모들에게 알리며 자세한 상담방법 및 시간은 상담 일주일 전에 알려서 부모들이 착오 없이 계획할 수 있도록 한다.

④ 상담 장소의 환경을 정돈한다.

상담 장소는 아늑한 분위기로 편안하게 대화가 이루어질 수 있도록 채광, 조명, 온도, 환경 등을 조절하여 준비한다. 상담의 자리는 시야가 복잡하지 않고 정돈된 위치에서 하는 것이 좋으며, 교사와 부모가 적절한 크기의 책상을 사이에 두고 마주 앉아서 진행할 수 있다.

(2) 부모상담의 진행

① 인사 나누기

교사는 부모에게 자리를 안내하고 간단히 인사를 나눈다.

② 상담의 진행

교사는 상담할 때 부모의 마음에 부담이 되지 않게 부드러운 분위기에서 진행하도록 노력해야 한다. 상담의 내용은 영유아가 어린이집에 와서 변화하고 발달한 것을 중심으로 영유아의 현재 상태를 알리고, 특별히 앞으로 영유아에 대하여 교사와 부모가 함께 역점을 두고 지도해야 할 부분을 의논하는 형태로 진행한다. 이때 주의할 점은 상담의 서두는 반드시 그 영유아만이 지닌 독특성과 장점을 중심으로 이야기하여 부모가 마음에 충격을 받는 일이 없게 해야 하며, 계속적으로 지도해야 할 부분을 말할 때에는 지나치게 우회적이어서는 안 된다는 점을 염두해 두어야 한다. 또한 교사가 부모의 관찰기록을 비교 검토한 결과에 비추어 부모들이 과소평가하거나 과대평가하고 있는 부분도 상담에서 참고자료로 사용할 수 있으나 그것에 대한 언급은 상황에 따라 꼭 필요한 경우에만 하는 것이 좋다.

③ 마무리

교사의 관찰 결과를 모두 이야기한 다음 부모의 질문과 남은 기간 동안 영유아를 위하여 교사에게 부탁하고 싶은 말이 있으면 이야기하도록 시간을 할애한 뒤 인사하고 끝맺음을 한다.

(3) 효율적인 부모상담을 위한 제언

① 상담을 위한 준비를 한다.

- 생활기록부, 유아 관찰 기록 등을 활용하여 면담자료를 준비한다.

② 모든 문제는 긍정적으로 표현한다.

- 부모는 교사의 말 한마디에 민감할 수 있다.
- '공격적', '산만'과 같은 부정적 용어를 사용하지 않는다.
- '주변에 대해 관심이 많다.','주의집중이 짧은 편이다.' 등 긍정적 용어로 바꾸어 사용한다.
- 영유아의 장점에 대한 이야기를 먼저 나누어 부모에게 심리적인 안정감을 준다.
- 유아에게 노력이 필요한 부분은 조심스럽게 언급한다.

③ 부모의 이야기를 경청하고 반응한다.

- 부모의 이야기를 많이 들어 준다. 교사에게 자신의 어려움을 말하는 것만으로도 편안한 느낌을 가질 수 있다.
- 면담의 처음부터 끝까지 부모가 주도권을 가지는 것은 아니다.
- 중간중간 부모가 하는 이야기를 요약, 반문, 전환하여 상호 간 의사소통이 이루어지도록 한다.

④ 부모가 문제를 다양한 각도에서 볼 수 있도록 도와준다.
- 부모는 자녀에 대해 객관적이지 못하기 때문에 문제를 정확히 못 볼 수 있다.
- 부모가 문제를 이성적이고 폭넓은 시각으로 바라볼 수 있도록 도와준다.

⑤ 느낌을 반영해 준다.
- 교사는 고개를 끄덕이거나 감탄사 등을 사용하여 느낌을 표현해 준다.
- 부모가 한 말을 교사가 다른 말로 표현해 주는 것도 한 방법이다.
- 이럴 경우 서로 공감대가 형성되고 면담이 원활해진다.

⑥ 중요한 결단을 부모 대신 내리지 않는다.
- 영유아에 대한 중요한 결정은 부모의 몫임을 명심한다.
- 부모가 문제를 정확히 이해하고 해결방안을 찾을 수 있도록 도와주는 것이 교사의 역할이다.

⑦ 상담 시간을 너무 길게 하지 않는다.
- 특별한 사유가 없는 한 면담시간은 20~30분 정도가 적당하다.

(4) 부모면담의 배려

어린이집에서는 개별 면담 기간에 부모가 특별한 사정(맞벌이 가정, 몸이 불편한 경우 등)으로 인하여 면담에 참석하지 못하는 경우 영유아의 부모를 위하여 별도로 시간을 내어 개별 면담을 실시하여 영유아에 대하여 의견을 교환할 수 있도록 배려한다.

출처 : 여성부(2005).

2) 상담의 방법

(1) 집단상담

어린이집에서의 집단상담은 주로 학기초에 이루어진다. 보육교사는 1년 동안 해당 반에서 진행될 보육과정 및 운영사항을 부모에게 안내하고 부모들은 보육교사에게 요구하고 싶은 것을 가지고 의견을 나눌 수 있다. 집단상담의 경우 보육교사와 부모가 소통하는 것은 물론 부모들 간에도 소통하고 정보를 주고받을 수 있다는 긍정적인 측면이 있다.

(2) 정기 상담

어린이집에서 정기 상담은 학기초와 학기말에 각각 부모와 개별적으로 이루어진다. 개별상담은 영유아에 대해 깊이 있는 정보를 교류할 수 있으며, 부모의 요구에 더 민감하게 반응할 수 있다. 학기초 상담은 주로 교사가 부모로부터 영유아에 대한 정보를 수집하며, 영유아의 어린이집 적응 상황에 대해 의논하게 된다.

이 과정에서 교사는 부모의 말을 경청하고 긍정적인 태도를 보임으로써 교육전문가로서 부모에게 신뢰를 줄 수 있도록 해야 한다. 학기말 상담은 그동안의 영유아의 발달에 따른 변화에 대한 평가 결과를 교사가 부모에게 전달하며 그에 따른 서로의 의견을 주고받는 것으로 이루어진다.

상담을 위해 교사는 그동안 영유아의 발달의 변화를 정리한 발달평가기록, 포트폴리오, 작품모음집 등을 준비하여 객관적인 자료를 가지고 부모와 상담할 수 있도록 준비해야 한다. 상담이 끝나면 주요사항을 기록하여 영유아를 지원할 수 있어야 하며 상담에 대한 평가 결과를 다음 상담 시 적용해야 한다.

(3) 수시상담

① 등 · 하원 시

등 · 하원 시 학부모와 영유아에 대한 정보를 나눌 수 있다. 등원 시에는 부모로부터 영유아의 건강상태, 어린이집 귀가 후 있었던 일과 나누었던 이야기를 통해 영유아의 기분과 감정 및 발달 사항을 알 수 있으며, 하원 시에는 교사가 부모에게 어린이집에서 생활하며 일어났던 일들과 꼭 알려야 하는 사항 및 건강, 감정상태 등을 전달하므로 부모와 교사가 영유아의 그날의 정보를 얻을 수 있는 중요한 기회가 된다. 보육교사는 영유아에 대한 정보를 전달할 때 구체적으로 전달하여 교사가 영유아에 대해 관심을 가지고 있음을 부모가 느끼고 신뢰감을 형성할 수 있도록 해야 한다.

② 전화상담

등 · 하원 시 부모를 만나기 어렵거나, 즉시 확인해야 하는 내용이 있을 경우에 전화상담을 하게 되는 경우가 있다. 건강상태가 평소와 다른 경우, 결석하게 되는 경우, 전달사항이 있는 경우에 전화상담을 할 수 있다. 전화상담은 서로의 얼굴을 확인하지 못하는 상황에서 이루어지기 때문에 감정을 알기 어려운 부분이 있다. 따라서 대화를 나누며 감정을 알고 지원해야 하는 상황에서는 전화상담을 하지 않는 것이 바람직하다.

전화상담은 다음과 같은 순서에 따라서 진행하는 것이 좋다.

첫째, 반갑게 인사하기

둘째, 영유아에 대한 관심을 학부모에게 표현하기 위해 영유아가 어린이집에서 재미있게 지낸 에피소드를 구체적으로 이야기한다.

셋째, 전화의 목적을 이야기한다.

넷째, 가능한 상황이면 가정에 있는 영유아와 통화한다.

다섯째, 인사를 드리며 마무리한다.

③ 비정기 상담

영유아에 대해 평소와 다른 행동들이 나타나거나 교사나 부모가 영유아에 대해 궁금한 점이나 의견을 나누어야 하는 상황이 발생하면 상담을 요청하여 진행할 수 있다.

상담을 위해서는 사전에 약속시간을 정하고 어떤 내용으로 상담하고 싶은지 알려 주는 경우 그 부분에 대한 영유아의 정보를 정리하여 상담에 임할 수 있어서 효과적인 상담이 이루어질 수 있다.

④ 알림장

등 · 하원 시간을 통해 부모와 영유아에 대한 정보를 주고받기 어려운 경우 알림장을 이용하여 부모와 소통한다.

교사가 알림장에 영유아의 어린이집 생활과 그날의 에피소드 등을 사진과 함께 기록하여 부모에게 전달하면 부모는 가정에서 있었던 일, 건강상태 등을 기록하여 교사에게 전달하면서 서면으로 소통하게 된다. 최근 들어서는 스마트 기기를 이용한 알림장이 많이 활용되고 있다.

3. 학부모와의 관계에서 오는 어려움

보육교사는 학부모와의 관계 속에서 부모가 교사를 신뢰하지 못하는 상황에서의 어려움, 부모로서 권한과 책임을 다하지 않는 상황에서의 어려움, 부모와의 소통의 어려움을 느낀다.

1) 부모가 보육교사를 신뢰하지 못하는 상황에서의 어려움

"친구가 자주 때렸다고 아이가 말한다고 하는데 사실은 그렇지 않거든요. 어떤 날은 친구가 때렸다고 했는데 사실은 때렸다는 친구가 등원을 하지 않았어요. 어떤 상황에 대해 영유아의 말만 믿고 교사의 이야기를 믿지 않는 게 힘들어요."

출처: 서울시, 서울시 육아종합지원센터(2017).

"아이가 혼자 넘어졌거나 부딪혔을 때, 또래들과 다투다 상처가 났는데도 아동학대가 발생한 것으로 의심하는 경우가 늘고 있어요. 아무래도 매스컴의 영향이라고 생각하지만… (중략) 정말 이럴 경우 힘이 빠져요."

출처: 서울시, 서울시 육아종합지원센터(2017).

'부모가 왜 교사의 말을 믿지 않을까?'라는 물음에 부모가 자녀의 잘못을 받아들이고 싶지 않은 경우도 있으나 보육교사인 자신이 부모로부터 신뢰받고 있지 못하다고 느끼는 경우도 있다.

부모와 교사는 영유아의 성장과 발달을 위해 함께 협력해야 하는 관계이다. 그런데 부모가 교사를 신뢰하지 못한다면 부모와 협력하는 데 어려움을 겪게 된다. 가령 교사가 영유아의 어린이집에서의 생활을 공유하며 문제행동 지도를 위해 부모에게 협력을 구할 때 부모가 이를 받아들이지 않으려 한다. 이에 따라서 보육교사는 영유아를 교육하는 데 어려움을 느끼게 된다. 그리고 부모가 교사를 신뢰하지 못하면 쉽게 해결될 수 있는 상황이 더 큰 문제 상황으로 이어져 나중에는 이를 해결하는 데 교사의 많은 시간과 노력이 필요하게 된다. 이에 따라서 교사는 정신적인 소진을 경험하며 어려움을 호소하게 된다. 이러한 상황이 반복되면 영유아에게 부정적인 영향을 미칠 뿐만 아니라 보육교사의 직무만족도도 낮아질 수밖에 없다. 따라서 보육교사는 부모가 불신하는 원인을 파악하여 그에 대한 대책을 적극적으로 마련하고 신뢰관계를 형성할 수 있도록 노력해야 한다.

2) 부모로서 권한과 책임을 다하지 않는 상황에서의 어려움

> 기저귀가 다 돼서 보내 달라고 여러 번 말씀을 드려도 가져오지 않으셔서 다른 아이 것이나 원의 것을 채워서 보내 줄 때가 있어요. 그래도 무심하게 생각하시면서 항상 다 떨어져도 며칠 후에나 보내 주시니 버릇처럼 그러시는 것 같아 참 난감할 때가 있어요. 그것뿐만이 아니라 옷도 어제 입은 옷 그대로 입고 올 때도 있고, 많은 것을 보면 부모로서 자격이 있나 싶기도 해요. 먹는 것도 엄청 잘 먹는 아이인데 늘 아침에 아무것도 안 먹이고 보내서 늦게까지 있기에 어린이집에서 간식을 더 챙겨서 그 아이에게만 줘야 한다는… (A교사 전화면담, 2017. 1. 20.).
>
> **출처: 신현숙(2017).**

요즘은 대소변 가리기를 조금 늦게 시작하면 빨리 뗄 수 있다는 것을 부모님들이 잘 아는 듯해요. 신경 쓰기 귀찮아서, 시간이 없어서, 여름에나 하지 뭐 등 다양한데요. 민정이 어머니는 "빨리 기저귀를 떼고 싶은데 원에서 꼭 좀 시켜 주세요." 해서 일주일 동안 열심히 훈련시켰는데 가정에서는 전혀 협조를 안 해 주셔서 힘들어요. 특히 주말을 보내고 난 뒤에는 예전처럼 다시 돌아가 버리거든요. 그래서 기저귀를 안 보내 주셔서 수시로 연습시켰지만 옷에 실수를 자주 하는 바람에 교사 1명인 저로서는 정말 힘들더라구요. 가정에서도 함께 협력해 주셨으면 하는데 원에만 무조건 강요하시는 게 너무 이기적인 느낌이 들어요(E교사 심층면담, 2017. 1. 10.).

출처: 신현숙(2017).

학기초니까 지난주에 필요한 준비물을 가정통신문에 써서 보냈어요. 가정통신문만 보내고 다른 연락(문자, 수첩, 전화, 카카오톡)을 안 했어요. 아이가 준비물을 안 가져와서 어머니한테 카카오톡으로 "준비물이 없네요. 어떻게 하죠?" 이랬더니 "연락 안 왔는데요" 이렇게 얘기를 하시는 거예요. 분명히 가정통신문을 읽으라고 보낸 건데 이건 부모랑 소통이 되는 건지, 불통이 되는 건지… 그래서 부모에 따라서 소통을 달리 해야 한다는 게 힘들어요. 어떤 엄마는 메모만, 어떤 엄마는 메모, 문자, 전화, 카톡 그리고 다른 엄마는 메모, 문자까지만, 이런 것들을 부모 개인 맞춤으로 해 준다는 것이 힘든 것 같아요.

출처: 서울시, 서울시 육아종합지원센터(2017).

"정기 면담 기간에도 직장일로 바쁘다고 면담 시간을 정해 주지 않기도 하고 면담 일정을 잡아 놓고 연락도 없이 약속을 지키지 않는 부모도 있어요."

출처: 서울시, 서울시 육아종합지원센터(2017).

"아이를 돌보아 주시는 이모님이나 조부모님에게 맡겨 놓고 전혀 소통을 하려고 하지 않아요. 그러나 어떤 문제가 생기면 인간적 교류나 이해가 없다 보니 강하게 문제 제기를 하는 경우가 있어요. 또 어떤 경우에는 이모님이나 조부모를 통해 상황을 전해 듣다 보니 오해도 생기고 이런 경우 소통이 어려워요."

출처: 서울시, 서울시 육아종합지원센터(2017).

부모도 영유아를 어린이집에 보낼 때는 부모로서의 권한과 책임이 주어진다. 부모와 교사가 모두 권한과 책임을 다할 때 영유아를 함께 기르는 토대가 마련된다. 최근 들어서 보육 상황 가운데 부모의 권한은 강화되는데 부모는 그에 따른 책임을 다하고 있는가에 대한 물음이 제기되는 경우가 있다. 교사가 부모에게 부모로서의 책임과 의무사항에 대해 세세하게 언급하면 부모가 불편한 감정을 가지게 될 것 같아서 요구하지 못하는 경우도 있다(서울시, 서울시 육아종합지원센터, 2017). 그러나 이러한 상황이 교사뿐 아니라 여러 영유아가 어린이집에서 생활하는 데 미치는 영향이 크다면 부모에게 부모의 권한과 책임을 명확히 설명하고 부모의 협조를 구할 수 있는 방안을 마련하고 실천해야 한다.

■ 부모의 권한
- 영유아의 권리가 존중되는 적절한 보육서비스를 받을 수 있는 권한
- 영유아의 생활 및 보육상황을 정확하게 알 권한
- 영유아에게 영향을 미치는 원 운영에 대한 대해 정보를 가질 수 있는 권한
- 영유아의 생활에 영향을 미치는 원 운영의 개선을 요구하고 의사결정에 참여할 권한

■ 부모의 책임
- 규칙 준수(하원 시간, 감염병 발생 시 격리 조치 등), 제출서류, 준비물 등
- 보육에 참고가 될 영유아의 가정에서의 생활에 대해 알려 주고 가정에서 잘 양육할 책임
- 어린이집에서 부모참여가 요구될 때 참여

■ 어린이집의 권한
- 부모에게 어린이집에서의 영유아 보육과 관련된 지원을 요구할 권한
- 보육에 소요되는 비용을 요구할 권한
- 공동양육자로서 부모에게 적절한 영유아의 가정 양육을 요구할 권한

■ 어린이집의 책임
- 영유아의 생존권, 보호권, 발달권, 참여권을 존중하는 보육 실천
- 부모와 보육 상황을 공유하고 영유아에게 영향을 미치는 상황에 대한 정보제공
- 부모가 불편해하는 사항 또는 부모와의 관계에서 발생되는 문제를 해결할 책임

출처: 서울시, 서울특별시육아종합지원센터(2017).

3) 부모의 지나친 요구에서 오는 어려움

ㅇㅇ엄마께서 알림장에 ㅁㅁ이 하고 놀지 않게 해 달라고 보내왔어요. 그래서 저는 "애들은 싸우면서 성장하고 사회관계가 형성되기에 곧 좋아질 거니까 걱정하지 마세요, 어머니."라고 했더니 어머니께서는 우리 아이는 착해서 당하기만 하니까 잘 지내는 아이들하고만 지낼 수 있도록 하라는 거예요. 엄마가 원하는 애들하고만 놀지 왜 어린이집에 보내서 여러 명의 아이들을 보육해야 하는 교사에게 일대일로 자신의 아이만 봐 달라고 하는 건지 이해가 안 되고 설명해도 들어 주시지 않아 답답했어요. 또 다른 친구와 다툼이 있어 또 놀지 말라고 하면 그 말을 들어야 하는 건가요(D교사 심층면담, 2016. 11. 7.)?

출처: 신현숙(2017).

나는 사진을 찍어 주는 일을 하는 사람이 아닌데 과도하게 사진을 요청하는 부모로 인해 힘들 때가 있어요, 부모가 "선생님은 알림장에 아이들 사진을 너무 적게 올려 주시는 것 같아요. 아이가 밥 먹을 때, 놀이 할 때, 다양한 상황을 찍어서 올려 주시면 좋겠어요. 그리고 매번은 아니지만 동영상 촬영도 해서 올려 주시면 좋겠어요. 제가 직장을 다니니 할머니가 등하원시키면서 제가 어린이집 생활을 잘 알 수 없어서 궁금하거든요."라고 말하시는데 아이들 안 다치게 봐야 하고 상호작용해 줘야 하고… 아~ (한숨) 너무 힘들어요.

출처: 서울시 K어린이집 만 1세반 교사 면담 자료.

보육교사는 자신의 교육관과 신념에 따라서 영유아들의 권리를 존중하며 보육하기 위해 노력한다. 그러나 부모의 지나친 요구로 인해 교사의 자율성이 침해받게 되고 자신의 교육관 및 신념과 부모의 지나친 요구 사이에서 갈등을 겪게 된다. 이러한 갈등은 영유아를 올바르게 교육하지 못하게 할 수 있기 때문에 해결방법을 찾아야 한다. 부모의 지나친 요구는 부모가 교사의 업무 상황을 제대로 이해하지 못하기 때문에 발생한다. 따라서 보육교사는 부모에게 업무 상황을 알리고 영유아를 보육하고 보육교사의 업무에 전념할 수 있도록 해야 한다. 보육교사 스스로 해결하기 어려운 문제는 동료교사나 원장에게 도움을 요청하고 함께 해결할 수 있는 방법을 찾아야 한다.

4. 지역사회 자원의 활용

'한 아이를 키우려면 온 마을이 필요하다'는 아프리카 속담처럼 한 아이가 바르게 성장하도록 양육하고 가르치는 일은 한 가정의 책임에서 더 나아가 지역사회에서도 관심을 갖고 지원해야 한다는 말이다. 이처럼 영유아가 지역사회의 지원 속에 올바르게 성장할 수 있도록 협력적인 관계를 형성하는 것이 어린이집의 역할이기에 보육교사는 지역사회에서 영유아들이 다양한 경험을 할 수 있도록 노력해야 한다.

지역사회의 자원의 활용방법을 자연적 자원의 활용, 인적자원의 활용, 물적자원의 활용, 문화적 자원의 활용으로 나누어서 살펴보고자 한다.

1) 자연적 자원의 활용

보육교사는 영유아의 관심과 흥미를 고려하여 지역사회에 마련된 다양한 장소를 경험할 기회를 제공해야 한다.

어린이집 주변에 있는 공원, 도서관, 경찰서, 소방서, 박물관, 미술관, 병원, 마트, 시장 등을 방문할 수 있도록 프로그램이 마련되고 계획되어야 한다. 영유아들이 직접 지역사회 기관들을 방문하여 그 기관에서 하는 일들을 알고 직접 체험해 볼 수 있도록 기회를 제공하는 것이 교사가 해야 하는 역할이다.

지역사회 기관들을 체험해 보기 위해서는 아래의 절차에 따라서 교사가 확인하고 준비해야 한다.

첫째, 영유아들의 관심과 흥미에 따라 진행되고 있는 주제에 적합한 기관을 선정한다.

둘째, 기관에 문의하여 영유아들이 단체로 방문할 수 있는지 확인하고 방문 가능한 날짜와 시간을 협의하여 결정한다.

셋째, 교사는 미리 기관을 방문하여 영유아들이 이동할 동선과 체험할 내용을 확인한다.

넷째, 영유아에게 방문하는 장소와 체험할 내용을 미리 알려 주고, 주의 사항에 대해 이야기 나눈다.

다섯째, 체험할 동선에 따라서 이동하며 영유아들이 궁금해했던 내용들을 충분히 경험하도록 지원하되 해당 기관에 피해가 되지 않도록 주의하여 진행한다.

여섯째, 기관담당자에게 감사 인사를 드리고 마무리한다.

일곱째, 기관담당자들에게 영유아들이 감사의 마음을 전할 수 있도록 감사 편지나 활동 결과물들을 전달하여 기관과 계속적으로 관계를 유지할 수 있도록 한다.

여덟째, 지역사회를 방문한 경험이 놀이와 활동으로 연결되도록 보육과정을 준비한다.

2) 인적자원의 활용

어린이집이 있는 지역사회 안에는 다양한 사회 문화적 경험과 전문 직업을 가진 사람들이 함께 살아가고 있다. 보육교사는 이러한 지역사회의 인적자원을 활용해야 한다. 보육교사는 인적자원의 활용을 위해 기본적인 정보를 수집하여 인적자원에 관한 정보를 가지고 있어야 한다. 그래야 인적자원이 필요한 상황에서 요청하여 활용할 수 있기 때문이다.

어린이집에서 주로 활용하는 지역사회 인적자원으로는 의사, 간호사, 수의사, 경찰관, 소방관, 연주가, 노인, 환경미화원, 사회복지사 등 지역사회와 연계하는 내용에 따라서 다양한 인적자원을 활용할 수 있다.

3) 물적자원의 활용

보육교사는 어린이집 인근 지역 상점을 통해 물적자원을 지원받을 수 있도록 사전에 협력적인 관계를 형성해야 한다.

어린이집과 지역 상점 간의 상호 교류를 통해 영유아들은 놀이를 위한 풍부한 사전 경험을 할 수 있게 된다. 또한 어린이집과 근거리에 위치한 인근 상점에서 물품과 재활용품을 지원받을 수 있다면 보육실 내 보다 질적인 놀이 환경을 구성해 줄 수 있다.

4) 문화적 자원의 활용

어린이집과 가까운 지역사회를 살펴보면 다양한 문화적 자원을 활용할 수 있는 것들이 많이 있다. 지역사회마다 특색 있는 지역문화 행사가 이루어지는 곳도 있고, 지역사회에서 주최하는 행사, 문화공연 등이 이루어지기도 한다. 보육교사는 이러한 지역사회의 문화적 자원을 보육과정과 연계하여 영유아들이 체험할 수 있는 기회를 제공해 주어야 한다. 교사와 함께 참여하기 어려운 지역사회 행사인 경우에는 가정 연계 활동으로 부모에게 안내하여 참여할 수 있도록 해야 한다.

〈표 8-1〉 **지역사회 자원의 활용**

지역사회 자원	연계내용
자연적 자원	• 지역사회 관련 기관이나 시설의 활용을 통해 협력적인 관계를 유지한다. – 현장학습을 위해 공공건물이나 시설을 활용한다. • 공공기관과 연계하여 영유아에게 필요한 서비스를 연결해 준다. • 지역사회 기관 예) 시청, 구청, 동사무소, 경찰서, 소방서, 보건소, 의료기관, 어린이 교통 공원, 사회복지관, 아동학대예방 센터, 자활후견기관, 노인시니어클럽, 경로당, 초등학교, 환경단체, 도서관, 문화재, 미술관, 박물관, 재래시장, 은행, 대형마트, 농장, 과수원, 공원, 인근 놀이터

지역사회 자원	연계내용
인적자원	• 지역사회와 연계한 보육프로그램 활동 시 지역사회 자원을 활용한다. – 보육 주제 전개를 위해 지역사회 인사의 참여를 유도한다. – 다양한 직업 관련 주제를 전개하기 위해 지역사회의 인적자원을 적극 활용한다. – 병원의 의사나 간호사가 어린이집을 방문하여 영유아에게 건강한 치아에 대해 교육하는 활동을 하게 한다. • 부모자원의 활용 시에는 신학기 오리엔테이션 진행 시 부모자원 활용 요청을 위한 설문을 통해 부모자원을 확보하고 보육활동을 계획하여 진행한다. • 영유아들이 지역사회 주민들과 접촉하게 함으로써 유아들의 대인 경험을 풍부하게 한다. • 지역사회의 인적자원을 시설의 운영에 참여할 수 있도록 하여 지역사회의 기대나 요구를 시설 운영에 반영하고 지역사회의 다양한 지원을 받는다. • 실습생, 자원봉사자 등 지역사회의 인적자원을 적극 활용한다.
물적자원	• 지역사회 기관으로부터 보육프로그램을 진행하는 데 활용할 수 있는 물적자원을 지원받아 보육 과정에 활용한다. • 지역사회의 각종 기관이나 사업체들에 관한 정보를 축적 · 관리하여 어린이 집에 활용 가능한 물적자원에 대한 지원 가능성을 타진해 볼 필요가 있다.
문화적 자원	• 지역사회의 문화적 자원을 활용하여 영유아들에게 다양한 문화적 경험을 할 수 있게 한다. – 지역사회가 주최한 행사에 참여(미술대회, 알뜰바자회, 다도대회) – 지역사회 기관에서 개최하는 문화공연 관람(구청에서 개최하는 각종 공연, 인근 대학교의 인형극 관람)

출처: 박근주, 서혜전, 노성향, 강경민, 이상혁, 오현주(2019).

〈표 8-2〉 연간 지역사회 연계 보육 프로그램 예시 1

활동명	일시	관계기관	내용
공원 산책	매주 1회	인근 공원	• 영유아의 체력단련 • 자연 친화적인 사고의 확장
이야기 할머니 방문	매주 1회	한국 국악진흥원	• 다양한 자료를 이용하여 동화구연 실시 • 영유아의 세대 간 교류 경험
방역소독	월 1회	구청	• 영유아들의 위생을 위해 지역 내에 있는 보건소에서 방역 실시
안전교육, 성교육	연 1회	보건소	• 내 몸은 내가 지켜요 • 화재 대피 교육

활동명	일시	관계기관	내용
구강교육	연 1회	보건소	• 올바른 양치질 방법 • 치아의 구조 • 치아에 좋은 음식, 나쁜 음식
사랑의 열매	연 1회	사회복지 공동모금회	• 주위의 불우한 이웃을 알고 도와주기
도서관 견학	월 1회	지역 어린이도서관	• 도서관 이용방법 알기 • 도서관 이용하기
소방서 견학	연 1회	인근 소방서	• 화재교육, 화재 대피 교육 • 소방서가 하는 일 알기 • 소방차 살펴보기
초등학교 견학	연 1회	인근 초등학교	• 어린이집과 초등학교의 차이점 알기 • 초등학교 경험해 보기
지역 내 종합복지관 견학	월 1회	인근 복지관	• 저소득층 가정과 한부모 가정의 영유아들을 위한 지원 프로그램 연계하기
지역 인근 상점 견학	월 1회	인근 상점	• 지역 상점 경험해 보기 • 지역 상점에서 하는 일 알기
카네이션 달아 드리기	연 1회	인근 경로당	• 할아버지, 할머니의 사랑과 고마움 알기 • 카네이션 달아 드리고 안마해 드리기
장애아동 통합수업	매주 1회	인근 복지관	• 지역의 장애시설 등과 연계하여 장애아동에 대한 통합교육 모색과 교육실시

5. 지역사회 연계를 위한 어린이집의 역할

어린이집과 지역사회 연계를 위해서는 어린이집 현장에서의 적극적인 노력이 있어야 한다. 어린이집은 지역사회와 협력적인 관계를 맺기 위해 자원봉사하기, 시설 개방하기, 지역사회 구성원을 대상으로 교육하기, 주민을 참여시키는 행사 진행하기를 통해 지역사회와의 관계를 잘 형성해 갈 수 있을 것이다.

1) 자원봉사하기

지역 청소활동, 양로원 및 경로당 재롱잔치, 지역주민 축제 등을 통해 지역사회에 참여하고 봉사할 수 있다. 영유아는 다양한 지역주민들과의 접촉을 통해 대인경험을 풍부하게 하고 인간관계에 대한 이해를 넓힐 수 있다.

2) 시설 개방하기

어린이집 자체를 물리적 자원으로 인지하여 지역사회 주민들에게 시설을 개방할 수 있다. 특히, 취약한 지역인 농촌이나 저소득층 지역 등 지역사회 자원이 충분하지 못한 지역은 어린이집 개방을 통해 지역사회 주민에게 기여할 수 있다.

3) 지역사회 구성원을 대상으로 교육하기

영유아 발달이나 육아에 대한 다양한 정보를 제공하거나 어린이집에서 개최하는 강연회나 워크숍에 지역주민을 초청함으로써 어린이집이 지역사회에 가지는 책임을 수행할 수 있다.

4) 주민을 참여시키는 행사 진행하기

지역주민과 영유아가 함께할 수 있는 캠프나 창작교실, 그림대회, 전통놀이나 민속놀이, 노래자랑 등 여러 행사를 계획하고 실행할 수 있다. 지역특성이 고려되고 지역주민이 호응할 수 있는 다양한 행사를 계획하는 것이 중요하다.

PART Ⅲ

보육교사로 성숙하기

제09장 보육교사의 근무환경

제10장 보육교사의 정서

제11장 보육교사의 교사교육

제12장 초임 보육교사

제9장 보육교사의 근무환경

1. 어린이집의 조직문화

문화는 세상을 보는 창이요, 세상을 사는 방식이다. 집단적인 삶이 있는 곳에는 그 특유의 문화가 있다(조용환, 2003). 조직문화란 사고와 행동방식에 있어서 독특하게 표출되는 조직의 특성(이종수, 2000)으로, 어린이집 조직문화란 어린이집에 한정되어 나타나는 문화라고 정의할 수 있다.

우리나라 어린이집 규모에 대한 특징을 살펴보면, 개인이 위탁 · 운영하는 기관장 중심(박은아, 2011) 어린이집과 49인 이하 소규모 어린이집(전체 어린이집의 3/4 차지)이 상당 부분을 차지하고 있다. 그래서 어린이집의 운영이 과학적 · 합리적이라기보다는 융통적이고, 대부분 여성으로 구성되어 의사소통 방식이 문제해결보다는 개별적이고 인간관계 중심으로 이루어질 가능성이 높다. 어린이집의 보육교사들이 느끼고 있는 어린이집의 문화는 관계지향적 문화로 내부 구성원들 간의 단결과 팀워크, 상호 인간적 배려와 관심이 중요시되는 문화이다(이재무, 김형수, 2013).

그러나 직장어린이집의 경우에는 조직문화에 차이가 있다. 교사가 경험하는 어린이집 조직문화는 '회사에 소속된 어린이집 교사로 내면적 갈등을 겪으며 보육 전문가로 성장하게 하는 직장보육 공동체'로 나타났다. 직장어린이집 교사들은 회사에 소속된 어린이집 교사로 자부심을 갖고 높은 처우와 복지혜택을 받으며, 쾌적한 물리적 환경과 영양사, 간호사, 행정교사 등의 풍부한 인적환경 그리고 낮은 교사 대 아동비율 등의 조건이 직무몰입과 만족감의 요인이 된다고 하였다.

그러나 직장어린이집의 부모들은 어린이집을 자신들의 필요에 의해 생겨난 서비스 기관으로 생각하며 교사를 상하 조직적 관계로 인식하여 고압적 태도와 더불어 교사가 배제된 상태에서 부모들의 강한 네트워크를 형성하는 특징을 나타내고 있다(노하정, 안은영, 김미옥, 송승민, 최영희, 2019). 이외에도 교육 프로그램과 행사 그리고 교사의 근무시간이 회사의 결정권에 따르게 되어 연장근무와 조기 출근의 부담이 있다. 서류나 행사 및 업무 등의 추가(변윤지, 이대균, 2015) 및 장시간 보육으로 인한 수업 준비와 공모전 준비 등으로 보육업무에 대한 부담감을 가지고 있었다. 직장어린이집 교사들은 보육업무에 몰두해야 한다는 신념으로 보육전문가 과정의 단계로 인식하는 내면적 의식구조를 통해 책임감을 느끼고, 직무수행 과정에서 보육전문가로서의 정체성을 확인하고, 미래에 대한 비전을 품고 있었다(서희정, 2016).

어린이집 조직문화는 보육교사들이 어떤 조직에서 생활하는지의 여부에 따라 조직의 효과와 직무스트레스 등에 영향을 미치므로 질 높은 보육의 수행을 위하여 자유롭고 개방적인 조직문화의 형성이 중요하다(노하정 외, 2019).

수평적인 소통을 중요시하는 기관장은 보육교사에게 어린이집의 철학이나 목표 등의 방향을 공유하고(윤우경, 2013; 정소라, 이경님, 2016), 교사와 친밀한 관계를 유지하려고 노력하면서 교사로서 자신의 일에 몰입할 수 있도록 도울 수 있다(정혜영·김윤희, 2018). 특히 기관장의 긍정적인 리더십은 보육교사가 자신의 역량을 충분히 발휘할 수 있도록 분위기를 조성하고(정혜원, 이완정, 2018), 보육교사의 개인적인 동기와 성실성을 인정해 줄수록 자신의 업무에 헌신하며 영유아, 학부모, 교직원 간 친밀한 인간관계를 형성할 수 있게 한다(허은지, 2014). 반면에 기관장의 부정적인 리더십인 강요와 구속은 불통의 위험 요인이 될 수 있다. 닫힌 수직적인 문화, 눈치를 보는 태도, 동료 교사들끼리의 질투와 시기, 이야깃거리나 소문의 형성 및 유지, 주동자 색출과 같은 문화는 권력주의로 이어지기도 한다(김희연, 김은숙, 2013).

어린이집을 공동체로 인식하는 관점에서 박은미(2013)는 어린이집 조직문화를 4가지로 요약하였다. 첫째, 조직체계를 갖추려는 위계적 특징이 있다. 원장이나 주임교사 그리고 경력교사들로부터 발생되는 위계질서에 의해 의사결정이 일방적으로 이루어지고 신입교사, 경력이 적은 교사들의 의견은 존중받지 못하는 문화라는 것이다. 둘째, 불평등한 참여과정의 특징으로 운영의 효율성을 추구하기 위하여 신입교사나 경력이 낮은 교사에게 회의 참석 기회가 적게 부여되고, 회의 안건에 따라 참석 기회 여부가 정해진다. 셋째, 소규모 여성조직으로 형성된 집단주의적 특성이다. 집단화에 의해 문제해결을 추구하려는 여성조직의 특성이 구성원 간 동일성을 강조하며 다름을 인정하지 않는다. 구성원 간의 정과 친분을 중시하는 집단주의적 특성이 공적인 일에 사적인 감정을 이입하고 강요하며 공과 사가 구분되지 않는다. 넷째, 수동적이고 주인의식이 결여된 성향을 갖고 있다. 위계적 의사결정과 불평등한 참여와 결정된 지시에 따라야 하고, 개별적으로 부과된 업무수행에 익숙해진 과정을 통해 구성원들은 조직에 소속되지 않으려는 경향을 보인다. 구성원들이 자신의 의사를 표현하고 개방하는 문화에 익숙하지 않아 각자의 교육관과 교육방식에 대해 개방하거나 공유하지 않게 되면서 고집을 부리며 변화하지 않으려는 성향을 나타냈다.

이와 같이 어린이집의 조직문화가 지나치게 내부적 가치 달성에만 집중하고 있는 반면에, 최근 보육 관련 경향은 창의적이고 혁신적인 측면에 초점을 두고 있다. 급격한 환경변화에 잘 반응하고 창조성을 배양할 수 있는 조직문화가 정착될 수 있도록 보육교사의 자유로운 의사결정에의 참여 기회 제공 등과 같은 자율적이고 창의적인 변화와 노력이 요구된다(이재무, 김형수, 2013).

2. 보육교사의 복무관리

1) 보육교직원의 근무시간

어린이집 원장의 근무시간은 평일 8시간을 원칙으로 한다. 다만, 어린이집의 운영시간이 평일을 기준으로 하여 12시간을 원칙으로 운영하고 있으므로 연장 근무할 수 있다. 어린이집 원장이 휴가, 병가, 보수교육 참여 등 불가피한 사유로 직무를 수행할 수 없는 경우 보육교사가 그 직무를 대행할 수 있는 기간은 15일 이내이다. 보육교사 등 기타 교직원의 근무시간 역시 평일 8시간을 원칙으로 하고, 연장보육 전담교사의 근무시간은 평일 4시간을 원칙으로 한다.

어린이집에 근무하는 보육교직원(원장, 보육교사)은 전임이므로 다른 시설의 업무를 겸임할 수 없으므로 겸임을 제한받는다.

'전임'이란 근무시간 동안 상시 해당 직무에 종사해야 함을 의미하고, '다른 시설의 업무'란 다른 어린이집뿐만 아니라 다른 사회복지시설 및 유치원, 종교시설 등 보육교직원의 전임 규정에 위배될 수 있는 모든 시설에 근무할 수 없다.

어린이집 원장 및 보육교사는 휴일, 휴가 등으로 근무를 하지 않는 날을 제외하고는 근무시간 동안 어린이집에 상주하며 상시 해당 직무에 종사해야 한다.

- 특별한 사유(회의참석 등)로 외출할 경우에는 근무상황부에 기록 · 관리하고, 이 경우 증빙서류(공문, 리플릿 등)를 첨부하여 관리한다.
- 업무 외의 외출 시에는 개인 연간 휴가일수에서 차감한다. 어린이집 원장은 특별한 경우를 제외하고는 근무시간 중에 상시 그 업무에 종사해야 하나, 근무시간 중에 대가를 받고 긴 이동시간 등 불가피한 사유로 월 12시간을 초과하는 세미나, 공청회, 토론회, 발표회, 심포지엄, 교육과정에 참석하여 강연 · 강의 · 발표 · 토론하는 행위는 어린이집 운영위원회 승인 및 지자체 보고 후에 할 수 있다.

교직원의 휴가 등 기타 복무 관리에서 보육교직원의 휴가는 보육 공백을 최소화할 수 있도록 순번제로 실시하고, 보수교육, 출산휴가 등으로 어린이집의 원장, 보육교사 또는 그 밖의 보육교직원의 공백이 생기는 경우에 이를 대체할 수 있는 대체원장, 대체교사 또는 그 밖의 인력을 각각 배치해야 한다(보육사업안내, 2021).

2) 보육교사의 근무현황

어린이집 교사의 근무환경 및 처우 개선 방안(양미선, 2020) 연구에서 어린이집 보육교사는 장시간 근무와 과도한 업무량 등으로 근무환경이 열악하고 처우도 낮은 것으로 나타났다. 이에 더하여 2015년 발생한 어린이집 내 아동학대 사건 등으로 '어린이집 교사'에 대한 사회적 평판마저 낮아져 선호하지 않는 일자리가 되었다. 전문성 있는 보육교사들이 하나 둘씩 보육현장을 떠나고 있고, 진입도 하지 않고 있어 보육 현장에서는 보육교사 수급에 큰 어려움을 겪고 있다.

보육교사의 근무환경 개선을 위해서는 업무를 파악하여 불필요한 업무를 최소화하고, 연장보육교사 정책 시행으로 보조 및 지원인력을 배치하여 업무부담을 경감할 수 있다

육아정책연구소에서 어린이집에 근무하는 보육교사 근무환경에 대해 응답한 조사 결과이다(양미선, 2020)

① 근로시간은 9~10시간이 85%로 가장 많고, 10~11시간이 6.4%, 9시간 미만 7.5% 순으로 대부분이 1일 8시간을 초과하여 근무하고 있었다.

② 어린이집 내에서 보육교사 휴게시간과 공간의 보장에 있어서, 47.9%가 어느 정도 보장되고 있으며, 22.8%는 전적으로 보장되고 있었다. 도시지역의 국공립/ 사회복지법인 어린이집에서 근무하는 경우 휴게시간이 보장된다는 의견이 많았다.

③ 초과근무시간 조사에서, 1일 8시간 외에 초과 근무를 하는 경우는 보육교사 중 49.8%로 절반 정도를 차지하며, 국공립/ 사회복지법인 어린이집에 근무하는 교사가 민간/ 법인단체나 가정 어린이집보다 초과 근무비율이 상대적으로 높았다.

④ 지원인력보조교사, 보육도우미 등의 지원인력이 보육교사의 업무경감에 얼마나 도움이 되는지를 알아본 결과, 53.3%는 어느 정도 도움됨, 38.7%는 매우 도움된다고 하여 대부분이 도움이 되고 있으며 5점 척도일 때 3.4점에 해당하였다.

⑤ 근로환경 및 처우 만족도에서 근로시간의 만족 비율은 45.7%이고, 만족도는 5점 만점에 3.4점으로 중간 이상이었다. 대도시 소재의 중규모 어린이집에 근무하는 경우에 만족도가 높았다. 어린이집 근무환경에 대해 만족한다는 비율은 48.4%로 만족 정도는 5점 척도로 3.4점으로 나타났다.

⑥ 이직계획 조사결과, 향후 1년 이내에 어린이집을 그만둘 계획이 있는 경우가 19.5%이고, 27.0%는 고민 중으로 응답하였다. 민간/ 법인단체 등이나 도시지역중규모 어린이집, 영아반 담임교사가 이직을 계획하고 있는 경우가 상대적으로 많았다. 이직을 계획하거나 고민 중인 이유 1, 2순위를 합산하면, 근무시간 및 업무량 등 근무조건 불만족 50.0%, 직장동료 간의 문제 24.2%, 건강문제 21.8%였다.

⑦ 2015년 어린이집 내에서 발생한 아동학대 사건 등으로 어린이집에 대한 사회적 이미지가 잠재적 범죄자로 전락하였다. 보육 · 교육 분야 일자리가 좋은 일자리가 되기 위해서는 먼저 근무환경이나 처우를 개선하여 현장에서 묵묵히 일하고 있는 보육교직원이 현장을 떠나지 않도록 하는 것이다.

3. 보육교사의 직무만족도

1) 직무만족도의 개념

직무만족도란 보육교사의 직무를 수행하는 과정에서 개인이 가지는 직무에 대한 태도와 가치, 신념 및 욕구 등의 수준에 따라 느끼는 유쾌한 감정적 · 정서적 만족상태이다. 즉, 보육교사의 직무만족도는 어린이집이라는 조직 내에서 본인이 맡은 역할 또는 업무를 수행하는 과정 중에서 발생하는 동료 및 원장과의 관계, 보육 직무자체의 특성, 근무환경, 보수 및 승진의 기회 등 다양한 변인에 대한 개별적인 만족도를 말한다(이종림, 2014).

이렇게 직무만족은 개인적으로 성취감과 보람을 가지며, 조직에서 효율적으로 일하게 되는 기준이 되므로 직무만족이 높은 사람일수록 양질의 보육을 실천하게 된다(조성연, 2004). 직업에 대한 만족도가 높을 때 보육교사 역시 자신의 직업에 투철한 사명의식과 영유아와의 교육적 보호의 과정에서 보람과 즐거움을 찾을 수 있다.

조성연 외(2011)의 한국형 보육교사 직무만족 척도(Korean Childcare Teacher's Job Satisfaction Scale)를 최선경(2012)이 활용한 직무만족 척도이다. 여섯 가지 하위변인은 원장의 운영방식 및 태도 10문항, 사회적 인식 및 처우 8문항, 보육환경과 복지 8문항, 보육업무 6문항, 동료교사와의 관계 4문항, 학부모와의 관계 4문항으로 총 40문항으로 이루어져 있다.

〈표 9-1〉 보육교사의 직무만족도

하위요인	문항번호	문항수
원장의 운영방식 및 태도	11,12,13,14,15 16,17,18,19,2	10문항
사회적 인식 및 처우	1,2,3,4,5,6,7,8	8문항
보육환경과 복지	9;10,35,36,37 38,39,40	6문항
보육업무	29, 30,31,32,33,34	6문항
동료교사와의 관계	20,21,22,23	4문항
학부모와의 관계	25,26,27,28	4문항
전체	1–40	40문항

번호	문 항	전혀 그렇지 않다	별로 그렇지 않다	보통 이다	거의 그렇다	매우 그렇다
1	보육교사는 사회적으로 인정받는 직업이다.	①	②	③	④	⑤
2	다른 사람에게 보육교사라고 당당하게 말한다.	①	②	③	④	⑤
3	사람들은 보육교사직을 훌륭한 직업이라고 말한다.	①	②	③	④	⑤
4	보육교사는 다른 사람에게 권할 만한 직업이다.	①	②	③	④	⑤
5	보육교사는 장래성이 있다.	①	②	③	④	⑤
6	다른 기회가 주어지더라도 보육교사를 하겠다.	①	②	③	④	⑤
7	내가 받고 있는 보수는 적당하다.	①	②	③	④	⑤
8	내가 받고 있는 수당(예: 시간 외 근무수당 등)은 적정하다.	①	②	③	④	⑤
9	우리 어린이집에서 제공하는 휴가기간은 적당하다.	①	②	③	④	⑤
10	우리 어린이집은 보육교사를 위한 시설이 적절하게 갖추어져 있다.	①	②	③	④	⑤
11	원장은 나를 편안하게 해 준다.	①	②	③	④	⑤
12	원장은 내가 직무상 무엇을 바라는지 알고 있다.	①	②	③	④	⑤
13	어린이집을 떠나더라도 지금의 원장과 계속 관계를 유지할 것이다.	①	②	③	④	⑤
14	원장은 솔직한 태도로 나를 대한다.	①	②	③	④	⑤
15	원장은 교사들을 공평하게 대한다.	①	②	③	④	⑤
16	어린이집의 제반 문제에 대해 원장과 자유롭게 이야기한다.	①	②	③	④	⑤

번호	문 항	전혀 그렇지 않다	별로 그렇지 않다	보통이다	거의 그렇다	매우 그렇다
17	원장은 직무상의 어려움에 관심을 가지고 공감해 준다.	①	②	③	④	⑤
18	원장을 존경한다.	①	②	③	④	⑤
19	원장의 운영관과 업무처리방식이 적절하다.	①	②	③	④	⑤
20	동료교사들과 일하는 것이 즐겁다.	①	②	③	④	⑤
21	동료교사와 원만한 관계를 유지한다.	①	②	③	④	⑤
22	동료교사들은 어린이집 제반 업무에 협조적이다.	①	②	③	④	⑤
23	선임교사는 신입교사를 동료교사로서 따뜻하게 대한다.	①	②	③	④	⑤
24	교사회의는 민주적이다.	①	②	③	④	⑤
25	학부모들은 나에게 협조적이다.	①	②	③	④	⑤
26	학부모들과의 관계가 편안하다.	①	②	③	④	⑤
27	학부모는 보육교사로서의 나를 신뢰한다.	①	②	③	④	⑤
28	학부모들은 어린이집에 협조적이다.	①	②	③	④	⑤
29	보육활동 이외의 업무가 많다.	①	②	③	④	⑤
30	장시간 근무로 수업준비 시간이 부족하다.	①	②	③	④	⑤
31	각종 행사로 인해 준비할 것이 많다.	①	②	③	④	⑤
32	장시간 근무로 개인생활에 제한을 받는다.	①	②	③	④	⑤
33	나의 업무량은 적당하다.	①	②	③	④	⑤
34	보육활동에 관계없는 행사 업무 때문에 힘들다.	①	②	③	④	⑤
35	우리 어린이집의 제반 시설은 영유아를 보육하기에 적합하다.	①	②	③	④	⑤
36	우리 어린이집에서는 교육 자료와 비품소모품을 제때 공급해 준다.	①	②	③	④	⑤
37	우리 어린이집의 교재교구 활용과 관리는 효율적이다.	①	②	③	④	⑤
38	내가 담당한 학급의 보육실은 보육활동을 수행하기에 적합하다.	①	②	③	④	⑤
39	우리 어린이집은 보육교사의 새로운 교육적 시도를 격려한다.	①	②	③	④	⑤
40	우리 어린이집은 소신껏 보육활동을 수행할 수 있다.	①	②	③	④	⑤

출처: 정동숙(2017).

2) 직무만족도의 영향 요인

(1) 원장의 변혁적 리더십

보육교사의 근무환경은 다른 조직이나 초등 이상의 학교에 비해 규모가 작고 인간관계는 더욱 밀접한 조직이라는 특성으로 인해 원장의 리더십이 교사의 직무만족에 미치는 영향이 더욱 크다(박영신, 2009). 보육교사는 원장의 변혁적인 리더십과 동료와의 긍정적 관계를 통해 경험하는 행복감이 직무 만족의 주요소가 된다. 원장의 변혁적인 리더십이란, 비전을 설정하여 공유하고 지적인 자극을 주고 높은 성과를 기대하며 목표에 대한 수준 높은 수용과 집단참여 허용 그리고 인간존중과 솔선 수범의 문화를 창조하는 리더십이다. 이 변혁적인 원장의 리더십은 교사와의 관계에서 교사의 욕구를 이해하고 충족기회 제공이라는 개별적 배려(김정희, 2007)를 통해 교사가 성장하는 행복감을 주어 직무만족을 높인다. 변혁적 리더십이 높은 원장과 함께 근무하는 교사일수록 자율성, 직업에 대한 도전감과 성취감에 자극받아 직업으로서의 교사직에 애착을 갖게 되어 직무에 대한 만족을 높인다(김정희 · 문혁준, 2007).

(2) 어린이집의 협동적 조직문화

보육교사 상호 간에 조력을 요청하고 지원하는 협동적 조직문화에서는 상호의존과 상호작용 그리고 개인의 의견 존중으로 의미 있는 공동체 관계를 형성한다. 보육교사의 직무만족은 학부모-교사 간 협력을 위하여 정보를 공유할 때 가장 영향을 받는다(배혜영, 2018). 학부모와 원만한 관계를 유지하며 학부모로부터 긍정적인 메시지와 감사함 그리고 노고에 대한 치하를 받을 때 보람과 기쁨을 느끼며 직무에 만족하게 된다(이윤미, 2010; 최미숙, 2012).

어린이집 의사결정의 절차와 규칙이 교사들 간의 관계를 우선하는 민주적이면서 협동적 조직문화일 때, 교사의 조직몰입에 직접적인 영향을 미친다. 조직몰입이란 조직구성원들의 조직에 대한 심리적 태도로 조직의 목표 성취를 위해 지속적이고 열정적으로 조직에 속하고자 하는 정서적 애착으로 조직에 헌신한다는 의미이다(정혜영, 김현수, 2017). 반면에 보육교사의 열악한 근무환경과 낮은 사회적 지지는 직무만족도를 낮추고 업무에 스트레스를 주어 조직몰입을 방해하므로 보육교사의 소진과 이직으로 연결된다.

3) 보육교사 직무스트레스

직무스트레스란 조직의 특성과 개인의 특성 둘 다 관련되는 것으로 교사에 대한 외부의 요구가 자아존중감이나 심리적 안정에 위협이 된다는 것을 지각하는 상태이다(윤혜미, 권혜경, 2003). 즉, 위협을 주는 직무환경에 대한 개인의 반응으로 개인의 능력이 직무환경에 부적합한 상태를 의미한다. 보육교사에게 직무스트레스를 주는 외적인 요인으로는 근무조건, 직무 자체, 승진, 낮은 사회적 인식 외에도 보육교사의 과중한 업무와 적은 급여, 높은 교사 대 아동비율, 빈약한 복지후생 등이고, 개인 내적 요인으로는 원장이나 동료와의 인간관계, 보육교사의 연령, 교육수준, 경력, 결혼 여부, 자질이나 가치관 등에 영향을 받는다. 보육교사직은 스트레스가 많은 직업으로 장시간의 고된 노동, 짧은 휴식, 낮은 급여, 복잡하고 다양한 의무교육의 증가, 까다로운 학부모와의 관계, 다양한 욕구를 지닌 영유아, 직업에 대한 낮은 사회적 인식 등으로 매우 다양한 스트레스를 경험하게 된다(조성연, 2004).

① 부모요인

〈사례 1〉
까다로운 부모는 교사의 말을 신뢰하지 않고 자기주장만 먼저 내세우고, 교사의 말은 하찮게 여기니 이럴 땐 어떻게 해야 하는지 스트레스를 받게 돼요.

〈사례 2〉
부모와 사회인식으로부터 신뢰받지 못하는 거예요. 보육업무에 대해 부모와 사회가 신뢰하지 않는 점이 가장 스트레스가 컸던 것 같아요. 첫해 초임 때 특히 심했어요. '나이가 어리면 아이를 못 볼 것'이라는 부모의 인식, 아이도 안 낳아 본 사람이, 나이도 어린 사람이 아무리 배웠다 해도 그걸 실전에서 써 먹을 수 있겠어? 하는 사회의 인식이 나를 힘들게 했고, 3년 차가 되었을 때는 내가 어느 정도 아이들 연령별 발달에 대해 숙지하고 있고, 이론들을 접목한 것도 있고, 어느 정도 보아 온 것도 있고 해서, 부모님들께 전달하는 과정에서 '이 교사 좀 믿을만하네'라는 믿음이 있어서 그런지, 경력이 쌓인 다음은 괜찮았으나, 초임 때는 어수룩하다 보니 스트레스가 많았던 것 같아요.

② 동료 교사요인

〈사례 1〉
우리 반 아이들이 말을 안 들을 때 다른 동료교사가 "쟤들 좀 봐" 하면서 문제아를 대하듯이 말할 때, 나와 우리 반 전체를 욕하는 것 같아 동료 교사에게 스트레스를 받았다.

〈사례 2〉
가장 높은 스트레스 상황은 두 가지인데, 아이가 좀 다쳤을 때와 주임 교사를 맡다 보니 과다업무로 문서작성이 많아서 힘들었다. 원장님이 신뢰하고 맡기는 것이지만, 다른 교사가 2을 한다면 난 주임교사이기 때문에 8을 했는데, 상대적으로 적게 일하는 교사가 힘들다고 할 때 더 큰 스트레스를 받게 돼요.

③ 보육교사에 대한 낮은 사회적 인식

〈사례 1〉
보육교사를 바라보는 비판적인 시각이 많기 때문에, 다른 곳에서 가서도 "보육교사입니다"라고 내 직업에 대해서 자신 있게 말하지 못하여 내 직업에 대한 만족도가 매우 낮아져요. 요즘 많이 발생하는 보육교사의 아동학대 사건들로 항상 주변 사람들이 질문해요. '원래 보육교사들은 다 그러냐, 너도 그래?' 등, 이런 말을 할 때 친한 사람들이 하는 소리지만, 큰 스트레스로 다가 와요. 그런 말들이 업무만족을 떨어지게 만들어요

출처: 이경숙, 김명식, 박진아, 윤영숙, 채진영(2015).

이러한 보육교사의 스트레스를 그대로 방치하게 되면 피로 등의 신체적 반응, 부정적인 심리적 반응 그리고 다양한 행동적 반응들이 나타나 보육교사가 담당하는 영유아와의 관계형성 및 보육실 내 교사 행동에 역기능적인 영향을 미쳐 결과적으로 보육의 질을 낮추는 결과를 초래하게 된다. 직무스트레스는 어린이집 환경요건이 보육교사의 요구나 필요에 따르지 못할 때 그리고 환경적 요구가 보육교사의 능력과 자원을 초과하게 되면 직무스트레스가 유발된다. 직무에 대한 불안과 업무의 생산성과 효율성 저하 그리고 직업에 대한 낮은 만족도는 잦은 이직으로 나아가 보육교사의 이직비율을 높게 한다. 보육교사들은 학부모의 민원과 요구, 보육교사에 대한 낮은 사회적 인식으로 인해 어려움을 겪고 있으며, 교사의 권리가 침해될 때 상대적인 박탈감을 느낀다.

직무만족을 위해 보육교사들이 원하는 정책적 지원으로는 급여 수준 상향 조정, 근무시간 축소, 교사 대 영유아 비율 축소, 잡무 경감, 휴가 보장순으로 나타났다(육아정책개발원, 2013). 직장어린이집의 경우에도 원장지도력, 행정적 지원부족, 업무 과부하 등이 직무스트레스를 주는 요인이 된다. 결론적으로 직장어린이집 보육교사의 직무만족도 향상을 위해서 보육교사의 업무 과부하 해소에 노력을 기울이고 원장지도력 그리고 행정적 지원이 요구되며 또한 정보공유와 관련한 학부모-교사 협력관계의 활성화가 필요하다(배혜영, 2018).

제10장
보육교사의 정서

1. 정서지능

1) 정서

정서라는 주제는 철학, 생물학, 그리고 사회과학에서 오랜 역사를 가지고 다루어 왔다. 초기 그리스 시대부터 서양철학자들은 인간의 경험을 인지와 정서로 개념화했고, 이후 다윈(Darwin)은 정서(affect and emotions)가 인간의 동기유발과 순응에 중심이 된다고 보았고, 20세기 중반에 이르러 정서는 심리학의 핵심 주제로 부활하게 되었다(LaFreniere, 2006). 정서를 지칭할 때 가장 보편적으로 사용하는 용어가 'emotion'이다. 정서(emotion)란 일반적으로 가슴이 두근거리는 것 같은 생리적 현상뿐만 아니라 미소와 같이 눈에 보이는 행위까지 광범위하게 나타나는 감정(feeling)을 말한다(조복희, 2014, 221). 정서에 대한 개념을 학자별로 구분하였다.

〈표 10-1〉 정서의 개념

학 자	개념
Salovey & Mayer(1990)	• 내외적 사건에 대하여 개인을 긍정적 또는 부정적으로 이끄는 반응에서 발생함
Draper(1990)	• 세 가지를 포함하는 복합적 현상 – 경험적 또는 의식적 느낌 – 뇌와 신경 체계에서 발생하는 생리학적 과정 – 관찰 가능한 표현 양식(특히 표정) • 외적 · 내적 사건에 대한 주관적 · 의식적이고 협응적인 반응

정서는 일종의 주관적 의식경험(conscious experience)을 나타내는 용어로 정서 이외에도 느낌, 감정, 기분, 감성 등의 다양한 단어를 사용한다. 정서를 지칭하는 단어는 나라마다, 시대마다 조금씩 그 의미를 달리 해 왔다. 영어로는 emotion과 함께 feeling, mood, affect 등의 용어가 자주 사용되는데, 각 용어마다 미묘한 의미의 차이가 있으나 우리말로 바꾸어 쓸 때에는 그 차이가 불분명해지는 경향이 있다(조복희, 곽혜경, 김혜순, 연미희, 임영환, 장혜자, 2014).

- emotion(any strong feeling): 정서 또는 감정으로 유기체에게 특별히 중요한 내적 또는 외적 사건에 대한 별개의 일관된 반응을 의미한다.
- feeling(the experiencing of affective and emotional states): 느낌 혹은 감정으로 정서의 주관적 표상(subjective representation of emotions)으로서, 그 정서를 경험하는 개인의 사적인 것으로 이해된다.
- mood(a characteristic state of feeling): 주로 기분으로 번역되며, 확산된 정서상태(diffuse affective states)로서, 정서(emotion)보다 더 오랫동안 지속되며 덜 강렬하다.
- affect(the conscious subjective aspect of feeling or emotion): 주로 정서 또는 정동으로 번역되며 정서, 감정, 기분을 모두 아우르는 용어로 사용되고, 정서(emotion)의 다른 표현으로 사용된다.

일반적으로 정서에 대한 주제는 크게 정서의 이해, 정서의 표현, 정서의 조절이라는 세 가지 대주제로 구분할 수 있다.

2) 정서지능의 개념

정서는 학습과 교수에 중요한 요소가 된다. 교사와 학습자 사이에 정서적 이해를 바탕으로 의미 있는 학습이 일어날 때 좋은 가르침이 일어날 수 있다. 더구나 가르침과 돌봄의 역할을 동시에 수행해야 하는 보육교사에게 있어 정서는 필수적인 요소이다. 우즈와 제프리(Woods & Jeffrey, 1996)는 창의적인 영유아를 가르치는 교사들이 특별해지려면 기준을 세우거나 새로운 기술을 사용하도록 가르치는 것 이상의 것이 요구되는데, 그것이 바로 '정서적 유대로 단결하는 것'이라고 하였다(Hargreaves, 1998, 835 재인용). 보육교사의 정서는 교수학습과정에 있어 교수행위를 지각하도록 하고, 가치 판단을 통해 영유아의 흥미를 지속시키며, 놀이에 몰입하도록 도움을 준다. 또한 보육교사 스스로의 만족감과 자아정체성을 형성하는 데에도 매우 중요하다(연선영, 2001).

지금까지는 정서지능과 관련하여 주로 예비교사들이 어떠한 정서를 경험하는지에 관심이 있었다. 그러나 최근에는 예비교사들에게 필요한 정서적 기술 또는 역량에 관심을 두고 있다. 정서역량(emotional competence)이란 교사가 학교와 교실 현장에서 실제로 이러한 정서적 기술을 이용하는 능력을 얼마나 가지고 있는가를 말한다(Corcoran & Tormey, 2015, 16). 학자에 따른 정서지능의 개념은 다음과 같다

〈표 10-2〉 정서지능의 개념

학자	개념
Salovey & Mayer(1990)	• 자신과 다른 사람의 정서에 대해 정확하게 인식하고 표현할 줄 아는 능력 • 정서를 효과적으로 조절할 줄 아는 능력 • 자신의 삶을 계획하고 성취하기 위해 정서를 활용할 줄 아는 능력
Goleman(1995)	① 자신의 정서를 인지하고 ② 조절하는 자기통제 능력 ③ 충동억제와 긍정적 사고로 자신을 동기화하는 자신에 대한 동기부여 ④ 타인의 정서를 인지하는 능력 ⑤ 감정이입을 통한 대인관계를 다루는 능력 등 위 5단계 과정을 총제적으로 포함하는 개념
Wong(2004)	• 개인과 타인의 정서 인식 및 이해와 조절하기, 정서를 활용하는 능력 * 정서지능의 네 가지 요소 ① 자기정서의 평가 및 표현 ② 타인정서의 평가 및 인식 ③ 자기정서의 조절 ④ 수행촉진을 위한 정서의 활용
박복매(2011)	• 좌절 상황에도 개인을 동기화시키고 자신을 지켜 낼 수 있게 함 • 충동의 통제와 지연된 만족을 가능하게 함 • 기분 상태 여부로 합리적인 사고를 억누르지 않게 함 • 타인에 대해 공감할 수 있고 희망을 버리지 않는 능력

3) 정서지능의 영향 요인

정서는 학습동기를 유발하고 학습을 지속시키는 힘을 가지고 있어 학습에 중요한 요소가 된다. 정서는 학습자뿐 아니라 교수자에게도 중요하다. 정서적으로 숙련된 교사는 학습자의 행동, 참여, 학교에 대한 애착, 학업성취에 영향을 주며 보다 개방적이고 효과적인 학습환경을 만들고, 높은 직업만족도를 보인다(Corcoran & Tormey, 2015).

교사의 정서지능은 자아개념, 직무, 대인관계, 전문성 그리고 삶의 태도 등 다섯 가지에 영향을 주는 것으로 나타났다.

분 류	변 인
자아개념	자아개념, 자기효능감, 교사효능감, 교수효능감, 문제행동지도 효능감
전공 및 직무	전공과 직무만족, 직무스트레스와 소진, 이직 의도, 조직몰입, 보육헌신
대인관계	교사 - 유아 상호작용, 교사 - 부모 의사소통, 부모 - 교사 협력관계 등
전문성	역할수행, 교사전문성 인식, 교사 민감성, 문제행동 관리능력 의사결정양식, 성취목표지향성, 임파워먼트 등
삶에 대한 태도	행복감, 낙관성 등

정서지능이 높은 교사들이 자아개념과 교사효능감이 높고, 전공이나 직무에 대한 만족감이 높으며, 스트레스나 소진이 적어서 경력 및 조직에 대한 몰입도가 높고, 헌신적이며, 자연스럽게 이직 의도가 낮다는 것을 알 수 있다. 또한 교사로서의 전문적 능력을 갖추려고 노력하고, 유아, 교사 및 부모와의 상호작용이나 의사소통이 원만하여 상호관계가 좋고 협력적이어서 교사로서의 삶에 만족을 느낀다고 볼 수 있다.

(1) 정서지능과 역할수행

보육교사가 역할수행에 있어서 정서지능이 높을수록 바람직한 역할수행을 하였고 특히, '교육 및 교수활동'과 '상담 및 정서적 지원'에서 정서지능의 영향력이 컸다. 즉, 보육교사의 정서지능이 높을수록 '교육 및 교수활동'을 성실히 수행하였고 '상담 및 정서적 지원'을 충분히 제공하였다. 이외에 정서활용과 자기정서 인식의 영향력도 크게 나타났다(문혜련, 강재희, 2015; 송순옥, 성연정, 2016).

(2) 정서지능과 교사-유아 상호작용

정서지능은 교사 자신의 정서를 정확히 인식할 뿐 아니라 유아의 정서를 파악하여 자신의 정서와 행동을 선택하고 조절함으로써 효과적인 상호작용을 하는 데 중요한 역할을 한다. 여러 연구에서 교사의 정서지능이 교사-유아 상호작용에 직접적이고 긍정적인 영향을 주는 것으로 나타났다(강수경, 김민정, 정미라, 2016; 김보경, 이경님, 2016; 박경숙, 2016). 이는 정서지능이 높은 교사일수록 유아들에게 모범을 보이며 온정적이고 친근하게 질적으로 높은 긍정적인 상호작용을 하고 있음을 의미한다. 자신의 기분과 감정을 적절히 조절하고 스스로 동기를 부여하며 복잡한 정서를 제대로 이해하고 활용할 줄 아는 교사일수록 유아와의 관계에서도 긍정적 자세로 질적 상호작용을 한다(박경숙, 2016). 교사는 복잡한 감정의 상황에서도 예측하고 미리 판단하여 적절히 대처하는 정서활용 능력으로 유아-교사 간 상호작용의 질을 높이며 상호작용을 하였다.

(3) 정서지능과 교사효능감

교사효능감(teacher efficacy)이란 교사의 교수행동이 자신의 신념을 행동으로 옮길 수 있는 개인적 성향이라고 정의할 수 있다. 교사가 학생의 참여, 수업전략, 학급경영에 미칠 수 있는 영향력에 대해 교사가 지각하는 정도가 높다는 의미이다. 교사효능감은 일반적 교수효능감(general teaching efficacy)과 개인적 교수효능감(personal teaching efficacy)으로 구성된다. 일반적 교수효능감은 교수-학습과 관련되어 주어진 요인들을 통제할 수 있다고 믿는 교사의 신념을 의미하고, 개인적 교수효능감은 교사가 개인적으로 학습자의 학습과 행동에 어느 정도 영향을 미칠 수 있을지에 대한 자기 자각을 말한다(황은진, 2015). 정서지능의 하위요인 중 정서인식 및 정서 표현, 감정이입, 사고촉진을 많이 할수록 교사의 개인효능감과 일반효능감 및 교사효능감 전체가 높은 것으로 나타났다(황은진, 2015). 송순옥과 성연정(2016) 연구에서도 보육교사의 정서지능과 교사효능감이 전체적으로 유의미한 정적 상관관계가 있었으며, 정서지능의 하위요인 중 정서활용, 타인정서인식, 정서조절이 높으면 교사효능감도 높다고 예측할 수 있다.

(4) 정서지능과 낙관성

낙관성이란 자신의 성향과 상황을 토대로 미래에 대한 긍정적인 기대를 가지고 목표를 이루어 나가는 태도나 행동을 말한다. 즉 낙관성은 일상의 삶에서 어려운 일에 직면할 때, 희망적인 미래를 기대하며, 효율적이고 적극적인 대처행동으로 극복할 수 있다는 믿음의 태도나 행동이다(정귀임, 2016).

보육교사는 열악한 근무환경, 대인관계 갈등, 전문성의 불확실성, 소진 등의 다양한 어려움을 겪는다. 이러한 부정적인 상황에서 벗어나게 하고, 그 과정에서 긍정적인 정서를 경험하며, 좋은 미래가 올 것이라는 희망을 갖게 하는 것이 낙관성인데 이것이 예비보육교사에게 요구된다. 유아교사가 자기정서를 인식하고 스스로 동기화하며 자기정서조절이 높은 정서지능일 때 낙관성에 의미 있는 영향을 주었다(황해익, 강현미, 탁정화, 2014).

(5) 정서지능과 임파워먼트

임파워먼트란 리더가 구성원에게 참여할 수 있는 권한을 부여하거나 동기를 유발함으로써 구성원들의 자발적 행동을 조성하는 행위나 과정이다(정혜영, 박영준, 2005). 그래서 구성원이 의도된 직무나 행위를 수행할 때 자신의 효과성에 확신을 높여 준다(이희정, 2012). 따라서 교사의 임파워먼트가 높다는 것은 직무나 행위를 수행하는데 있어서 자신의 효과성을 강하게 확신한다는 의미이다. 임파워된 교사는 어린이집 운영에 대한 주인의식을 갖게 됨으로써 동기부여, 직무만족 및 몰입이 증가한다(Eckley, 1997). 보육교사의 정서지능은 임파워먼트와 관련되며, 정서인식 및 정서 표현, 정서 활용과도 연관된다. 다시 말하면, 정서지능이 높은 보육교사들이 직무나 행위 수행에서 자신의 효과성을 보다 강하게 확신한다는 뜻이다(김미정, 박선해, 2014).

〈표 10-3〉 나의 정서지능 알아보기

※ 각 문항을 주의 깊게 읽고, 평소 자신의 모습이라고 생각되는 칸에 □로 표시해 주십시오.
① 전혀 아니다 ② 아니다 ③ 보통이다 ④ 그렇다 ⑤ 매우 그렇다

문항	①	②	③	④	⑤
1. 여러 상황에 처했을 때 내가 어떤 정서를 느끼는지 잘 알고 있다.					
2. 친구들의 행동을 보고 그 친구의 정서가 어떠한지 잘 파악한다.					
3. 항상 나름대로의 목표를 세우고 이를 성취하기 위해 최선의 노력을 한다.					
4. 기분을 조절할 수 있고 내가 처한 어려움을 이성적으로 처리한다.					
5. 자신의 정서를 잘 이해할 수 있다.					
6. 다른 사람의 정서를 잘 이해할 수 있다.					
7. 나는 내가 능력 있는 사람이라고 생각한다.					
8. 나는 나의 정서를 잘 다스릴 수 있는 능력이 있다.					
9. 나는 내가 느끼는 것이 무엇인지 잘 이해하고 있다.					
10. 다른 사람들의 느낌과 정서를 잘 감지한다.					
11. 스스로에게 동기 부여를 잘할 수 있다.					
12. 매우 화가 났을 때 빠르게 감정을 가라앉힐 수 있다.					
13. 항상 내가 행복한지 불행한지 잘 알고 있다.					
14. 주변 사람들의 정서를 잘 파악한다.					
15. 내가 최선의 노력을 기울일 수 있도록 스스로를 격려한다.					
16. 자신의 감정을 잘 통제할 수 있다.					

출처: 박복매(2011).

※ 질문지에서 해당 문항의 점수를 합산하여 아래의 표에 기입하고 환산점수를 계산해 보세요.

하위요인	문항번호	문항수(a)	원점수(b)	환산점수(b/a)
자기정서인식	1, 5, 9, 13	4		
타인정서인식	2, 6, 10, 14	4		
정서활용	3, 7, 11, 15	4		
정서조절	4, 8, 12, 16	4		
정서지능 전체		16		

2. 보육교사와 정서노동

1) 정서노동의 개념

보육교사는 영유아들에게 지속적으로 집중하고 관심을 유지해야 하고, 이러한 관심을 유지하기 위해 끊임없이 정서적 노력을 해야 하는데 이 과정이 곧 정서노동으로 이어진다. 감정노동의 직업별 실태(한국직업능력개발원, 2013) 발표에서 '감정노동을 많이 수행하는 직업군 30선'에 보육교사가 포함되어 보육교사의 정서노동에 대한 관심이 고조되었다. 감정노동지수 5점 만점에 4점 이상인 직업이 75개였으며, 보육교사는 평균 4.12로 28위를 차지하였다(한상근, 2013).

정서노동이란 외현적으로 적절한 정서를 표현하여 상대방이 편안하고 일정한 상태의 정서를 유지하도록 만드는 행동으로, 기관의 규칙과 가치에 부합하는 정서를 표현하기 위해 자신의 정서를 관리하는 것을 말한다(이연준, 서영숙, 2015).

정서노동에는 정서 표현을 수정하기 위해 정서를 강화하고, 위장하고, 억누르는 과정이 수반된다. 따라서 정서노동은 조직의 목표달성을 위하여 감정을 느끼고 표현하는 것을 조절하는 과정이다. 이와 같이 보육교사가 직무의 특성상 정서노동을 해야한다면, 정서노동에 대해 정확히 알고, 영향을 미치는 요인들을 파악하여 정서노동에 따른 부정적 영향을 최소화할 필요가 있다.

정서노동(emotion work)이라는 용어를 처음 사용한 호흐쉴드(Hochschild, 1979)는 '개인의 정서를 직업 또는 조직의 규범에 맞게 조절하여 공개적으로 관찰 가능한 얼굴 및 신체 표현을 하도록 관리하는 것'으로 정서노동을 소개하였다. 정서노동은 소속된 기관에서 기대하는 정서 표현에 대해 적합한 정서행동을 하기 위해 실제로 느낀 정서와 다른 정서를 표현하는 것이다. 그래서 의도적으로 다른 적절한 정서를 느끼고 표현해 보는 시도까지 포함하는 포괄적 행위이다(김지영, 2010). 사람들이 정서노동을 하는 세 가지 방식은 다음과 같다.

정서노동방법	내 용
인지적 방법	특정 대상에 대한 느낌을 바꾸기 위해 생각을 바꾸려고 노력하는 것
정서적 방법	정서를 바람직한 방향으로 바꾸어 보려고 신체를 이용하는 것으로 많은 사람들 앞에서 발표할 때 긴장을 풀기 위해 숨을 크게 들이쉬는 것
감정적 방법	감정을 나타내는 몸짓을 사용하는 것으로, 행복한 기분을 나타내기 위해 일부러 미소를 짓는 것이 그 예로 표면행동(surface acting)이라 부른다 개인이 정서를 조절하기는 하지만 실질적인 감정의 변화가 나타나지 않는다

감정규칙은 그 사회 특유의 정서 지침서이다. 우리는 자기 자신의 정서에 의문을 제기할 때, 다른 사람이 우리 감정을 말하도록 요구할 때, 또는 다른 사람이 우리를 질책할 때 감정규칙을 상기한다. 그리고 사회적 지위, 계층, 성별에 따라 다른 감정규칙을 적용한다. 이때 감정을 만들어 내는 방법으로는 타이르기와 상상하기가 있다.

① 타이르기(exhortation): 감정을 유발하거나 방지하기 위한 직접적인 노력
예) " ~가 나를 얼마나 도와주었는데. 내가 서운하게 생각하면 안 되지."
※ 정서에 직접적으로 작용하기 때문에 진정한 내면적 행위로 볼 수는 없다.

② 상상하기(imagination): 감정기억을 떠올려서 정서를 만들어 내는 간접적인 방법으로 행복했던 시간, 장소, 냄새 등을 떠올려 그때 그 감정으로 돌아가기

정서노동은 이렇게 실제 개인이 느끼는 감정을 표현하기보다는 조직에서 정한 규칙을 따라서 개인의 정서를 표현하는 것으로, 보육교직원 개개인이 조직이 원하는 바람직한 정서적 표현을 얼마나 적합하게 수행했는가에 초점을 두고 있다. 즉 보육교사는 개인의 정서보다는 영유아와 정서적 애착관계를 형성하고, 동시에 부모 및 동료 교직원과 의사소통을 통한 원만한 인간관계를 맺으며, 교사로서의 역할수행을 위한 정서적 노력이 요구된다(김윤경, 2011; 이진화, 2007). 보육교사는 역할수행 과정 중 발생하는 갈등상황에서 자신의 정서를 그대로 표현하지 못하고, 바람직한 보육교사로서의 역할에 충실하기 위해 분노나 좌절감 등의 부정적 정서

를 조절하고 억제하며, 대신 가식적인 정서적 표현을 하게 된다(고재욱, 2012; 정선영·조안나, 2019).

다음은 보육교사의 정서노동을 측정하기 위한 정서노동 척도이다

〈표 10-4〉 정서노동 척도: ELS(Emotional Labor Scale)

※ 다음은 선생님들께서 보육교사로서 실제 보육현장에서의 자신의 정서적 행동과 관련된 내용입니다. 각각의 문항에 대해 선생님의 경우를 생각해 보신 후에 답변해 주시기 바랍니다.

① 전혀 아니다 ② 가끔 그렇다 ③ 보통 그렇다 ④ 자주 그렇다 ⑤ 항상 그렇다

문 항	①	②	③	④	⑤
1. 긍정적 정서(칭찬함, 격려함 등)를 어려움 없이 표현한다.					
2. 내가 느끼는 정서와 관계없이 긍정적인 정서를 갖고 있는 것처럼 꾸며서 표현한다.					
3. 교사로서 긍정적인 정서들을 표현하기 위해 노력한다.					
4. 유아들이 나타내는 정서에 별다른 노력이나 꾸밈없이 쉽고 자연스럽게 반응한다.					
5. 필요하다면 내면에서 느끼는 정서와는 달리 긍정적인 분위기를 형성하기 위해 실제로 느낀 정서를 숨긴다.					
6. 필요하다면 나는 가장된 행동을 해서라도 긍정적정서를 표현한다.					
7. 긍정적인 정서(칭찬함, 격려함)를 진심으로 표현한다.					
8. 필요하다고 생각되면 긍정적인 정서를 표현하기 위해서 스스로 노력한다.					
9. 보육교사로서 표현하도록 기대되는 긍정적인 정서(칭찬함, 격려함 등)를 실제에서도 경험하기 위해 노력한다.					
10. 보육교사라는 직업에 적합한 긍정적 정서(격려함, 칭찬함 등)를 표현하기 위해서 일종의 가면을 쓰고 있다.					
11. 실제로 느낀 정서들을 긍정적인 정서로 바꾸어 표현하기 위해 노력한다.					
12. 내가 갖고 있는 정서와는 일치하지 않지만 유아들에게 긍정적인 정서를 표현한다.					
13. 보육교사로서 기대되는 정서(칭찬함, 격려하기 등)를 표현하기 위해서 노력한다.					

출처: 이진화(2007).

2) 정서노동에 대한 대처

보육교사로서 정서노동을 수행해야 한다면 정서노동에 적절히 대처하도록 지원할 필요가 있다. 온은아(2016)는 정서노동에 영향을 미치는 긍정적 요인들을 향상시켜 유아교사들이 교육현장에서 겪는 불가피한 정서노동 상황에 대해 보다 적극적이고 유연하게 대처하도록 지원하였다. 주어진 직무에 대해 긍정적으로 수용하고 부정적 직무환경을 극복할 수 있는 능력을 얻도록 감정노동 대처능력 증진 프로그램을 개발하였다

〈표 10-5〉 **감정노동 대처능력 증진 프로그램 개발 모형**

목적 및 목표	〈목적〉 유아교사의 행복감 및 삶의 질 증진을 위한 긍정심리학 기반의 감정노동 대처능력 함양
	〈목표〉 • 감정노동 대처능력 증진 프로그램을 통해 감정노동을 대처할 수 있는 능력을 기른다. • 감정노동 대처능력 증진 프로그램을 통해 직무소진 및 스트레스에 대처할 수 있는 능력을 기른다.
내용	• 관계에 대한 심리적 이해(긍정적 관계) – 신뢰로운 관계 형성 – 타인에 대한 따뜻한 관심 형성 – 친밀감, 공감 경험 • 자아성찰 및 인식을 통한 행복의 감수성 탐색(자아수용) – 자신에 대한 긍정감 형성 – 조건 없이 자신을 수용함 • 삶의 자유의지 체험 및 기쁨의 발견 Ⅰ(환경지배력) – 환경에 대한 통제력 향상 – 스트레스의 관리능력 향상 • 삶의 자유의지 체험 및 기쁨의 발견 Ⅱ(자율성) – 독립성 강화 – 자기 주도적 선택의 힘 강화

내용	• 직업적 효능감의 회복(삶의 목적) – 구체적인 삶의 목표 발견 – 삶에 대한 희망 및 긍정감 형성 • 자아실현 및 행복지수 향상 단계(개인적 성장) – 감정노동 극복을 위한 자신의 잠재력, 가능성 발견 – 자신의 성장에 대한 의지형 – 변화의 시도와 삶에 대한 개방성 향상
방법	• 교수방법: 집단상담 및 1:1 개인상담 • 운영방법 – 교육자: 긍정심리학에 이해가 있고, 교사 경험이 있는자 – 교육대상자: 현직 유아교사 – 교육기간 : 8주간 주 2회 총 16회 – 교육단계: 워밍업(신체의 이완) → 주제 활동(주제접근) → 센터링(명상) → 나눔(지지와 격려를 체험)
평가	• 자체평가 – 자기평가 • 프로그램평가 – 척도에 의한 양적평가

출처: 온은아(2016).

긍정심리학 기반 유아교사 감정노동 대처능력 증진 프로그램은 유아교사의 정서노동 대처능력 증진에 효과가 있는 것으로 밝혀졌다. 온은아(2016)는 유아교육기관에서 유아교사의 정서노동을 당연한 것으로 받아들이지 말고 이들의 정서노동 상황을 주기적으로 파악하고 업무시스템 개선이나 복지차원에서 제공되는 프로그램을 통해 감정노동을 완화시키는 노력을 기울여야 한다고 하였다.

정서노동의 어려움 혹은 불편한 감정을 호소하거나 이야기할 대상과 공간이 부재했던 유아교사들은 프로그램을 통해 감정을 표현하고 발산하며 동료들 간에 지지하고 위로받는 경험을 하게 되었다. 또한 유사한 직무경험을 하는 동료들이 모인 집단상담은 구성원 간의 상호작용을 통해 정서노동 경험과 스트레스를 함께 나누며 나만이 아니라 다른 사람도 유사한 어려움을 느끼고 살아가는 것을 보면서 보편성을 경험하고 안도감을 느끼는 것으로 나타났다. 그리고 프로그램 중에 배운 내용을 일상생활에서 실천하려고 노력하는 모습이 보였다.

〈표 10-6〉 감정노동 대처능력 증진 프로그램에 대한 요구사항에 관한 질문

■ 다음의 항목에 대해 스스로의 생각을 평가해 주세요

1. 유아교사의 감정노동 대처능력 증진을 위해 유아교육기관의 조직 및 직무환경상 개선되어야 할 부분은 무엇이라고 생각하는가? (가장 중요하다고 생각하는 것 2개 선택)

① 업무부담 축소
② 처우 및 보상, 복리후생의 개선
③ 교육훈련과 자기계발 기회 확대
④ 교수활동과 의사결정의 독립성 및 자율성 보장
⑤ 개방적이고 수평적인 기관조직 내 의사소통 구조 마련
⑥ 유아 및 학부모와의 관계에서 나타나는 문제해결을 위한 공식화된 규범 도입
⑦ 시설환경 개선 및 원활한 자원공급
⑧ 교사의 심리적 · 신체적 건강 관리

2. 유아교사의 감정노동 대처능력 증진을 위해서는 교사 개인의 심리나 태도와 관련하여 강화되어야 할 부분이 무엇이라고 생각하십니까? (가장 중요하다고 생각하는 것 3가지)

① 교사로서의 효능감과 자존감
② 유아교사로서의 사명감과 열의
③ 교수활동 및 업무에 필요한 지식, 경험, 기술, 전문성
④ 교사 개인의 생활 전반 삶의 질이나 행복감
⑤ 유아에 대한 애정과 친절, 포용
⑥ 일을 통해 얻는 즐거움과 의미
⑦ 낙관적이고 밝은 정서와 이를 표현하는 능력
⑧ 내적인 스트레스와 좌절을 극복하고 통제할 수 있는 능력
⑨ 윤리의식
⑩ 대인관계적인 기술
⑪ 창의성과 탐구역량

3. 유아교사 감정노동 대처능력 증진프로그램이 개발된다면 어떠한 목적을 가져야 한다고 생각하십니까? (가장 중요하다고 생각하는 것 1개 선택)

① 교사 개인의 행복감과 삶의 질 증진
② 감정노동을 극복할 수 있는 능력개발
③ 교사의 직무성과 향상을 위한 복리후생적 차원의 서비스
④ 감정노동에 어려움을 파악하여 대처능력 증진
⑤ 교사의 전문성 개발

4. 유아교사 감정노동 대처능력 증진 프로그램이 개발된다면 어떠한 내용으로 구성되어야 한다고 생각하십니까? (가장 중요하다고 생각하는 것 1개 선택)

① 감정노동과 그에 따른 문제점의 이해
② 대인관계와 일의 의미발견
③ 자아와 행복감의 향상
④ 교사로서의 사명감과 열의 회복
⑤ 긍정적인 사고 도모

5. 유아교사 감정노동 대처능력 증진 프로그램이 개발된다면 어떠한 방법으로 진행되어야 한다고 생각하십니까? (가장 중요하다고 생각하는 것 1개 선택)

① 비디오/ 영화
② 명상
③ 개인상담(1:1 심리치료)
④ 집단상담
⑤ 소모임 그룹상담

6. 유아교사 감정노동 대처능력 증진프로그램이 개발된다면 그 효과를 어떠한 형태로 평가해야 한다고 생각하십니까?

① 감정노동 심리의 감소효과 측정
② 직무만족이나 교수능력 평가
③ 심층면접
④ 자기평가
⑤ 필요 없다

제11장
보육교사의 교사교육

1. 현직교육

현직교육은 교사의 전문성 함양과 자기계발을 위하여 현직 교사에게 실시되는 계속교육이다. 일정한 자격을 가지고 임용된 보육교사를 대상으로 보육의 직무수행을 위한 전문적 지식과 기술 그리고 능력을 배양하기 위하여 이루어지는 전반적인 교육 활동을 말한다.

1) 원내 교사교육

원내 교사교육은 개별 어린이집을 중심으로 원장과 주임교사 그리고 보육교사가 협동적으로 참여하여 교육, 영양, 건강, 안전, 부모에 대한 서비스 그리고 지역사회와의 교류 등의 영역에서 보육교사의 전문성 신장을 위하여 다양하고도 계속적으로 이루어지는 자율적인 활동이다. 교직원 모두의 성장을 위한 전문적 · 기술적 · 체계적 활동이다.

원장을 중심으로 모든 보육교직원이 협력하고 참여하여 교육활동의 개선을 이루고 그 과정에서 자기발전을 도모함으로써 보육의 질을 개선하는 자율적인 과정이므로, 교사들은 자발적으로 자신의 수준에 맞는 교사교육 계획을 수립하고 어린이집의 다양한 상황에 알맞게 실행할 수 있어야 한다(조혜경, 구경선, 곽혜경, 2017).

원내 교사교육의 효과는 원장과 주임교사의 지도성이 발휘된다는 점, 교사가 가진 능력과 자질의 적절한 활용 그리고 각 교사에게 필요한 지원을 하게 되는 계기가 되어 보육의 질이 높아진다. 또 필요와 요구에 따라 보육교사의 교수방법을 개선할 뿐 아니라 원내 문제 상황 등에 대한 이론적 근거에 기초한 적합한 처방과 해결방안을 모색하고, 교사-부모 간 효율적인 의사소통체제를 유지하게 된다(조혜경, 2009). 각 어린이집의 교사 또는 교사집단 수준에 맞게 자율적으로 연수할 수 있으며, 연수경비를 절감할 수 있다는 장점이 있다(이연주, 2013).

전문서적 읽기 및 세미나를 통해 교사는 시대 변화에 따른 새로운 이론을 검토하고 교사들의 관심사에 따라 전문서적을 선정하여 원내 상황에 따라 현장에 적절히 적용하고, 원내 놀이중심 보육과정 운영을 중심으로 교사들이 협의할 수 있다.

현장 연구는 보육현장의 문제를 지각하고 깊이 이해하면서 해결하는 탐구의 과정이다. 보육과정 운영, 놀이관찰과 기록, 부모 상담, 경계선 상의 영유아 문제행동, 다양한 가족유형에 따른 요구와 이해 등 공동의 관심사를 가지고 있는 교사들이 모여 연구주제를 정하고, 담당학급을 중심으로 기록, 분석, 면담, 관찰, 조사 등 다양한 연구방법을 사용하여 연구를 추진할 수 있다. 현장 연구는 보육의 문제 상황에 대해 보육이론과 실제 간의 연결고리 역할을 하기 때문에 가치가 있다.

2) 원외 교사교육

(1) 육아종합지원센터의 보육교직원 교육

전국 시 · 군 · 구에 소재하고 있는 육아종합지원센터는 어린이집 보육의 질 향상을 위하여 보육현장과 보육정책의 가교역할을 담당하며 포괄적인 서비스를 지원하는 지역거점으로서의 역할을 수행하고 있다.

육아종합지원센터 사업의 목적은 영유아 보육에 대한 제반 정보 제공 및 상담을 통하여 보육 수요자에게 보육에 대한 편의를 도모하고, 어린이집과 연계하여 어린이집 운영의 효율성을 제고하는 데 있다. 이를 실천하기 위한 주요사업으로는 보육정보 제공사업, 영유아도서관 사업, 교육 및 문화사업, 상담사업, 평가인증컨설팅 사업, 취약보육 및 양육지원 사업, 어린이집 운영지원 및 연구사업, 영유아 시책사업 등을 시행하고 있다. 이 중 교육 및 문화사업에서 어린이집 보육교직원의 전문성 증진을 위한 직종별, 단계별 교육을 연중 실시하고 있다.

한국성서대학교에서 위탁 운영하고 있는 노원육아종합지원센터의 어린이집 보육교직원 대상 교사교육의 목적과 교육 사례는 다음과 같다(노원구육아종합지원센터 사업보고서, 2021).

A. 안전 및 의무교육

(1) 필요성 및 목적

「영유아보육법」에서 보육의 기본 목적을 '영유아를 안전하게 보호하는 것'으로 정의하고 있으므로 어린이집에서 영유아의 안전사고를 효과적으로 예방하고 안정적인 보육서비스 제공을 위해 모든 보육교직원은 연 1회 안전교육을 필수적으로 이수해야 한다.

이와 더불어 2020년 추가된 '어린이집 성 행동문제 대응을 위한 어린이집 성교육 담당자 및 원장 등 역량강화 교육'은 어린이집 내에서 일어날 수 있는 영유아의 성행동문제를 효과적으로 관리하고 대응할 수 있도록 하는 교육이 포함되었다.

이외에도 ①「아동복지법」 제26조 3항에 근거한 '아동학대예방 및 신고의무자 교육', ②「장애인복지법」 제25조 및 「장애인복지법시행령」 제 16조, 「장애인복지법 시행규칙」 제25의2에 근거한 '장애인식 개선교육', ③「개인정보보호법」 제28조에 근거한 '개인정보보호교육', ④「남녀고용평등과 일 · 가정 양립 지원에 관한 법률 시행령」 제3조 제1항에 근거한 '성희롱 예방교육', ⑤「성폭력방지 및 피해자 보호 등에 관한 법률」 제5조 및 시행령 제2조에 근거한 '성폭력 예방교육', ⑥ 어린이집 평가제 지표(3-3-3-②, 3-5-2-①)에 근거한 필수교육으로 건강 · 영양교육과 안전 이론교육(응급처치, 재난대비안전, 약물 오남용 예방교육)을 개설하여 운영하였는데 이 교육은 현직 보육교사들이 의무적으로 이수해야 하는 교육이다.

(2) 교육내용

〈표 11-1〉 노원육아종합지원센터 안전 및 의무교육

구분	교육명	대상	내용
온라인 의무 교육	개인정보보호교육	보육교직원	개인정보보호의 개념과 적용
	성폭력예방교육	보육교직원	어린이집 내 성폭력예방
	장애인식 개선교육	보육교직원	보육활동 중 장애이해교육 방법
	건강영양 교육	보육교직원	영유아기 건강 및 영양에 대한 이해
	아동학대 및 신고의무자 교육	보육교직원	아동학대 신고의무자 교육 및 아동학대예방
	응급처치교육	보육교직원	응급상황 대처방법 이론
	재난대비 안전교육	보육교직원	재난대비 안전
	약물 오남용 예방교육	보육교직원	약물오남용 예방 방법

구분	교육명	대상	내용
어린이집 성 행동문제 대응을 위한 어린이집 성교육 담당자 및 원장 등 역량강화 교육		보육교직원	• 영유아 성 행동 이해 및 지도 • 영유아 성 행동문제 관리 및 대응 • 위험한 수준의 영유아 성 행동문제 발생 시 대응방법
기타 안전 교육	영유아 기도폐쇄 응급처치 및 심폐소생술	보육교직원	영유아 기도폐쇄 및 응급상황에서의 바른 심폐소생법의 이론과 실습
	약물오남용 예방 및 미세먼지 대응교육	보육교직원	• 약물 오남용 예방 • 미세먼지 대응
	아동인권교육	보육교직원	아동인권의 중요성

B. 표준보육과정 교육

(1) 필요성 및 목적

2019 개정 누리과정과 제4차 어린이집 표준보육과정은 영유아가 자신의 관심과 흥미에 따라 주도적 · 자발적으로 놀이를 하여 영유아가 놀이를 통해 의미 있는 배움이 일어나도록 지원하는 역할을 수행해야 하므로 교사의 놀이이해와 놀이지원 역할이 중요하게 되었다. 따라서 보육현장에 영유아중심 · 놀이중심 교육과정이 잘 적용되기 위해서 보육교사의 놀이지원역량이 요구되고 있으므로 이를 지원하기 위한 심층적 교육이 제공된다

(2) 교육내용

〈표 11-2〉 영아 표준보육과정 교육

구분	교육명	대상	내용
유아	놀면서 자란다 3-5세 보육과정	원장 및 보육교사	놀면서 자란다 3-5세 보육과정 이론과 실제
영아	놀면서 자란다 0-2세 보육과정	원장 및 보육교사	영아 놀이와 일상 놀이와 일상을 지원하는 교사 놀이 계획과 기록

〈표 11-3〉 유아 보육지원 교육

구분	교육명	대상	내용
보육지원	연장반 교사를 위한 보육프로그램	보육교사	연장보육프로그램의 구성과 운영방법
	어린이집 평가제를 반영한 보육일지 작성법	보육교사	어린이집 평가제를 반영한 보육일지 작성법
	학부모에게 인정받는 교사되기	보육교사	교사의 상담기법 및 의사소통 기술
	놀이의 발견	주임교사	• 놀이지원 이해하기 • 교사의 역할 및 상호작용 • 영유아 놀이 관찰 및 평가방법
	그림책을 활용한 영아안전교육 프로그램	영아반 보육교사	• 영아안전교육 프로그램 이해 및 활동안 작성법 시연 • 영아안전교육 활동안 작성 및 토의
	유아 흡연 위해 예방교육 교사 교육과정	보육교직원	• 유아 흡연 위해 예방교육 • 교사 심화과정

C. 일반교육

(1) 필요성 및 목적

영유아보육은 이제 국가와 사회가 담당해야 하는 영역으로 인식이 전환되면서 질 높은 보육서비스에 대한 사회적 요구가 높아졌다. 양질의 보육서비스를 제공하기 위해 보육교사의 전문성 함양을 위한 교사교육을 통해 보육의 질적 수준을 향상시키는 것이 중요하다. 따라서 보육교사의 교수행동의 질적 향상을 위해 교수학습방법, 보육과정, 보육일지 작성 및 관찰방법 등 보육교직원의 직종, 경력, 어린이집 유형 등에 따라 다양한 주제의 교육을 제공하여 보육교직원의 역량강화를 통해 보육교직원과 영유아 모두가 행복한 보육현장이 될 수 있도록 지원한다.

(2) 교육내용

〈표 11-4〉 노원육아종합지원센터의 일반교육내용

구분	교육명	대상	내용
교직원 지원	PPT를 활용한 매력적인 오리엔테이션 자료 만들기	보육교사	• 심플하고 깔끔한 PPT 구성 원리, 매력적인 오리엔테이션 자료 만들기
	(온라인)영아-놀이와 상호작용	영아반 보육교사	• 개정 표준보육과정에서의 놀이의 의미 • 영아와의 상호작용 방법
	신입교사 아카데미	신입교사 (3년 미만)	• 신입교사의 역할과 자세 • 관찰의 이론과 실제
	경력교사 아카데미	경력교사 (3년 이상)	• 중간관리자의 역할 • 이미지메이킹
	감 · 칠 · 맛 시리즈	원장	• (힐링교육) 내마음 충전 • (힐링교육) 감칠맛 충전 • (영양교육) 내 건강 충전
	영아 적응, 문제행동 지도	영아반 보육교사	• 영아 적응의 이해 • 영아 문제행동 지도
	분노조절 및 스트레스 완화교육	보육 교직원	• 스트레스 관리 및 해소방법
	유아 문제행동지도	유아반 보육교사	• 유아 문제행동지도
	개정표준보육과정지원 교사의 성장을 돕는 원내 장학	원장	• 국가수준의 보육과정 이해 • 놀이의 이해 • 놀이 관찰 기록의 실제 • 놀이의 관찰과 기록
	신입교사 힐링교육 몸 튼튼 근력운동	신입교사 (3년 미만)	• 근력운동에 대해 설명 • 맨손을 이용한 근력운동법
	보육교직원 힐링교육 통증클리닉 시리즈	보육 교직원	• 근골격계질환의 발생요인 • 통증 관리방법 안내 • 통증 관리를 위한 스트레칭 운동법
	경력교사 힐링교육 스트로크 UP 자존감 UP	경력교사 (3년 이상)	• 스트로크의 의미와 중요성 • 즐거운 생활을 위한 5대 원칙

구분	교육명	대상	내용
운영 지원	어린이집 재무회계교육	원장	• 어린이집 재무회계 이해 • 추경 및 예 · 결산
	열린어린이집 선정 및 운영 설명회	원장	• 2020년 열린어린이집 선정 및 운영 이해하기
	어린이집 조직관리	원장	• 어린이집 조직관리
	어린이집 보도대응과 언론피해구제방법	원장	• 어린이집 관련 보도 경향 • 오보의 종류 및 피해 사례
	위생지도점검 대응요령	조리사	• 급식실 위생점검 항목 이해와 준비 방법

2. 보수교육

보육교사의 전문성은 보육교사를 배출하는 교사양성과정에서의 교육도 중요하지만, 보육교사 자격 취득 후 보육현장에 근무하는 교사들에 대한 지속적인 보수교육 또한 매우 중요하다.

1) 보수교육의 정의

보육교직원의 자질향상을 위해 실시하는 교육으로서, 보육에 필요한 지식과 능력을 유지 · 개발하기 위하여 보육교직원이 정기적으로 받는 ① 직무교육과 보육교사가 상위 등급의 자격(3급→2급, 2급→1급)을 취득하기 위해 받아야 하는 ② 승급교육 및 어린이집 원장의 자격을 갖추기 위하여 받아야 하는 ③ 사전직무교육을 포함하는 교육이다.

2) 보수교육의 종류

(1) 어린이집 원장의 보수교육

<table>
<tr><th colspan="5">직무교육</th><th>사전직무교육</th></tr>
<tr><td colspan="2">일반직무교육</td><td colspan="3">특별직무교육</td><td rowspan="2">어린이집 원장
사전직무교육</td></tr>
<tr><td>기본교육/
심화교육</td><td>장기
미종사자
교육</td><td>영아보육
직무교육</td><td>장애아보육
직무교육</td><td>방과후보육
직무교육</td></tr>
</table>

(2) 보육교사 등의 보수교육

<table>
<tr><th colspan="5">직무교육</th><th colspan="2">사전직무교육</th></tr>
<tr><td colspan="2">일반직무교육</td><td colspan="3">특별직무교육</td><td rowspan="2">2급
보육교사
승급교육</td><td rowspan="2">1급
보육교사
승급교육</td></tr>
<tr><td>기본교육/
심화교육</td><td>장기
미종사자
교육</td><td>영아보육
직무교육</td><td>장애아보육
직무교육</td><td>방과후보육
직무교육</td></tr>
</table>

어린이집 원장의 보수교육은 직무교육(일반직무교육과 특별직무교육으로 분류됨)과 사전 직무교육으로 구분되며, 보육교사의 보수교육은 직무교육과 승급교육으로 구성된다. 직무교육 중에서 일반직무교육은 기본교육과 심화교육과정 중에서 보육업무 경력 등을 감안하여 교육대상자가 선택하여 이수할 수 있고, 특별직무교육은 영아, 장애아, 방과후보육 중에서 하나의 교육과정을 선택할 수 있다. 보수교육은 집합교육이 원칙이며, 특별직무 교육에 한해 온라인 교육 이수를 인정한다.

3) 보수교육의 자격과 조건

(1) 일반직무교육

① 보육교사 직무교육은 현직에 종사하고 있는 보육교사로서 보육업무 경력이 만 2년이 지난 사람과 보육교사 직무교육(승급교육을 포함)을 받은 해부터 만 2년이 지난 사람

② 어린이집 원장 직무교육은 현직에 종사하고 있는 어린이집 원장으로서 어린이집 원장의 직무를 담당한 때부터 만 2년이 지난 사람과 어린이집 원장 직무교육을 받은 해부터 만 2년이 지난 사람

③ 장기 미종사자 직무교육이란 어린이집 원장 또는 보육교사의 자격을 취득한 사람으로서 만 2년 이상 보육업무를 수행하지 아니하다가 다시 보육업무를 수행하려는 사람이다. 장기 미종사자 교육 대상자는 반드시 다시 보육업무를 수행하기 이전(채용 이전)까지 교육을 받아야 한다.

(2) 특별직무교육

① 영아 · 장애아 · 방과후 보육을 담당하고 있는 일반직무교육 대상자와 영아 · 장애아 · 방과후 보육을 담당하고자 하는 보육교사 및 어린이집 원장이 받을 수 있다.

② 영아 · 장애아 · 방과후 담당 보육교사로 근무하고자 하는 자는 사전에 특별직무교육을 받아야 하는 것이 원칙이나, 불가피하게 받지 못한 경우에는 채용 후 6개월 이내에 받아야 하고, 특별직무교육을 받은 사람은 일반직무교육을 이수한 것으로 본다.

(3) 승급교육

① 2급 보육교사 승급교육: 3급 보육교사 자격 취득 후 보육업무 경력이 만 1년이 지난 사람

② 1급 보육교사 승급교육: 2급 보육교사 자격 취득 후 보육업무 경력이 만 2년 이상이 경과한 사람이다.

다만, 보육교사 2급 자격을 취득한 후 보육 관련 대학원에서 석사 학위 이상을 취득한 자는 보육업무경력이 만 6개월 이상 경과한 경우 1급 승급 교육을 받을 수 있다.

③ 승급교육을 받은 사람은 일반직무교육을 이수한 것으로 본다

(4) 어린이집 원장 사전직무교육

① 일반, 가정, 영아전담, 장애아 전문 어린이집 원장까지 어느 하나의 자격을 취득하고자 하는 자는 어린이집 원장 사전직무교육을 받아야 한다.

② 원장 사전직무교육을 받은 사람은 일반직무교육을 이수한 것으로 본다

〈표 11-5〉 교육구분별 보수교육 대상자

교육 구분			교육 대상	교육 시간	비 고
직무교육	일반직무교육	보육교사	현직에 종사하고 있는 보육교사로서 보육업무 경력이 만 2년을 경과한 자와 보육교사 직무교육(승급교육 포함)을 받은 해부터 만 2년이 경과한 자	40시간	매 3년마다
		원장	어린이집 원장의 직무를 담당한 때부터 만 2년이 지난 경우	40시간	매 3년마다
		장기 미종사자	만 2년 이상 보육업무를 수행하지 아니하다가 다시 보육업무를 수행하고자 하는 보육교사 또는 원장 자격 취득자	40시간	이수하고자 하는 자
	특별직무교육	영아보육	영아보육을 담당하고 있는 일반직무교육 대상자와 영아보육을 담당하고자 하는 보육교사 및 어린이집 원장	40시간	이수하고자 하는 자
		장애아보육	장애아보육을 담당하고 있는 일반직무교육 대상자와 장애아보육을 담당하고자 하는 보육교사 및 어린이집 원장	40시간	이수하고자 하는 자
		방과후보육	방과후보육을 담당하고 있는 일반직무교육 대상자와 방과후 보육을 담당하고자 하는 보육교사 및 어린이집 원장	40시간	이수하고자 하는 자
승급교육	2급 승급교육		보육교사 3급의 자격을 취득한 후 보육업무 경력이 만 1년 경과한 자	80시간	이수하고자 하는 자
	1급 승급교육		보육교사 2급의 자격을 취득한 후 보육업무 경력이 만 2년 경과한 자 및 보육교사 2급의 자격을 취득한 후 보육 관련 대학원에서 석사 학위를 취득한 경우 보육업무 경력이 만 6개월 경과한 자	80시간	이수하고자 하는 자
원장 사전 직무 교육	–		「영유아보육법」 시행령 [별표1] 제1호의 가목부터 라목(일반, 가정, 영아전담, 장애아전담 어린이집 원장)까지 어느 하나의 자격을 취득하고자 하는 자	80시간	이수하고자 하는 자

※ 어린이집에서 특수교사나 치료사로 근무자도 보수교육을 이수해야 하고, 보수교육을 연속하여 3회 이상 받지 아니하는 경우 어린이집 원장 또는 보육교사 자격이 정지될 수 있으므로 보수교육 대상자는 필히 보수교육 이수해야 함.

4) 보수교육의 내용

(1) 보육교사의 일반직무

〈표 11-6〉 보육교사 일반직무교육

영 역	일반직무교육(기본 과정)		일반직무교육(심화 과정)	
	교과목	시간	교과목	시간
인성・소양 (8시간)	• 보육교사와 인권 – 인권에 대한 이해(성인지 교육내용 포함) – 교사와 아동의 인권 존중 이해	3	• 보육교사의 인문적 소양 – 행복한 교사되기(성인지 교육내용 포함)	3
	• 보육교사의 직무역량 강화 – 보육교사 직무 이해 – 보육교사 의사소통기법 훈련	3	• 보육교사의 직무역량 강화 – 보육교사 리더십 키우기 – 기관 구성원 간 멘토링 실행	3
	• 보육교사의 건강관리 – 보육교사의 신체 · 정신건강 이해 · 관리	2	• 보육교사의 건강관리 – 보육교사의 신체 · 정신건강 이해 · 관리	2
건강・안전 (9시간)	• 안전사고 예방교육 – 재난대비, 교통안전, 응급처치	3	• 안전사고 예방교육 – 재난대비, 교통안전, 응급처치	3
	• 보건위생관리 – 감염병 및 약물 오남용, 응급처치	3	• 보건위생관리 – 감염병 및 약물 오남용, 응급처치	3
	• 아동학대, 성폭력, 실종 예방 및 사후관리 – 아동학대의 이해 – 성폭력 및 실종 예방 교육 – 어린이집 성문제 대응교육	3	• 아동학대, 성폭력, 실종 예방 및 사후관리 – 아동학대의 이해 – 성폭력 및 실종 예방 교육 – 어린이집 성문제 대응교육	3
장애 및 다문화 실제 (4시간)	• 다문화교육 이해와 실제 – 현장사례 중심 분석	2	• 다문화교육 과정 심화 – 다문화프로그램 개발	2
	• 장애통합보육 운영 실제 – 개별화 프로그램 이해, 개발	2	• 장애통합보육 운영 실제 – 개별화 프로그램 적용 및 부모 협력 강화	2

영 역		일반직무교육(기본 과정)		일반직무교육(심화 과정)	
		교과목	시간	교과목	시간
전문 지식 · 기술 (23시간)	보육 활동 운영의 실제 (16시간)	• 영유아 관찰 및 기록 실제 – 신체 · 인지 · 언어 · 정서 등 발달 관찰 및 사례 분석	3	• 영유아 관찰 기록의 활용 – 관찰 기록 분석 및 영유아 발달 평가와 상담 활용능력 키우기	3
		• 영유아 부적응 행동의 이해 – 부적응 행동 유형의 이해(불안, 위축, 공격, 주의산만 등)	2	• 영유아 행동 유형별 발달지원 – 부적응 행동 예방과 지도	2
		• 보육정보 탐색의 적용과 사례 – 인터넷 등 정보활용방법, 보육통합정보시스템 이해	2	• 보육교사의 놀이참여 및 확장 · 연계 – 영유아 놀이 관찰, 개입을 통한 확장 및 연계 교수학습방법	2
		• 디지털시대의 교수매체 활용 및 적용 – 인터넷, 스마트기기 등의 교수매체로서의 활용 방법 이해 및 실습	3	• 영유아 프로그램 계획 및 운영 – 보육대상 및 철학에 따른 보육프로그램 운영	3
		• 영유아 인성교육의 실제 – 기본생활습관지도 및 활동에 따른 인성교육 실제 사례	3	• 영유아 인성교육의 심화 – 기관 및 영유아의 발달특성에 인성교육 계획 실습	3
		• 영아교사의 상호작용 전략(선택) – 영아 발달, 흥미, 놀이에 따른 교수방법 학습	3	• 어린이집시설 · 설비 관리(선택) – 어린이집 시설 · 설비 관리 능력 학습	3
		• 유아교사의 상호작용 전략(선택) – 유아 발달, 흥미, 놀이에 따른 교수방법 학습	3	• 동료 수업 멘토링(선택) – 동료교사 간 수업지원능력 학습	3
		• 보수교육기관 자체개발 교과목(선택)	3	• 보수교육기관 자체개발 교과목(선택)	3
	가족 및 지역 사회 협력 (3시간)	• 부모-교사 의사 소통의 이해와 실제(선택) – 부모-교사 간 의사소통이해 및 갈등 상황 시 소통능력 함양	3	• 열린 어린이집 계획 및 운영(선택) – 열린어린이집 개념과 환경구성 – 열린어린이집 계획과 운영 실제	3
		• 부모 개별 면담 기법(선택) – 성공적인 부모 면담 위한 대화법	3	• 지역사회연계 프로그램 사례 **분석(선택)** – 지역 내 육아 인프라 활용능력 함양	3
계		15과목	40	15과목	40

(2) 원장의 직무

〈표 11-7〉 원장의 일반직무교육

영 역	일반직무교육(기본 과정)		일반직무교육(심화 과정)	
	교과목	시간	교과목	시간
인성 • 소양 (8시간)	• 보육철학과 윤리 – 원장의 역할과 윤리(성인지 교육내용 포함)	3	• 아동권리와 보육철학 – 보육철학과 보육이념 및 아동권리 이해(성인지 교육내용 포함)	3
	• 원장의 건강관리 – 건강의 개념 및 건강관리 – 신체 · 정신건강관리의 이해	3	• 원장의 건강관리 – 성인기의 건강관리, 건강한 생활습관, 스트레스와 건강	3
	• 보육교직원의 인문적 소양 – 행복에 대한 인문학적 고찰	2	• 보육교직원의 문화적 소양 – 예술적 소양 증진을 위한 지역 문화 인프라 연계 교육	2
건강 • 안전 (9시간)	• 안전사고 예방 및 대응 – 안전사고 사례별 예방법 – 재난대비, 교통안전 등 관련 법규 및 안전사고 관련 자체 매뉴얼 작성법 – 안전사고 처리 절차	3	• 안전사고 예방 및 대응 – 안전사고 사례별 예방법 – 재난대비, 교통안전 등 관련 법규 및 안전사고 관련 자체 매뉴얼 작성법 – 안전사고 처리 절차	3
	• 보건위생관리 – 응급처치, 질병관리, 감염병 및 약물 오남용, 위생관리	3	• 보건위생관리 – 응급처치, 질병관리, 감염병 및 약물 오남용, 위생관리	3
	• 아동학대, 성폭력, 실종 예방 및 사후관리 – 아동학대, 성폭력, 실종 이해 및 예방을 위한 지원 – 아동보호서비스체계 – 어린이집 성문제 대응교육	3	• 아동학대, 성폭력, 실종 예방 및 사후관리 – 아동학대, 성폭력, 실종 이해 및 예방을 위한 지원 – 아동보호서비스체계 – 어린이집 성문제 대응교육	3
장애 및 다문화 관리 (4시간)	• 다문화교육 프로그램 이해와 실제 – 현장사례 중심 분석	2	• 다문화교육 프로그램 개발 – 다문화교육 프로그램의 현황 분석 및 개발	2
	• 장애통합보육 운영 실제 – 기관 내 장애통합보육의 운영 이해 – 개별화교육프로그램의 실제	2	• 장애통합보육을 위한 운영 관리 – 기관 내 특수교사 및 담임교사의 협력 지원	2

영 역		일반직무교육(기본 과정)		일반직무교육(심화 과정)	
		교과목	시간	교과목	시간
전문 지식 • 기술 (23시간)	기관 운영의 실제 (16시간)	• 어린이집 내 영유아 관찰과 평가 – 영유아 놀이와 행동 관찰 기록 방법 – 관찰기록을 통한 아동평가 이해	3	• 아동발달 진단도구의 이해와 활용 – 기관에서 교사가 활용할 수 있는 아동발달진단 도구 및 방법 이해	3
		• 보육계획과 보육일지 작성 관리 – 보육교사 지도 원리 및 보육계획 수립 지도 – 보육일지 작성 원리 및 작성 지도	2	• 보육 프로그램 개발 및 평가 – 보육프로그램의 이해 및 개발 실제 – 영아반 · 유아반 프로그램 평가	2
		• 영유아 생활지도를 위한 교사교육 – 영유아 생활지도의 기초와 교사교육 – 영유아 생활지도의 실제에서의 교사지원	2	• 교사교육 프로그램 개발 및 운영 – 교사교육 프로그램 개발을 위한 개념 및 중요성 – 교사교육 프로그램 운영의 실제	2
		• 교수매체 선정과 평가 – 교수매체의 유형, 구입 시 선정기준, 제작 시 고려사항 – 교육적 가치 평가, 활용도 및 효율성 평가	2	• 보육과정 디지털 활용능력 개발 – 어린이집 운영 관리와 디지털 활용의 실제 및 실습	2
		• 원장의 대외협력 관리 – 원장의 대외협력 직무에 대한 이해 – 부모 및 지역사회의 요구 대처관리	2	• 원장의 리더십과 조직관리 – 원장의 리더십 유형 점검 – 리더십 유형별 조직관리 특성 및 바람직한 리더십	2
		• 영상정보처리기기(CCTV)의 관리 및 운영 – CCTV 관련 규정 및 법규 이해 – CCTV 열람 관리 방법 – CCTV 관련 개인정보 유출 예방 관리	2	• 개인정보보호와 디지털매체 윤리의 실제 – 개인정보보호 관련법에 대한 이해 – 어린이집 내 개인정보 관리 방법 – 디지털매체 사용 예절과 윤리(사례 중심 이해)	2
		• 우수 보육프로그램 사례(선택) – 우수 보육프로그램의 최신 동향 – 보육프로그램의 개선	3	• 우수 보육프로그램 동향(선택) – 우수 보육프로그램의 최근 연구동향, 사례 분석 – 우수 보육프로그램 개발 및 지원방안	3

<table>
<tr><th rowspan="2" colspan="2">영 역</th><th colspan="2">일반직무교육(기본 과정)</th><th colspan="2">일반직무교육(심화 과정)</th></tr>
<tr><th>교과목</th><th>시간</th><th>교과목</th><th>시간</th></tr>
<tr><td rowspan="3"></td><td rowspan="3">가족
및
지역
사회
협력
(3시간)</td><td>• 보수교육기관 자체개발 교과목(선택)</td><td>3</td><td>• 보수교육기관 자체개발 교과목(선택)</td><td>3</td></tr>
<tr><td>• 부모자원 활용 계획과 운영(선택)
– 어린이집 운영에 부모참여 활성화를 위한 부모자원 활용 계획과 운영 방법</td><td>3</td><td>• 부모 요구 조사 및 활용(선택)
– 연간운영계획 및 의사결정을 위한 부모 요구조사 방법 및 활용 이해</td><td>3</td></tr>
<tr><td>• 어린이집과 지역사회 자원 연계의 실제(선택)
– 지역사회 연계 참여
– 지역사회 연계 실제</td><td>3</td><td>• 어린이집과 지역사회 자원 연계 계발(선택)
– 지역사회 연계 활용
– 지역사회 연계활동 계획</td><td>3</td></tr>
<tr><td colspan="2">계</td><td>16과목</td><td>40</td><td>16과목</td><td>40</td></tr>
</table>

3. 특별직무

〈표 11-8〉 **특별직무교육**

영역	영아보육	장애아보육	방과후보육
인성 • 소양 영역	• 보육교사의 건강관리 • 영아보육교사의 역할과 윤리 • 아동권리와 영아학대 예방	• 장애아동 복지와 장애인식개선 • 장애아 보육교사의 역할과 윤리 • 아동권리와 장애아 학대 예방	• 현대사회 변화와 방과후 보육의 이해 • 방과후 보육교사의 역할과 윤리 • 아동권리와 아동학대 예방
건강 • 안전 영역	• 영아 건강교육 • 영아 안전사고 예방교육 • 보건위생관리	• 장애아급식 및 영양관리 • 장애아 안전사고 예방 및 대응 • 장애아 보건위생관리	• 초등학생의 보건 · 위생관리 • 초등학생의 안전사고 예방 및 대응

<table>
<tr><th colspan="2">영역</th><th>영아보육</th><th>장애아보육</th><th>방과후보육</th></tr>
<tr><td rowspan="3">전문
지식
•
기술</td><td>보육
활동
운영의
실체</td><td>• 영아 일상생활지도 Ⅰ
• 영아 일상생활지도 Ⅱ
• 표준보육과정 운영의 실제
• 영아 놀이지도
• 감각탐색활동 영역
• 역할 · 쌓기 영역
• 신체활동 영역
• 언어 영역
• 예술(음률, 미술) 활동
• 실외놀이 활동
• 영아 적응프로그램
• 영아행동관찰과 평가
• 영아와의 상호작용 실제</td><td>• 장애아의 이해 Ⅰ
• 장애아의 이해 Ⅱ
• 일반보육과정에 기반한 장애영유아 교수방법 Ⅰ
• 일반보육과정에 기반한 장애영유아 교수방법 Ⅱ
• 운동발달 교수방법
• 의사소통 발달 교수방법
• 사회성 발달 교수방법
• 인지발달 교수방법
• 자조기술 발달 교수방법
• 개별화 교육프로그램 작성
• 개별화 교육프로그램 실행 및 평가
• 긍정적 행동 지원</td><td>• 초등학생의 발달적 특성
• 초등학교 교육과정의 이해
• 초등학생을 위한 교수–학습방법
• 학습지도
• 숙제 및 과제 지도
• 놀이지도
• 방과후 교육 프로그램에 대한 이해 Ⅰ
• 방과후 교육 프로그램에 대한 이해 Ⅱ
• 방과후 교육 프로그램에 대한 이해 Ⅲ
• 초등학생 생활지도
• 초등학생 문제행동 지원</td></tr>
<tr><td>가족 및
지역
사회
협력</td><td>• 영아 부모 상담 실제</td><td>• 장애 영유아 가족지원
• 지역사회 연계</td><td>• 초등학생 부모와의 상담 및 연계
• 방과후 아동을 위한 지역사회연계</td></tr>
<tr><td>장애 및
다문화
연계</td><td></td><td></td><td>• 학령기 장애아동의 이해와 교사지원
• 다문화사회와 아동</td></tr>
<tr><td colspan="2">계</td><td>20과목, 40시간
(과목당 2시간)</td><td>20과목, 40시간
(과목당 2시간)</td><td>20과목, 40시간
(과목당 2시간)</td></tr>
</table>

4. 보수교육의 실시절차

1) 보수교육기관 선정 및 위탁

시 · 도지사는 보육관련 학과가 설치된 대학(전문대학 포함)이나 보육교사 양성 교육훈련시설(보육교사교육원), 정부출연연구기관, 보육 관련 비영리 법인 · 단체, 육아종합지원센터 중 어느 하나에 해당하는 전문기관에 보수교육의 실시를 위탁할 수 있다

2) 보수교육 안내

시 · 도지사는 보수교육 대상자가 연간 보수교육 일정을 인지할 수 있도록 보수교육 실시 전문기관별 교육일정을 자체 홈페이지나 중앙 및 각 시 · 도 육아종합지원센터 등에 게시하여 연중 안내한다

3) 보수교육 대상자 선정

시 · 도지사는 관내 시 · 군 · 구로 하여금 보수교육 실시 전문기관의 교육 과정별 교육 개시 전까지 보수교육 대상자를 교육과정별로 최종 확정하고 보수교육 실시 기관에 통보하여 대상자가 적절한 교육을 받을 수 있도록 한다. 어린이집 원장 또는 어린이집을 설치 · 운영하는 자는 특별한 사정이 없는 한 보육교사 등 보육교직원이 보수교육을 이수할 수 있도록 지원 · 허락한다.

4) 보수교육 평가

보수교육 실시 전문기관은 교육생을 대상으로 해당 교육시간을 모두 출석한 경우에만 이수한 것으로 인정한다. 승급교육 및 어린이집 원장 사전직무교육은 출석시간을 충족하고 평가시험에서 80점 이상을 획득한 경우에 교육을 이수한 것으로 인정한다.

5) 수료증 발급 및 교육이수자 명단 통보

보수교육 실시 전문기관은 보수교육을 수료한 사람에게 보수교육 수료증을 발급(출석 및 평가시험 기준을 충족하지 못한 경우 수료증 발급 불가)해야 하고, 수료자 명단을 시 · 도지사에게 통보한다.

5. 어린이집 장학

어린이집 보육교직원에게 장학이 필요한 것은 급변하는 사회 속에서 새롭게 변화되고 있는 보육정책과 교수방법 그리고 프로그램에 대한 지식과 정보 부족을 인식하여 새로운 정보를 얻기 위함이고, 다양한 가정 배경을 가진 영유아와의 만남 등으로 보육교사가 새로워지도록 요구하기 때문이다.

1) 동료장학

(1) 개념

어린이집 내에서 실시되는 동료장학은 보육활동의 개선을 위하여 동료교사와 함께 노력하는 장학이다. 보육과정이나 이야기 나누기 등의 수업 연구활동을 하거나 관심사가 같은 교사들이 소모임이나 스터디그룹을 통해 공동과제를 협의하고 연구하고 추진하는 것 등이 해당된다.

(2) 유형

동료장학은 다섯 가지 유형으로 구분된다(이윤식, 1999).

첫째, 수업연구 공개중심 동료장학으로 교사의 수업에 초점을 맞춰 진행하는 모형이다. 수업의 연구 과제 해결이나 수업방법 개선을 위해 공동으로 수업을 연구하고, 수업 공개를 계획하고 관찰하고 협의하는 수업 중심의 동료장학이다. 둘째, 협의 중심 동료장학은 동료 교사 간 서로 공통의 영역이나 관심사에 대해 공식적 또는 비공식적으로 협의를 통해 공동의 과업을 추진하는 형태이다. 셋째, 연구과제 중심 동료장학은 특정한 연구과제나 시범과제를 선정해 관심 있는 동료교사를 중심으로 공동의 연구를 수행하거나 공동으로 교재교구나 연구자료 작품을 제작하는 활동을 중심으로 한다.

넷째, 일대일 중심 동료장학은 경력교사가 초임교사와 일대일로 짝을 맺어 서로의 수업을 공개하고 이에 대해 의견을 교환하며 교육 활동 전반에 관해 도움을 제공하는 활동이 중심이 된다. 다섯째, 동호인 활동 중심 동료장학은 동료 교사 간의 교사생활이나 개인 생활과 사회생활에 대해 도움이 될 수 있는 건전한 취미활동이나 특기활동이 중심이 되는 동료장학이다.

(3) 효과

어린이집 실정에 맞춰 교사의 자발적인 참여로 이루어지는 동료장학을 실시한다면 교사들이 교사효능감을 향상시킬 수 있으며 교사로서의 자질과 질적 향상을 이룰 수 있다(김현정·황혜정, 2019). 동료교사와 함께 계획하고 교수 · 평가하는 시간을 통해 전문성이 함양되고 공동체 의식을 갖게 된다. 자신의 교수에 대한 동료의 피드백을 통해 반성하는 기회를 가짐으로써 깊이 있는 사고를 조성하게 되고, 교사 간 상호 도움을 주고받는 역할을 함으로써 교육자의 역할을 확장시킨다.

〈표 11-9〉 동료장학의 사례

〈초임 교사의 영유아-교사관계 증진을 위한 동료장학〉

- 연구목적: 초임 교사의 영유아-교사 관계 증진을 위한 동료장학과 자기점검 체크리스트를 활용하여 변화를 이루고자 함
- 연구대상: 경력 1년 미만의 초임 영유아교사 5명
- 연구기간: 총 9주 동안 18회기
- 연구내용

① 영유아-교사 관계 증진을 위해 체크리스트를 활용한 자기점검
② 3차에 걸친 동료장학을 병행하며 실행함

- 연구방법: 동료장학에서의 초임 영유아교사의 발언,
  장학 종료 후 초점집단면담, 초임 영유아교사의 자기점검 체크리스트
- 연구결과

① 초임 영유아교사의 자기점검 체크리스트 활용 경험은 '일단 해 보기', '실제 활용하기', '내 것으로 만들기'의 단계적 변화, 동료장학 병행이 이런 변화에 의미 있게 기여함
② 초임 영유아교사의 동료장학 병행 자기점검 체크리스트 활용을 통해 영유아-교사 관계의 긍정적 변화, 영유아의 문제행동에 긍정적 대처와 예방을 위한 노력과 변화됨으로 초임 영유아 교사의 영유아-교사 관계 증진을 위한 동료장학과 병행하면서 자기점검 체크리스트를 활용한 장학 실천 방안을 제안함

출처: 마은희, 허계형(2018).

2) 자기장학

(1) 개념

외부로부터의 지도와 지원이 아닌 교사가 스스로 계획을 세우고 실천해 나가는 자율장학으로 교사 자신이 자기경험에 의해 개발하고 실천하기 때문에 자기실현의 욕구가 강한, 경험 있고 능력 있는 교사들이 선택하면 효과적인 장학이다. 장학담당자의 지도 없이도 자신의 전문성 향상을 위하여 노력할 수 있는 자기 의지와 능력이 있는 교사는 자기장학을 하도록 유도하는 것이 바람직하다

(2) 유형

자기장학의 주요방법은 다음과 같다. 자신의 교실에서 개선이 요구되는 문제를 정해 현장연구(이명순, 염지숙, 조형숙, 김현주, 2016)를 할 수 있고, 자신의 수업을 녹화한 후 이를 분석하여 자기반성 자료로 삼으며 향상된 교수-학습방법을 탐구하고, 스스로 교사 평가 체크리스트를 이용하여 자신의 교육활동을 평가분석하기, 학위과정 이수하기, 학회나 대학 등의 연수 참여나 발표, 다양한 유아프로그램 운영기관 견학, 전문가 상담 및 방문, 온라인 강의 수강 등이 있다.

〈표 11-10〉 자기장학의 사례 1

〈교사의 발달단계에 따른 자기장학활동과 전문성 변화〉

- 연구목적: 생존기, 적응기, 성숙기의 유아교사의 발달단계에 따른 자기장학 활동을 통한 교사의 전문성 변화 양상을 살펴보기 위함
- 연구대상: 공 · 사립유치원 재직 중인 생존기(0~1년) 교사 4명, 적응기(2~4년) 교사 4명, 성숙기(5년 이상) 교사 4명 총 12명을 선정함
- 연구방법: 10주간 16차시에 걸친 교사 발달단계에 따른 자기장학 실시
- 연구결과

① 생존기 교사는 원장 및 원감 선생님의 지도, 조언을 통한 구체적, 실제적 지원을 바탕으로 한 협력적 자기장학의 실시 '교사 되어가기'의 여정 보임

② 적응기 교사는 문제점을 스스로 찾아 해결점을 모색해 나가는 적극적인 자기장학의 실시로 '보다 유능한 교사 되어가기'의 여정을 보임

③ 성숙기 교사는 지속적인 자기반성으로 전문성 신장을 도모하는 자율적, 독립적 자기장학의 실시로 '반성적 실천가 되어가기'의 여정을 나타냄

- 제언: 교사의 발달단계에 따른 자기장학의 실시가 교사의 전문적 역량에 긍정적 변화를 가져옴을 제시함

출처: 강주연, 정정희(2018).

〈표 11-11〉 자기장학의 사례 2

〈교실에서 개선 요구가 있는 문제행동의 현장연구〉

- 연구목적: 유아교사가 만 3세 부적응 유아의 기관에의 효과적 적응을 지원하는 자기장학 방안 제시하기
- 연구방법: 교사가 담당한 만 3세 부적응 유아를 대상으로 5개월 동안 자기장학 모형 적용하여 교사, 부모, 또래 지원에 의한 부적응 유아의 적응 행동 변화 과정을 탐색함
- 연구결과

① 만 3세 부적응 유아는 교사의 분리불안 극복, 자조기술 습득 지원을 통해 부적응 행동이 변화함

② 교사-양육자와의 면담을 통해 양육 행동을 변화시켜 유아의 바른습관형성 지원, 유아의 발전 가능성에 대한 긍정적 인식 전환, 유아의 발달지원 가능해짐

③ 교사의 또래관계 지원을 통해 만 3세 부적응 유아는 또래와 갈등 해결하기, 또래와 긍정적 관계 맺기가 가능해져 또래 관계가 개선됨.

- 연구의 가치: 만 3세 부적응 유아의 적응을 위한 교사, 부모, 또래의 지원과 관련 자기장학 실시로 만 3세 부적응 유아의 유아교육기관 적응력 증진을 돕는 방법 모색함.

출처: 박희숙, 김보람(2019).

3) 멘토링

(1) 개념

멘토링은 멘토와 멘티의 관계 속에서 이루어지는 것으로 상호 신뢰와 협력을 바탕으로 더 경험이 있는 멘토가 멘티를 지원하는 과정이다. 멘토는 그 분야에서 더 경험 있는 사람으로서 상호 신뢰적인 관계에서 상대적으로 경험이 적은 사람과 지식을 기꺼이 공유하려는 사람으로 초임교사를 안내해 주는 경험자, 자문자, 조력자이다(박찬옥, 이영미, 2007).

(2) 효과

멘토링은 멘토가 멘티의 성공적인 역할 모형이 됨으로써 중요한 기술, 태도, 가치관을 제공하는 것(홍은경, 백영수, 김성숙, 2006)으로 일반적으로 연수가 강사의 일반적 주도에 의한 설명적 방식이라면, 멘토링은 멘토와 멘티 간의 끊임없는 상호작용 속에서 멘티의 상황에 맞게 적절한 지도와 조언을 함께 제공하므로 멘티의 시각을 변화시키고 성장을 조성할 수 있다(조형숙, 김현주, 2005).

멘토링이 교사교육에 효과적인 것은 초임교사의 전문성 증진에 영향을 미치며, 동시에 경력있는 교사들에게도 재교육과 직업의식을 일깨우는 기회를 제공하기 때문이다. 멘토링은 배움을 위한 관계로서 모든 수준의 보육교직원들의 훈련과 장학을 위한 적절하고 실제적인 방법이다.

〈표 11-12〉 멘토링 사례

〈원장의 멘토링과 영아반 초임교사의 상호작용 변화〉

- 연구목적: 원장의 멘토링을 통해 영아와의 상호작용에서 나타난 영아반 초임교사의 상호작용 변화탐색
- 연구대상: H어린이집 만 2세반 담임 S교사, 원장
- 연구방법: 자료수집은 5개월간 S교사와 영아의 일과 중 상호작용에 대한 관찰, 녹화, 전사자료, 교사의 반성적 저널과 면담자료 등 다면적 수집
- 연구결과

① 만 2세 영아반 교사-원장의 멘토링 과정은 지켜보기, 관계 맺기, 파악 및 가르치기, 기회주기, 확증하기의 다섯 단계로 진행됨

② 원장의 지속적인 멘토링으로 S교사는 영아의 마음을 읽어 주고 긍정적인 언행으로 영아를 격려하는 긍정적인 변화 가져옴

- 연구가치: 만 2세반 영아교사의 상호작용에 대한 원장의 지속적인 멘토링 → 교사의 자신의 문제인식 및 개선의 의지와 바람직한 적용으로 변화를 이끌어내므로 초임교사의 상호작용능력의 향상방안 모색의 기초자료가 됨

출처: 서은정, 신현정(2021).

4) 학습공동체

(1) 적응적 전문성(adaptive expertise) 역량의 요구

포스트 코로나 시대에 접어들면서 영유아교사의 전문성 제고를 위해 시공간의 제약을 넘어서 온라인 학습환경에 직접 참여하는 새로운 교육방식들이 주목되고 있다. 인공지능, IoT, 빅데이터 기반의 수업 도구를 이용한 실시간 교육뿐만 아니라, 실시간 온라인 교육 플랫폼 활용을 통한 쌍방향의 상호작용 강화를 위한 연수와 실습, 교사 간 수업 공유나 전문적 학습공동체 등을 온-오프로 구성하는(박창

현, 2021) 방향으로 나아가고 있다. 어린이집의 보육 과정이 교사중심에서 영유아중심 · 놀이중심의 보육과정으로의 전환이라는 주요한 변화를 경험하면서 보육교직원들은 놀이중심 보육과정 운영을 배우기 위해 컨설팅을 받고 학습공동체를 운영하고 있다. 사회 전반의 각 분야에서와 같이, 보육에서도 이전의 지식과 경험으로는 해결이 어려운 특수하고 예외적인 상황의 문제들이 지속적으로 발생하고 있다. 특히 어린이집의 경우, 원내 영유아나 교사의 코로나 감염으로 인한 급작스러운 폐원조치와 긴급보육 등으로 원장-교사-부모 간 갈등이 빈번해질 뿐 아니라 경우에 따라 그 갈등이 심화되는 등의 예상하지 못한 상황들이 발생하고 있다.

적응적 전문성(adaptive expertise)이란 보육교직원들이 익숙한 문제상황에도 효율적으로 대처할 뿐 아니라, 새로운 문제 상황을 유연하고 창의적이며 혁신적으로 해결하고, 더 나아가 새로운 지식과 방법을 창조할 수 있는 능력을 말한다. 적응적 전문성은 급격한 변화에 따른 불확실성으로 대표되는 현대사회에서 요구되는 인재의 특성이다. 다양성, 동시성, 즉시성, 비예측성이 복잡하게 얽혀 있는 영유아 교실에서 문제상황의 특성에 따라 자신의 전문지식을 효율적 또는 혁신적으로 변화시킬 수 있는 교사의 적응적 전문성이 절실히 요구되고 있다(조부경 · 강지애 · 김경은, 2021).

(2) 새로운 지식을 창출하는 학습공동체 운영

4차 혁명이 이루어지고 있는 현 시대는 많은 양의 지식을 소유하는 것보다 필요한 정보수집과 활용능력이 더 중요한 시기가 되었다. 어린이집 안팎에서 직면하는 문제들이 교사 개인의 전문적 지식으로 해결하기에는 불가능한 일이 많아졌다. 학습공동체에 참여한 교사들은 자신의 교육과정 운영이나 교수 행위, 교육적 가치를 공유하고, 이를 개선하기 위해 지속적으로 노력하는 태도를 보였다(조선경, 서영숙, 2010).

예를 들어, 놀이중심 보육과정 운영에 대한 전문성 발달을 위하여 컨설턴트와 교사들이 자유롭게 토론하고, 지식을 공유하며 보육과정 운영에서 발생되는 문제들에 대해 주체적으로 학습하며, 새로운 해결방안을 모색하는 기회를 가지는 학습공동체를 운영하였다(황소영, 2020). 교사들은 업무에서 겪는 어려움을 해결하기 위해 변화를 추구했고, 학습공동체를 통해 새롭게 알게 된 지식으로 자신의 보육업무형태나 보육업무의 관행을 스스로 바꾸며 변화시켰다. 즉, 학습공동체 참여를 통해 교사가 변화를 추구하고 있다(이수인, 2017).

현 시대는 다양한 시각에서 문제를 직시하고 서로의 지식을 공유하여 새로운 통찰을 창출해 낼 수 있는 집단지성이 요구되는 시점이다. 학습공동체 주체는 교사–유아, 교사–학부모, 교사–교사 등 다양하고 복합적인 관계 안에서 형성된다. 즉, 교사와 교사 간의 연구모임으로 한정되지 않고 교사와 유아 그리고 교사와 학부모 간의 학습공동체도 형성 및 지속될 수 있다. 협력을 넘어서 학습공동체 내의 교육동반자로서 서로를 인정하기, 서로 다름을 인정하며 '함께 채움'으로 향하며 '끊임없는 배움의 맥락'으로 귀결되는 공동체가 된다. 집단지성이란 여러 개인들의 협력적 상호작용을 통해 시너지를 창출하는 공동체의 능력으로서, 집단적 상호작용을 통해 새로운 산출물을 양산해 내는 것을 말한다. 예측이 불가능한 사회에서 보육교직원들이 보육을 수행하면서 직면하게 되는 이전에 없었던 문제상황과 위기 그리고 갈등에 대처하기 위하여 어린이집 보육교직원들의 다양하고 광범위한 학습공동체 운영을 통한 동반성장을 이루어 나가야 하겠다(조부경 외, 2021).

〈표 11-13〉 학습공동체 운영사례

〈교사 학습공동체 운영지원을 위한 놀이중심 보육과정 컨설팅〉

- 연구목적: 유아교사들이 경험한 놀이중심 보육과정 컨설팅과 교사학습공동체 참여 과정 및 이 과정에서 나타나는 교사의 변화를 탐구함.
- 연구대상: 놀이중심 보육과정 컨설팅 사업의 교사학습공동체 소모임을 신청한 어린이집에 근무하는 7명의 교사들
- 연구방법: 온라인 사전 컨설팅 1회, 현장방문 컨설팅 2회, 교사학습공동체 소모임 4회, 소모임 컨설팅 2회 진행됨. 자료수집은 놀이관찰을 통해 작성한 현장노트, 교사 면담기록, 일일보육계획안, 연구자 저널 등의 자료를 수집하여 요약·분석함
- 연구결과

① 교사의 놀이중심 보육과정 컨설팅과 교사학습공동체 참여 경험은 사전이해 및 준비하기, 실행 및 지원하기, 종료 및 평가하기 과정으로 진행됨

② 컨설팅과 학습공동체 참여과정에서 놀이에 대한 기대와 인식변화로 관찰을 통해 놀이의 관심과 요구에 집중하고, 교사학습공동체를 통해 만남의 관계 형성을 통해 동반자로서 함께 소통하게 됨

③ 지원자와 촉진자로서 교사의 역할 재정립, 일상에서 영유아들과 함께 놀이하며 놀이의 본질이 살아 있는 보육과정 운영 지속하기

출처: 황소영(2020).

제12장
초임 보육교사

1. 초임 보육교사의 발달단계

교사로서 영유아를 가르치는 보육교사의 첫해는 가르치는 것에 대한 기대를 가지고 출발한다. 그러나 경험해 보지 않은, 그래서 예측이 어려운 내일에 대한 불안으로 하루하루를 생존하는 것에 의미를 두는 생활을 하게 된다. 초임교사로 일하는 것에 대하여 박은혜(2013)는 다음의 과정으로 설명하였다.

1) 가르치는 일에 대한 기대단계

교사로서 가장 자아개념이 높을 때는 실습을 마치고 취업을 해서 한 학급을 맡기 직전까지이다. 교사들은 학교에서 배운 모든 내용을 종합하고 이상적으로 좋은 교사가 될 수 있을 것으로 기대한다.

2) 생존단계

초임교사는 교사가 해야 하는 다음과 같은 기본적인 일을 새로운 매일의 날을 맞이하며 배우고 익혀 나가게 된다. 이 과정에서 과연 내가 초임교사로서 1년을 끝까지 잘 생존해 나갈 수 있는지를 자문하며 생활하게 된다.

- 영유아 지도를 위한 계획과 준비 그리고 실행하고 평가하기
- 교실환경 구성하기
- 하루 일과 지원하기
- 동료 보육교직원과 공동체 형성하기
- 학부모와 행정관계자들과 의사소통하기
- 문서를 기록하고 보관하고 관리하기

3) 좌절 및 갈등의 단계

교사로서 자아개념이 가장 낮을 때는 가르치기 시작한 지 1~2개월이 지났을 때이다. 교사로서 감당해야 할 과제는 많은데 준비할 시간과 에너지는 적다고 느끼며 한 주를 시작하는 것이 두려워지는 시기이다.'나는 교사로서 과연 적절한 사람인가?'라는 회의와 함께 다음과 같은 사항에 어려움을 갖는다.

- 영유아의 개인차 고려하기
- 영유아에게 동기부여하기
- 학부모와 좋은 관계 형성하기
- 생활지도하기
- 어린이집의 정책과 규칙에 민감하기
- 동료들과 좋은 관계 유지하기

4) 반성 및 회복의 단계

정신없이 한 학기가 지나가고 7~8월에 휴가와 외부 교원 연수를 경험하면서 보육교사는 잠시 숨 돌릴 틈을 얻게 된다. 현직교육을 통해 보육교사는 다음 학기를 위한 계획을 세워 본다. 그러나 이 시기에 인간적 · 사회적 · 교육적 지원을 받지 못한다면 이직하게 될 가능성이 높아진다. 초임교사의 이직 동기는 크게 4가지로 구분된다.

- 인간관계에서의 어려움과 갈등
- 부적절한 어린이집 조직풍토: 초임교사의 고립감, 겉과 속이 다른 동료, 열악한 교사 복지후생, 업무 횡포의 조직 분위기, 부적절한 업무 배분
- 교수방법에 대한 어려움: 수업준비 부족, 수업실패로 인한 좌절감, 시범 수업 및 보이기식 행사로 인한 파행수업
- 사회적 인식 : 낮은 보수, 스스로 낮은 위치에 있다고 여기는 자아만족감

2. 초임 보육교사의 어려움

직전 교육과정에서 영유아를 고려한 교육계획안과 모의수업 그리고 교재교구 제작과 교수-학습방법에 대하여 배우고 활동하였지만, 막상 보육현장에서 영유아를 교육하고 보육하는 일을 실행하려면 예상치 못한 일로 당황하고 긴장하게 마련이다. 조운주 외(1998)가 주장하는 초임교사의 어려움은 다음과 같다.

첫째, 대학의 교사양성과정에서 학생들은 교사가 가르치는 일은 어려운 일이 아니고 누구나 할 수 있는 일이라는 비현실적인 낙관주의를 발달시키다가 교사가 되었다. 그러나 대학에서 배운 이론의 현장 적용과 영유아지도 및 통제의 어려움,

교사로서의 자질과 능력에 대한 회의 등으로 대학교육에서 형성된 교사로서의 이상과 신념이 무너지면서 어려움을 느낀다.

둘째, 보육현장에서 실제 사용하는 교수기술과 직전 교육에서 학습한 이상 사이에 커다란 차이가 있다는 것을 인식하면서 자신의 무력감을 탓하게 되는 어려움을 갖는다.

셋째, 가르치는 것에 자신감을 잃게 되고, 이 자신감 결여는 전문인으로서뿐만 아니라 개인으로서의 자신감도 상실하게 만드는 어려움이다. 초임교사는 업무와 관련하여 자신이 담당하고 있는 학급의 영유아들을 교육하고 학급을 운영해 나가는 것도 벅찬 현실 속에서 기타 행사 준비와 운영에 많은 시간과 노력을 쏟아야 하는 것에 스트레스를 많이 받는다. 초임교사는 영유아의 교수-학습과 기본생활 습관을 길러 주는 것이 힘들고, 예견능력이 부족하여 예방적 차원에서 규칙을 설명하기보다는 규칙을 어기고 문제행동을 일으킬 때 주의를 주기 때문에 적절한 지도의 순간을 놓치게 된다. 초기 문제행동을 간과하게 되면 나중에 더 심각한 문제행동으로 발전할 수 있다는 점이 이들을 더 힘들게 한다(강상이, 2002).

3. 초임 보육교사의 적응과정

초임교사로서 시행착오를 겪는 과정에서 가장 많이 지원받는 대상은 동료교사이다. 그들에게 많은 조언과 도움을 구하고 공동의 일을 함께 처리해 나가는 과정에서 자연스럽게 배우고 협력하지만, 각자 능력이 평가되는 부분에서는 경쟁관계가 되기도 한다(이주란, 2011). 초임교사는 동료장학이나 다양한 장학활동에 참여하면서 지원받기를 요구한다. 만일 초임교사가 교직 초기에 입문교육이나 교육지원을 적절히 받지 못한다면 초기 업무수행의 어려움이 누적되어 자신의 일에 대한 열정을 잃게 될 수 있으므로 다양한 접근을 통해 교육계획과 지도가 필요하다. 초임 보육교사가 적응해 나가는 과정은 다음과 같다(최예린, 2014).

첫째, 영유아와의 관계에서 교사 스스로 교사라기보다는 초임교사라는 인식으로 정체성 혼란을 경험한다. 어린이집에서 발생하는 일을 처리할 때 스스로 '초임교사'라고 인식하며 '부족하다'는 심리적 억압이 잠재되어 나타난다. 그러나 교사로 산다는 것은 결국 영유아들과의 관계에서 나오는 것이므로 영유아들과 생활하는 즐거움으로 보육교사직을 계속하게 된다.

둘째, 부모와의 관계가 불편하지만 부모 상담과 가족의 달 행사 등으로 부모와의 만남을 통해 관계가 회복되고 부모에게 고마움의 감정을 느끼게 된다. 부모와의 다양한 만남과 의사소통의 기회가 증가하면서 서로의 관계에 변화가 생긴다. 동료교사와의 관계에서도 정보를 나누고 이야기하면서 정서적 위안과 공감을 형성하게 된다. 어린이집 현장에서 '함께하기 문화'를 조성하여 선임교사와 친교를 나눌 공간과 시간이 필요하다(원계선, 2013). 소모임 과정에서 그들이 겪는 이야기를 나눔으로써 동료들에게 지지와 위로를 받을 수 있다. 초임교사는 고립감을 경험하므로 소모임에서 자신의 경험을 이야기하고 나눔으로써 스트레스를 경감시키고, 직업만족도를 증가시켜 새로운 환경에 적응하는 데 도움을 얻을 수 있다.

셋째, 어린이집에 입문하자마자 다양한 과업을 수행하면서 육체적 피로를 느끼고 개인적인 시간이 보장되지 않는다. 과다한 업무와 잡무, 불규칙한 퇴근 시간과 개인 시간의 부족, 학부모의 과도한 요구 등이 초임교사가 인식하는 어려움이지만 돌봄과 가르침의 반복 속에서 나름의 의미를 찾아가게 된다.

4. 영아반 초임 보육교사의 역할과 갈등

어린이집의 영아반 재원비율이 증가하는 추세에서 영아반 초임 보육교사의 역할과 갈등은 무엇이며, 이를 어떻게 해결해 나가야 하는지를 탐구해 보려고 한다.

첫째, 영아반 교사로서 교육한다는 것이 바로 영아를 보살피는 보호라는 개념을 교사의 역할로 인식하고 내면화하지 못할 뿐만 아니라 자신들이 해야 할 전문적인 역할로 인정하지 않는 데서 많은 갈등을 일으키는 요인이 되었다.

영아교사의 역할에서 보살피는 역할의 비중이 크기 때문에 가르치는 일과 보살피는 일의 이중적 역할에 대한 혼란을 겪으며 반복되는 일상에 정신적 스트레스와 육체적 피로를 느꼈다. 그러나 영아반의 생활을 통해 영아와 애착이 형성되고 영아의 모든 행동에 관심을 갖게 되면서 교사 역할에 대한 의지를 갖고, 교수방법의 시행착오를 겪으면서 영아반 교사로서의 정체성을 찾게 되었다. 영아보육에서 보살핌은 그 자체가 교육적 가치가 있기에 보살핌은 가르침에 대한 행위라는, 이 보살핌에 대한 새로운 개념을 통해 영아반 교사 역할과 교수행위에 정체성을 형성해 갔다(양지영, 2007).

둘째, 교사의 기대와 다른 영아의 예상치 못한 반응에 놀라고 그 의도를 몰라서 영아와 의사소통이 어려움에 힘들어 하였다. 미혼인 초임교사가 영아반에 근무하면서 생각보다 영아들이 교사의 지도에 부정적인 태도를 보이는 것에 당황할 수 있다. 영아들이 순응보다는 불순응 반응을 보일 때가 많은데, 이것은 영아의 자율적 의지가 포함되어 있기 때문이다.

그러나 미혼의 교사들은 영아의 이러한 의도를 파악하지 못하여 자신의 기대와 다르기 때문에 어려움을 경험하였다. 영아의 발달에 대한 이해 부족과 의사소통의 어려움, 영아의 기본적인 욕구를 지원하는 데 한계를 가지며 규칙을 어디까지 허용해야 하는지 그 경계 짓기를 어려워하였다.

영아와의 의사소통에서 그들이 무엇을 원하는지 정확하게 파악하지 못하고 영아들이 왜 울고 싸우는지 이유를 몰라 상황해결에 어려움을 가졌다. 영아의 배변과 식사 · 잠자기 등의 기본적인 욕구지원 과정에서 어려움을 경험하였는데, 이러한 활동에 적응하고 익숙해지기까지 많은 시행착오를 겪었다(최지현, 2012).

셋째, 직전교육에서 영아반 교사로서의 역할수행에 대한 지식과 기술 태도 등이 준비되지 못해 많은 혼돈과 갈등을 겪었다. 영아반 교사는 유아반을 맡는 것과는 다른 갈등을 겪게 되는데, 교사로서의 생활에서는 하루 종일 영아의 교육과 안전한 보호를 위해서 상호작용하며 긴장해야 하는 매우 힘든 생활로 많은 인내심을 요구받았다. 부모와의 관계에서는 전문인으로서의 권위를 인정받고 싶은데 전문인으로 인식하지 못하는 부모와의 괴리에 교사로서의 전문성에 회의를 가졌다(이완희, 2005; 조혜진, 2007).

이와 같이 영아반 초임교사는 영아교사로서의 정체성 형성과 영아보육과정에 대한 이해 부족과 양육에 대한 경험 부족, 반복되는 일상생활지도와 보살핌 위주의 직무수행으로 어려움을 경험한다는 것이 선행연구 결과를 통해 일관되게 보고되고 있다.

5. 초임 보육교사의 어려움에 대한 해결방안

초임교사의 첫해에는 적합하고 충분한 교사교육 프로그램과 계속적인 연계가 필요하다. 초임교사의 교육적 지원으로 장학, 현직교육, 행정당국의 지원 등 다양한 형태의 교육이 요구되고, 심리적 지원으로 자신감 쌓기, 효능감 개발, 긍정적 자존감, 자기신뢰 강화와 같은 자기인식을 위한 지지가 필요하다.

초임 보육교사들은 원장이나 경력교사, 책이나 잡지, 인터넷 수집 자료와 정보, 인터넷 카페 등을 이용해 문제를 해결하였다. 따라서 초임교사의 전문성을 발달시키기 위해서는 동료교사와 원장 등에 의한 정서적 지원과 전문적 지원 그리고 입문 교육 프로그램 지원이 필요하다. 초임교사가 당면하는 주요 문제들이 교직의 특성과 연관된다. 우선 교사로 들어서면서 체계적으로 안내하고 지도하는 교직 입문 문화가 없으며, 일에 대한 책임이 한꺼번에 주어진다는 점과 교수 실제에 대한 이해가 없어서 실제로 가르치면서 가르치는 일의 어려움과 복잡성을 알게 된다는 점 그리고 교직의 개인적이고 보수적인 집단문화에서 혼자서 모든 것을 결정해야 한다는 점 등이 초임교사가 갖게 되는 교직의 어려움이므로(이주란, 2011) 이에 대한 지원방안이 모색되어야 한다.

1) 입문 교육

입문 교육이란 적어도 일 년 동안 초임교사에게 조직적이고 일관된 도움을 주도록 계획된 프로그램을 말한다. 최근 외국에서는 초임교사의 이직률을 낮추고, 교수능력을 향상시키며, 전문인으로서 교사의 자존감을 높이기 위해 초임교사의 요구에 맞는 입문 프로그램을 개발, 실행하는 경우가 늘고 있다. 초임교사를 위한 효과적인 입문교육 프로그램이 개발되기 위해서는 초임교사의 지원 요구와 지원 출처를 파악하고, 초임교사의 발달적 특성을 고려한 보다 구체적이고 다양한 유형의 지원체제를 갖추는 것이 필요하다. 김옥주(2013)는 영아반 초임교사 입문 교육에서 반드시 다루어야 할 내용과 방법으로 하루 일과 운영, 영아와의 상호작용, 부모와의 의사소통, 영아 간 갈등상황 중재 등을 제안하였다.

(1) 하루 일과 운영

영아반 초임교사들은 영아반의 하루 일과가 일상생활 중심으로 이루어지는 것에 대한 이해가 부족하므로 개별 영아의 기본적인 신체 · 정신적 요구에 즉각적인 관심을 가지고 영아의 욕구가 충족되도록 세심하게 배려할 필요가 있다. 돌봄에 대한 전문성을 인식하여 영아의 신변처리나 일상생활지도가 하루 일과에서 중요하다는 것을 알아야 한다. 사전에 계획한 활동을 실시하는 것만이 적절한 하루 일과 운영이라는 고정관념을 깨고 돌봄의 중요성을 인식하면서 융통성 있는 하루 일과를 운영할 수 있는 교육적 지원이 필요하다.

(2) 행동적 상호작용과 병행되어야 하는 언어적 상호작용

개별 영아와의 상호작용에서 행동과 더불어 언어적인 상호작용을 해야 하는데, 초임교사들은 기계적인 행동으로 상호작용을 한다. 교사는 엄마와 같은 존재이므로 영아가 정서적인 안정감을 가질 수 있도록 영아의 행동적인 반응을 언어로 표현해 주는 것이 의미가 있다.

(3) 부모와의 의사소통: 함께 돌보는 협력자와의 교류

영아는 말을 못하기 때문에 부모들은 어린이집에서의 세세한 일상생활을 궁금해하므로 개별 영아의 일상생활의 삶에 대한 피드백을 부모에게 전달해야 한다. 그러나 현실은 부모와 함께 영아를 돌보는 양육자의 측면에서 일상생활에 대한 정보교류가 잘 이루어지지 않고 있다.

초임교사들은 부모와의 의사소통 기술이 미숙하고 부모보다 양육의 경험이 부족하여 부모와의 대화에 어려움을 가진다. 영아반 초임교사에게 부모와의 관계에서 부모가 궁금해하는 자녀의 어린이집 일상생활이 무엇이며, 부모와 어떤 부분들을 의사소통해야 하는지에 대한 내용과 의사소통 기술에 대한 지원이 필요하다.

초임교사와 부모 간의 원활한 의사소통이 이루어질 때 부모와 긍정적인 관계를 형성하고 교사로 적응하는 데 도움이 된다.

(4) 영아 간 갈등상황 중재: 즉각적인 행동 중재에 대한 민감성

영아들은 언어적인 표현이 미숙하고 자기중심성이 강하기 때문에 갈등 상황이 빈번히 발생한다. 영아반 초임교사들은 영아의 행동을 통제하는 것을 힘든 과제로 인식하고 있다. 교사의 적절한 중재를 통해 자신과 다른 사람의 관점이 다르다는 것을 알게 되고, 갈등해결 과정을 통해 원만한 대인관계에 필요한 상호작용의 기술을 알게 된다. 초임교사들은 갈등상황 발생 시 중재하고 영아의 개별적인 요구를 읽어 줄 수 있는 민감성이 부족하므로 영아 또래 간의 갈등상황이 있을 때 언어적 갈등 중재를 넘어서 행동적인 중재에 대한 기술과 전략이 필요하다. 영아반 초임교사 입문교육을 위한 교수학습방법으로는 멘토링, 워크숍, 사례 나누기, 역할극과 같은 방법으로 직전 교육에서 습득한 지식을 영아보육현장에서 적합한 실천적 지식으로 전환할 수 있는 기회를 제공해야 한다. 멘토링은 원내에서 초임교사가 직면한 어려움을 경력교사가 현장에서 직접 지원할 수 있는 방법이고, 어린이집 상황에 맞게 영아반 연간보육계획안을 작성하여 분석하거나 흥미영역을 배치해 보거나 영아에게 적합한 상호작용 유형을 익혀보는 등의 워크숍이 가능하다. 영아 간 다툼 중재나 초기적응과 안전사고 등 영아반에서 발생 가능한 주된 사례를 중심으로 상황별 대처방안이나 실천전략을 나누는 사례 나누기와 부모상담에 대한 역할극 등을 경험하면서 이론적 지식을 언제 어떻게 사용해야 하는지 판단능력을 길러 줄 수 있다. 이러한 사전교육을 통해 미리 직무에 대한 준비를 하면서 민감성을 기른다면 영아반 보육교사에 대한 가치를 인식할 수 있을 것이다.

(5) 초임교사가 당면하고 있는 어려움 해결방안

첫째, 직전 교육기관은 현장과 좀 더 긴밀한 상호 협력체계를 구축하여 현장의 관찰 기회를 다양한 대상과 시기로 확대할 필요가 있다. 초임교사들이 이론을 실제에 원활히 적용할 수 있는 방안으로 대학에서 교수 중심의 강의에서 예비교사의 적극적 참여와 사고를 확장할 수 있는 운영방식으로 전환할 것을 주장한다(강상이, 2002). 그래서 예비교사들이 자신의 수업을 분석할 기회를 갖고, 현장과 상호 협력체제를 구축하여 실제와 연결되어 실천적 지식을 구성할 수 있도록 지원해야 한다(오현미, 2009).

둘째, 초임 보육교사의 갈등과 어려움을 초임 시기에 누구나 겪는 시행착오라고 간과하기보다는 함께 근무하는 원장과 선배교사와 동료교사가 초임 보육교사의 상황에 맞는 적절한 지원과 긍정적인 피드백을 주어 전문적인 역할수행 능력과 자신감 있는 보육교사가 될 수 있도록 도움을 주는 것이 필요하다(오현미, 2009).

셋째, 보육실습과정에서 예비교사의 반성적 사고능력을 키울 수 있는 다양한 기회를 제공하여 교사 역할수행에 대해 지속적으로 되돌아보고 변화하면서 효과적으로 교육과 보호를 할 수 있는 실천적 지식을 함양하도록 한다.

6. 남자 보육교사의 중요성과 지원방안

유아교육기관에 남자 유아교사들이 적은 이유는 영유아보육이 여성분야라는 인식과 낮은 사회경제적 지위에 기인하고 있다. 여자 유아교원들은 유아에게는 섬세하고 치밀한 교육이 필요하며, 여성이 타고난 양육 본능을 가지고 있기 때문에 유아교육기관의 여교사 편중에 대해 크게 우려하지 않고 있다(김광섭, 2017). 그럼에도 불구하는 최근 남자 영유아교사가 증가하고 있고 이에 따라 남자 보육교사에 대한 연구의 방향도 남자 유아교사에 대한 인식, 남자 유아교사의 경험, 남자유아교사와 유아의 성역할발달, 남자 유아교사 지원방안, 남자유아교사의 만족도 순으로 나타나(박영선, 강경아, 2020) 남자 유아교사에 대한 관심이 크다는 것을 알 수 있다.

1) 남자 보육교사의 필요성과 성역할교육

남자 보육교사에 대한 여자 보육교사와 부모의 인식은 모두 긍정적이며 필요하다고 인식하였다. 그러나 부모들은 영유아와의 스킨십에 대해서는 '걱정이 된다'는 염려가 부분적으로 나타났다(이화용, 2005; 최지훈, 2012). 어린이집의 교사 남녀 성비는 양성평등을 지향하고 있지 않다. 여자 보육교사는 보육에서 여성적 특성을 강조하면서 남아의 활동이나 관심에 대해서 부정적으로 대하는 측면이 있으며, 효율적으로 지도하지 못하는 경우도 있다(심미옥, 1999). 영유아들은 남자 보육교사라는 직업을 일상에서 경험하면서 건강한 성역할을 인식하고, 성역할의 다양성을 제공하는 남자 보육교사의 증가로 다양한 성역할을 경험하는 환경에서 양성평등적 보육을 경험할 수 있다(이상열, 2019).

2) 남자 보육교사에 대한 인식 변화와 적응과정

현재 남자보육교사는 드물고 생소하기 때문에 남자보육교사에 관한 편견이 있을 수 있다. 그런데 남자보육교사와의 근무경험을 가진 영유아교사들은 기존에 가졌던 시각과 차이를 나타냈다. 남자영유아교사와의 근무 경험을 가진 교직원들은 남자영유아교사의 필요성에 대한 인식이 긍정적으로 변화되었고, 능력에 대해서도 성별에 따른 차이를 크게 인식하지 않았다. 남자영유아교사의 증가에 대해 긍정적이며, 이를 위해 멘토링(후견인)제도 도입에 찬성하였다. 남자영유아교사는 영유아의 성 역할 발달 및 영유아의 교육 및 보육에 적합하여 필요하다는 응답이 가장 두드러졌다(최종문, 2010).

이렇게 여자유아교사들은 남자유아교사들의 영유아보육에 대한 사명감과 성실함 그리고 유아에 대한 포용 등을 중요한 자질로 인정하였고, 남자 담임교사에 대한 수용 정도와 인식 역시 긍정적이다. 직무수행 능력에 대해 남자 유아교사와 함께 근무했던 경험이 있는 여자유아교사들은 보다 긍정적으로 인식하였고, 특히 컴퓨터를 포함한 시청각 기자재를 많이 다루고 사용하는 능력, 남자 유아에 대한 생활지도 능력, 소풍이나 운동회 등 행사운영 능력, 교사회의에서의 의견제시와 적극적인 의사결정능력, 유아교육기관 내의 힘든 작업 수행 능력, 신체활동과 실외활동 지도 능력 그리고 의사소통능력에 있어서 남자 유아교사들의 직무수행 능력을 더 높게 인식하였다(김광섭, 2017).

남자 영유아교사와 함께 한 경험이 있을수록 영유아의 어머니와 아버지, 여교사가 긍정적으로 인식하였고, 경험이 없을수록 부정적인 인식이 높았다. 남자 영유아교사와 영유아와의 신체접촉 허용에 관해서는 경험이 없는 여성 원장일수록 허용하는 수준이 낮았다. 전반적으로 모든 집단에서 남자 영유아교사의 경험이 있을수록 긍정적으로 인식하는 경향이 나타났다(최진영, 이강이, 2009).

초임 남자 유아교사로 근무하면서 적응과정에서 경험하는 변화의 특징은 다음과 같다(곽노의, 배정호, 2012).

첫째, 초임 남자교사는 동료교사와의 관계형성에서 문제상황 인식 및 정확한 문제상황 파악, 상황에 맞게 대처하는 능력의 함양을 통해 교직 적응능력이 발달하였다. 관계형성 중심의 멘토링을 통해 초임 남자 유아교사는 유아교육기관의 특성과 여성문화의 특성을 이해하고 유아교육기관의 구성원들과의 관계를 형성하며 적응해 갔다.

둘째, 초임 남자 유아교사에게는 현재 당면하고 있는 교직 적응과정에 대한 지원만큼이나 자신의 비전에 대해 조언해 줄 수 있는 멘토가 필요한 것으로 나타났다. 초임 남자 유아교사에 대한 멘토링은 초임 남자 유아교사의 교직 적응을 위한 관계형성을 돕는 것은 물론 비전에 대한 지원을 받음으로써 초임 남자교사의 교직적응 능력발달은 물론 교직 부적응으로 인한 초임 남자교사의 이직 의도를 재직 의도로 바꾸는 데 영향을 주었다

3) 남자 보육교사의 어려움과 해결방안

소수의 남자유아교사로서 겪는 어려움이 무엇인지를 알고, 그 어려움을 극복해나가는 과정에 대한 이해는 남자 유아교사들이 어린이집에서 오래 근무하는 데 도움이 될 수 있다. 또, 앞으로 배출될 예비 남자 유아교사와 대학에서 남학생을 지도하는 교수, 유아교육기관의 원장에게도 도움이 될 수 있다. 유아교육기관에서 5년 이상 근속한 남자 유아교사들이 겪는 어려움에 대하여 그들이 예비 유아교

사로 교육을 받았던 대학생활과 졸업 후 취업현장에서의 어려움으로 구분하였다 (박성용, 2019).

(1) 대학에서의 어려움

① 입학 후 동기와의 관계: 대다수의 여자 동기들과 함께 과 생활을 하는 가운데 겪는 일

② 선배들과의 관계: 남자라고 주목받고 선·후배 관계를 지나치게 중요시하는 문화가 힘들었음

③ 복학 이후: 같이 다녔던 동기들과 학년이 달라져 여자 후배들이 월등히 많아 적응하기 어려웠음

(2) 졸업 후 취업에서의 어려움

① 단지 성별이 남성이란 이유로 기관으로부터 실습과 취업을 거절당한 경험이 큰 아픔이 되었음

② 취업 이후

- 유아와의 관계에서 대소변 살펴 주기나 옷 갈아 입히기 등을 위해 여자아이에게 다가가기 어려울 때가 있다.
- 동료교사와의 관계에서도 남자와는 달리 여자들의 심리는 복잡하고 많은 것들이 얽히고설켜 있어 항상 말조심해야 하고 행동도 조심해야 한다.
- 유아교육기관 대부분의 기관장이 여성이다. 남자보육교사는 원장과 상하관계를 갖게 되는데 상대하기 어려운 기관장의 경우, 성별까지 달라 그 어려움의 골이 더 깊어질 수 있다.
- 학부모와의 관계이다. 반 편성하고 난 뒤, 반을 바꿔 달라는 학부모들의 전화가 있던 적도 있었다. 이유는 단지 담임 선생님이 남자이기 때문이라서

싫다는 것으로 보였다.

- 주변 지인들과 연봉이나 직위로 비교되는 자신이다. 사회생활을 하면서 주위 친구들의 직업과 벌이에 대해 듣게 되고 그들의 연봉, 직위 등을 듣게 되었을 때, 상대적으로 남자 유아교사들이 오를 수 있는 연봉의 액수와 직위가 비교되어 자신의 직업에 대해 다시 생각을 하게 되었다.
- 자신이 교사인지 만능인인지 정체성의 혼란이 있다. 부탁하는 것들이 내가 교사가 아닌, 마치 무엇이든 할 줄 아는 사람에게 시키는 것 같은 느낌, 부탁을 많이 받으면서 갖는 어려움이 있다.
- 겪을 수 있는 문제에 대해 같이 소통할 남자가 없다. 남자 담임 선생님이 거의 없다 보니 남자교사로서 담임을 할 때 겪는 문제들에 대해 깊이 있는 이야기를 나눌 기회조차 없어 힘들었다.
- 취업 전에는 담임이 아니기 때문에 수업만 하거나 같이 놀아 주는 것밖에는 하지 않았으나 취업 후 원 근무로 발생하는 인간관계에 대한 생각과 반 배정 후 담임교사로 유아들에 대한 책임감, 학부모 관계 등등 취업 전과 후의 차이가 많음을 느꼈다.

(3) 남자 보육교사의 어려움 해결방안

① 유아들과의 관계

남자 유아를 대할 때와 여자 유아를 대할 때 똑같이 사랑하는 마음으로 대하되, 표현하는 방식을 약간 다르게 하는 것이 좋겠다. 갈등상황 발생 시에는 남자 유아와의 관계의 특성과 여자 유아와의 관계에 대한 특성을 파악하고, 다른 여자 선생님들에게 질문한 후, 여아들을 이해하는 방향으로 여자 유아들의 갈등해결 방법을 모색한다.

② 긍정적으로 사고하기

남자 유아교사로 살아가기 위해서는 무슨 일이 있더라도 긍정적 사고로 실천하기

③ 관계에 대한 어려움의 극복방법

유아와의 관계, 학부모님과의 관계, 동료교사와의 관계들을 잘 형성하고 유지하는 데 있어 여러 방법들이 나타났다(박성용, 2019).

④ 남자 영유아교사 관련 경험이 있을수록 교직원과 부모들은 남자 영유아교사의 필요성을 더 많이 인식하고 있으므로 남자 영유아교사의 증가를 위한 해결방안을 모색할 필요가 있다.

교직원들의 근로 조건 및 급여, 복지수준이 초. 중등 교직원의 수준에 상응한 정책이 요구되며, 멘토링 제도를 도입하여 남자교사의 근무지속성을 보장할 필요가 있다. 또 남자 영유아교사 증가와 정착을 위하여 행정부 및 연구기관에는 남자 영유아교사의 증가를 위한 정책연구와 지원이 요구된다.

참고문헌

강란혜(2020). 2020 보육지원체계 반영 보육학개론. 서울: 학지사

강문숙 · 황해익(2008). 보육교사의 직무에 대한 내용 및 분석. 한국보육지원학회, 4(2), 57-80.

강문희 · 윤애희 · 이경희 · 정정옥(2007). 유치원 보육시설 운영관리. 서울: 학지사.

강상이(2002). 교사발달 측면에서 본 유치원 초임교사의 어려움에 관한 연구. 한국교원대학교 교육대학원 석사학위논문.

강선보 · 박의수 · 김귀성 · 송순재 · 정윤경 · 김영래 · 고미숙(2008). 인성교육. 경기: 양서원.

강수경 · 김민정 · 정미라(2016). 초임 유아교사의 정서지능, 교사-유아 상호작용 간의 관계에서 정서노동의 매개효과. 한국보육지원학회지, 12(2), 183-200.

강양자(2016). 유아교사의 발달 단계에 따른 교직적응 모형 개발. 중부대학교 박사학위논문.

강주연 · 정정희(2018). 유아교사의 발달단계에 따른 자기장학 활동을 통한 교사전문성 변화 양상. 열린유아교육연구, 23(2).

강주희 · 이대균(2015). P대학교 부속 유치원 교사가 겪는 어려움과 보람 그리고 희망. 어린이문학교육연구, 16(1), 439-465.

경기도육아종합지원센터(2020). 어린이집 평가지표로 알아보는 영유아권리존중.

경기도육아종합지원센터(2021). 보육교직원 권리존중.

고미경(2007). 전문성 향상을 위한 유아교사론. 서울: 창지사.

고연경 · 장석경 · 이정아(2013). 예비유아교사의 효능감과 인성 및 행복감 간의 관계 연구. 복지상담교육연구, 2(1), 19-34.

고용노동부 안전보건공단(2019). 고객응대근로자 건강보호 업종별 매뉴얼(유치원교사).

곽가빈(2021). 보육교사의 교권에 대한 영아반교사와 유아반교사의 신념 및 실태인식 비교. 신라대학교 교육대학원 석사학위논문.

곽노의 · 배정호(2012). 멘토링을 통한 초임 남자유아교사의 교직적응과정 탐색: 관계 형성을 중심으로. 유아교육학논집, 16(2), 31-60.

국가인권위원회(2018). 사이버 인권교육 보조교재 「유엔아동권리협약」의 이해.

권정숙(2002). 유아교사의 반성적 사고 및 반성적 사고 수준과 교수능력. 서울여자대학교 대학원 박사학위논문.

권현경(2021). 유치원-어린이집 일원화, 교육부 관할 통합에 압도적 찬성. 베이비뉴스(2021. 12. 13.). https://www.ibabynews.com/news/articleView.html?idxno=97763

김경이 · 박은실 · 오은경 · 채선희 · 한유경 · 김미영(2001). 교직의 이해. 서울: 문음사.

김광섭(2017). 남자 유아교사의 역할과 직무수행능력에 대한 여자 유아교원의 인식. 교통대 대학원 석사학위논문.

김근혜(2021). 4차산업혁명시대에 따른 유아교사의 역량, 직무, 교육영역에 대한 중요도와 실행도 분석. 한국영유아보육학, (126).

김미정(2017). 예비보육교사의 보육실습 만족도, 교사 전문성 및 교사 효능감 인식과 보육헌신과의 관계 연구. 숙명여자대학교 아동복지학과 아동보육 · 교육대학원 박사학위논문.

김미정 · 박선해(2014). 보육교사의 정서지능과 협동적 조직문화가 임파워먼트에 미치는 영향. 한국영유아보육학, 87, 187-210.

김보경 · 이경님(2016). 원장의 코칭리더십과 유아교사의 정서지능이 교사-유아 상호작용에 미치는 영향. 생태유아교육연구, 15(1), 109-133.

김성원 · 신정애(2019). 영유아교사 인성 측정도구 개발과 타당화. 육아정책연구, 13(1), 3-27.

김송은 · 신은수 · 김현진(2013). 개인변인과 기관변인에 따른 팀티칭학급 교사의 갈등에 관한 연구. 열린유아교육연구, 18(6), 1-21.

김수미(2013). 어린이집 교사의 인성 및 전문성 발달과 교사-유아 상호작용 간의 관계. 중앙대학교 사회개발대학원 석사학위논문.

김아경(2016). 유치원에서 어린이집으로의 이직경력 1년 미만의 교사가 겪는 보람과 어려움. 배재대학교 대학원 석사학위논문.

김옥주(2013). 영아반 초임교사의 직무수행을 돕는 교사교육 프로그램 모형개발. 신라대학교 대학원 박사학위논문.

김은설(2015). 인성평가, 어떻게 할 것인가? 한국아동학회 추계학술대회, 79-102.

김은설(2016). 영유아교사의 인성 측정 및 인성 교육 개선 방안. 육아정책연구소 이슈페이퍼 2016-05.

김은설 · 문무경 · 최은영 · 배윤진 · 윤지연(2016). 보육교직원 인성교육 프로그램 및 인성평가 문항 개발. 보건복지부 · 육아정책연구소.

김은설 · 박수영(2010). 보육시설장 교사 윤리강령 개발 연구. 한국보육시설연합회 · 육아정책연구소.

김은설 · 안재진 · 최윤경 · 김의향 · 양성은 · 김문정(2009). 보육종사자의 전문성 제고 방안 연구. 보건복지부 · 육아정책연구소.

김은숙, 김길숙, 이민경(2015). 영유아교사 인성평가도구 개발 및 교육 강화방안. 육아정책연구소.

김은영(2006). 유치원 교사의 직무분석. 이화여자대학교 대학원 박사학위논문.

김은영 · 장혜진 · 조혜주(2013). 영유아교사 복지 실태와 개선방안. 육아정책연구소

김정미(2017). 영아교사 전문성 척도 개발 연구. 중앙대학교 대학원 박사학위논문.

김정환 · 남현우 · 염시창 · 임진영(2012). 교직 적성 · 인성 검사도구 개발연구. 서울: 교육과학기술부.

김정희 문혁준(2007). 유아교육기관 운영자의 리더십과 유아교사의 임파워먼트에 대한 교사 개인특성과 조직특성의 중재효과. 유아교육연구, 27(6), 143-164.

김정희(2011). 보육교사와 유치원교사의 직무수행을 위한 지원 요구에 대한 인식. 유아교육 · 보육복지연구, 15(3).

김정희 · 이용주 · 원혜경(2020). 개정 누리과정에 기초한 영유아교사인성론. 서울: 동문사.

김지영(2010). 보육교사의 정서노동에 대한 연구. 이화여자대학교 석사학위논문.

김지현(2019). 보육교사의 권리존중 현황 및 요구. 인하대학교 교육대학원 석사학위논문

김진아 · 이종희(2008). 보육종사자가 지각한 보육시설의 조직문화. 한국영유아보육학, 55, 119-149.

김현정 · 황혜정(2019). 어린이집 동료장학의 인식과 실태에 따른 교사효능감의 차이. 한국보육학회지, 19(3).

김혜경(2012). 보육적성검사도구 개발. 경희대학교 대학원 박사학위논문.

김혜경(2012). 보육적성검사도구 개발. 경희대학교 대학원 박사학위논문.

김혜정(2006). 보육교사가 인식하는 보육시설장과의 인간관계가 업무수행에 미치는 영향. 중앙대학교 사회개발대학원 석사학위 논문.

김혜진(2021). 만3세 학급을 담당하는 유치원 교사의 어려움과 보람. 한국교원대학교 교육대학원 석사학위논문.

김희연 · 김은숙(2013). 어린이집 교사의 생애사 연구: 김교사 이야기. 교육인류학연구, 16(1), 26-63.

노원육아종합지원센터(2021). 2021 사업보고서.

노하정 · 안은영 · 김미옥 · 송승민 · 최영희(2019). 직장어린이집 교사의 조직문화 경험에 대한 질적 연구. 유아교육학논집, 23(6).

마은희 · 허계형(2018). 초임 영유아교사의 영유아-교사 관계 증진을 위한 동료장학병행 자기 점검 체크리스트 활용 경험과 변화 탐색. 유아교육학논집, 22(3).

문가영 · 조형숙(2021). PBL 기반 현장 전문가 연계 교직윤리교육에 참여한 예비유아교사의 변화와 참여의 의미. 유아교육학논집, 25(5), 49-77.

문송이(2008). 유치원 교실에서 일어나는 유아행동지도와 교사의 어려움. 중앙대학교 대학원 석사학위논문.

문혜련 · 강재희(2015). 영아교사의 정서지능이 역할수행에 미치는 영향. 육아지원연구, 10(2), 221-238.

민광미(2014). 영아반 교사용 민감성 척도 개발 및 타당화 연구. 건국대학교 대학원 박사학위논문.

박경숙(2016). 유아교사의 성격특성 및 정서지능과 교사-유아 상호작용 간의 관계. 덕성여자대학교 교육대학원 석사학위논문.

박근주, 서혜전, 노성향, 강경민, 이상혁, 오현주(2019). 4차 산업혁명 시대 조직 증진을 위한 보유교사론. 경기도: 어가.

박기남(2015) 어린이집 원장의 보육교사 채용 및 자질에 대한 인식. 경성대학교 대학원 박사학위논문.

박나래(2016). 만 0세 영아반 교사의 어려움과 기대 및 보람에 관한 이야기. 성신여자대학교 교육대학원 석사학위논문

박남희 · 이대균(2014). 만1세 영아반 교사가 느끼는 어려움과 보람에 관한 연구. 생태유아교육연구, 13(2), 41-69.

박복매(2011). 보육교사의 역할수행에 영향을 미치는 변인에 관한 연구: 내-외통제성, 직무환경, 정서지능을 중심으로. 가톨릭대학교 박사학위논문.

박성용(2019). 5년 이상 근속하는 남자유아교사들의 이야기. 배재대학교 대학원 석사학위논문.

박수연 (2012). 어린이집 교사의 임파워먼트 및 조직문화와 영유아권리존중 보육과의 관계. 중앙대학교 사회개발대학원 석사학위논문.

박승태(2011). 교사의 핵심역량에 근거한 전문대학 유아교육과 수업연한 연구. 영남대학교 박사학위논문.

박영선 · 강경아(2020). 남자유아교사 관련 논문의 연구동향 분석. 열린유아교육연구, 25(5), 73-94.

박은혜(2013). 유아교사론. 서울: 창지사

박은혜(2017). 유아교사론. 서울: 창지사.

박은혜 · 박선혜 · 박신영 · 장민영 · 김지은(2020). 현장사례에 기초한 보육교사인성론. 서울: 창지사.

박은혜 · 박선혜 · 박신영 · 장민영 · 김지은(2021). 현장사례에 기초한 보육교사인성론. 서울: 창지사.

박찬옥 · 김지현(2015). 영유아교사의 교직윤리의식 측정도구 개발 및 타당화. 유아교육연구, 35(5), 229-

253.
박찬옥 · 이영미(2007). 멘토링을 통한 2세 영아교사 보육프로그램 수행과정 탐색. 유아교육연구, 27(4), 79-103.
박창현(2021). 에듀테크를 활용한 영유아 교사 전문성 교육의 미래 탐색. 2021 제3회 육아정책 심포지엄, 2021-14, 1-34
박창현(2021). 에듀테크를 활용한 영유아교사 전문성 교육의 미래탐색. 교육대전환시대 영유아 디지털 교육 보육정책의 현재와 미래. 2021 제3차 육아정책심포지엄. 육아정책연구소.
박희숙 · 김보람(2019). 교사의 자기장학을 통한 만3세 부적응 유아의 유치원 적응행동 변화 탐구. 학습자중심교과교육연구, 19(18).
배혜영(2018). 직장어린이집 보육교사가 인식한 직무스트레스, 학부모-교사 협력이 교사 직무만족도에 미치는 영향. 경기대학교 교육대학원 석사학위논문.
백선희(2020). 2020년 제3차 육아정책심포지엄: 문재인 정부 3주년 육아정책 성과와 과제. 세미나자료. 육아정책연구소.
백혜리(2008). 보육교사론. 서울: 동문사.
법제처 국가법령정보센터(2021). 영유아보육법
법제처 국가법령정보센터(2021). 영유아보육법 시행규칙
법제처 국가법령정보센터(2021). 영유아보육법 시행령
법제처(2016). 인성교육진흥법.
변상우(2017). 유아교사 자기 조절력 척도개발. 경성대학교 대학원 박사학위논문.
보건복지부(2020). 제4차어린이집 표준보육과정 해설서. 서울: 경성문화사.
보건복지부(2021). 2021 보육사업안내.
보건복지부 · 육아정책연구소(2013). 영유아 문제행동지도를 위한 어린이집 보육교사 지침서. 한학문화.
보건복지부 · 한국보육진흥원(2021). 2021 어린이집 평가 매뉴얼.
서경화(2013). 영아교사로서의 삶에 대한 교사인식 연구. 대구가톨릭대학교 대학원 석사학위논문.
서울시 · 서울시 육아종합지원센터(2017). 2017 아동인권 선임교사를 위한 안내서.
서울시 · 서울시 육아종합지원센터(2017). 서울시 국공립 어린이집 컨설팅: 소통과 협력을 위한 셀프컨설팅. 서울: 디자인 나무
서울특별시육아종합지원센터(2019). 아동인권선임교사를 위한 안내서2.
서울특별시육아종합지원센터(2019). 좋은 교사 되기 핸드북 II.
서윤정 · 최서영 · 이선정 · 이대균(2012). 유아교사의 직업갈등에 관한 이야기, 유아교육논집, 16(5), 287-313.
서은정 · 신현정(2021). 원장의 멘토링을 통한 영아반 초임교사의 상호작용 변화의 탐색. 아동연구, 33(1).
서정은(2016). 유아의 도전행동에 대한 보육교사의 지도전략과 직무스트레스, 자아존중감, 영유아인권인식 관계 연구. 숙명여자대학교 아동복지학과 아동보육 대학원 박사학위논문.
성영화 · 유민숙(2021). 보육교사론. 경기: 공동체.
성소예은(2016). 유치원 만 3세 학급을 담당하고 있는 교사가 느끼는 보람 및 어려움. 이화여자대학교 대학원 석사학위논문.

송광용 · 김도기 · 박상철 · 윤홍주 · 김효정(2007). 초등학교 교과 전담제의 실태 개선 방안. 한국교육과정평가원.

송나리(2011). 유아문제행동 지도에 대한 초임교사들의 인식과 어려움. 성신여자대학교 대학원 석사학위논문.

송순옥 · 연정(2016). 보육교사의 정서지능이 교사효능감 및 역할수행에 미치는 영향력. 한국영유아보육학, 100, 203-224.

송운석(2015). 국공립 보육시설 교사의 조직신뢰와 학부모신뢰가 직무만족에 미치는 영향. 한국영유아보육학회, 90, 53-77.

신수연(2018). 직장어린이집 보육교사들이 인식하는 동료교사와의 갈등: 스트레스 모델을 이용한 분석. 중앙대학교 교육대학원 석사학위논문.

신이희(2011). 영아교사의 전문성 발달에 영향을 미치는 변인에 관한 연구-영아교사 민감성, 교직헌신을 중심으로-가톨릭대학교 대학원 박사학위논문.

신현숙(2017). 부모와의 관계에서 보육교사가 겪는 어려움과 해결방안에 관한 연구. 중앙대학교 유아교육학과 유아교육전공 대학원 석사학위논문.

신희이(2011). 영아교사의 전문성 발달에 영향을 미치는 변인에 관한 연구: 영아 교사의 민감성, 교직헌신을 중심으로. 카톨릭대학교 대학원 박사학위논문.

아동권리보장원(http://www.korea1319.go.kr/new).

양미선(2020). 어린이집 교사의 근무환경 및처우 개선 방안. 육아정책연구소 이슈페이퍼 2020-12.

양지영(2007). 영아반 미혼 초임교사의 역할과 갈등. 세종대학교 교육대학원 석사학위논문.

엄태현(2020). 고경력 영아교사가 느끼는 보람과 어려움. 강릉원주대학교 교육대학원 석사학위논문.

여성부(2005). 보육시설 평가인증을 위한 조력프로그램 개발 연구.

연선영(2001).유치원 교사의 정서신념이 교수행위 실제에 미치는 영향. 덕성여자대학교 대학원 석사학위논문.

염지숙 · 이명순 · 조형숙 · 김현주(2018). 유아교사론. 경기: 정민사.

오교선 · 공인숙(2015). 어린이집 원장의 변혁적 리더십이 보육교사의 조직문화, 조직 몰입 및 직무만족도에 미치는영향. 한국보육학회 학술대회자료집.

오대연 · 이병임(2017). 예비보육교사의 핵심역량이 진로스트레스에 미치는 영향에 대한 진로포부의 매개효과. 한국보육학회지, 17(2), 159-179.

오유림(2020). 어린이집 교사가 인식한 원장의 변혁적 리더십이 교수효능감과 조직효과성에 미치는 영향. 중앙대학교 사회복지대학원 석사학위논문.

오인예(2016). 영유아 생활지도에서 보육교사가 갖는 보람과 어려움. 중앙대학교 대학원 석사학위논문.

오현미(2009).초임 보육교사 지원에 대한 인식연구. 덕성여자대학교 교육대학원 석사학위논문.

온은아(2016). 긍정심리학 기반의 유아교사 감정노동 대처능력 증진 프로그램 개발 및 효과. 원광대학교 대학원 박사학위논문.

우정순 · 김영옥 · 차승환 · 배진희 · 김란옥(2018). 보육교사론. 서울: 태영출판사.

원계선(2013) 초임 보육교사의 경험과 조직적응과정에 대한 근거이론. 한국보육지원학회, 9(2), 23-46.

원동숙(1995). 보육교사 지망생들의 교직관에 대한 조사 연구. 숙명여자대학교 교육대학원 석사학위논문.

유미림 · 탁수연(2010). 예비 영 · 유아교사의 교직선택동기와 직무만족도 및 직무능력에 관한 연구. 미래유아교육학회지, 18(3), 147-168.

유재경 · 황지영 · 박은미(2020). 2019 개정 누리과정을 반영한 유아교사 핵심역량 모델 개발. 유아교육보육복지연구, 24(1), 93-124.

유주연 · 이승연(2015). 영아교사들이 경험하는 전문적 정체성의 혼란과 극복의 힘. 한국교원교육연구, 32(2), 257-288.

유희정(2015). 유아반 보육교사가 영아반 담임을 하면서 느끼는 어려움과 긍정적 변화에 대한 이야기. 유아교육보육복지연구, 19(1), 159-187.

육아정책연구소(2019). 보육교사 노동자 인권 인식 및 교육 현황 연구.

윤기영 · 박상님(2000). 유아교사와 학부모의 인간관계. 한국교원교육학회, 17(1).

윤혜경(2020). 2019 개정 누리과정과 어린이집 평가제 반영 보육학개론. 서울: 동문사.

이강재(2019). 보육교사 권리존중 척도 개발 및 타당화. 가천대학교 대학원 박사학위논문.

이경미(2016년). 어린이집 저경력 교사가 경험하는 영유아와의 상호작용의 어려움. 중앙대학교 교육대학원 석사학위논문.

이경숙 · 김명식 · 박진아 · 윤영숙 · 채진영(2015). 보육교사의 보육 스트레스 조절 상담 프로그램 개발. 한신대학교 산학협력단. 보건복지부.

이남수 · 임민정(2021). 연장보육 전담교사의 영아반 운영경험과 인식. 한국영유아교원교육학회, 25(5).

이명순 · 염지숙 · 조형숙 · 김현주(2016). 인성에 기초한 보육교사론. 파주: 정민사.

이명순 · 염지숙 · 조형숙 · 김현주(2020). 인성에 기초한 보육교사론. 파주: 정민사.

이병래 · 김선영(2007). 대학교육과정에서의 유치원교사와 보육교사 양성을 위한 통합 교육과정 구성. 영유아교사의 덕목에 관한 현직교사의 인식과 평가를 중심으로. 유아교육학논집, 9(1), 53-79.

이사라 · 이주연 · 박선영 · 송승민 · 문영경 · 김민정(2017). 보육교사론. 경기: 파워북.

이상열(2019). 여자보육교사의 성역할 고정관념이 남자보육교사에 대한 역할인식에 미치는 영향. 대진대 교육대학원 석사학위논문.

이수인(2017). 보육교사의 학습공동체 참여를 통한 회복탄력성 경험 탐구. 배재대학교 대학원 석사학위논문.

이순형 · 권기남 · 김진욱 · 민미희 · 김정민 · 김은영 · 이성옥 · 정현심 · 심도현 · 안혜령(2015). 보육교사론. 경기: 양서원

이승연(1994). 유아교사 발달단계에 기초한 유치원 교사의 관심사 분석. 이화여자대학교 대학원 석사학위논문.

이연주(2013). 원내자율장학에 대한 보육교사의 경험과 요구. 성신여자대학교 대학원 석사학위논문.

이연준 · 서영숙(2015). 보육교사의 정서표현규칙과 정서노동 수행전략에 관한 연구. 한국보육지원학회지, 11(5), 19-37.

이완정(2015). 영유아 인성보육의 전망과 과제. 한국보육진흥원: 제2회 인성보육포럼 자료집.

이완희(2004). 영아반 초임교사의 정체성 형성과정. 중앙대학교 대학원 박사학위논문.

이주란(2011). 어린이집 초임교사의 어려움과 지원요구. 동의대학교 대학원 석사학위논문.

이용주 · 조숙영 · 김정희(2016). 아동권리와 복지. 경기: 공동체.

이유미 · 안지혜(2014). 영유아 권리존중 보육에 대한 유아교사의 인식과 실행간 차이 분석. 유아교육 · 보육

복지 연구, 8(4), 239-259.

이재무 · 김형수(2013). 어린이집 조직문화가 보육교사의 조직몰입에 미치는 영향에 관한 연구. 한국영유아보육학, 80, 65-83.

이정원(2021). 영유아 교육보육기관에서의 미디어활용 실태와 요구. 2021 제3회 육아 정책 심포지엄 2021-14, 35-74.

이정환(2004). 유아교육 교수학습방법. 서울: 교문사.

이종림(2014). 보육교사의 직무만족도에 영향을 주는 원장의 변혁적 리더십과 보육교사의 행복감. 인천대학교 교육대학원 석사학위논문.

이진화(2007). 보육교사의 정서노동과 개인 및 기관의 정서변인, 직무만족도, 소진과의 관계. 이화여자대학교 박사학위논문.

이혜정 · 나유미(2019). 보육교사인성론. 경기: 공동체.

이혜주 · 이지현 · 이동희(2000). 유아초임교사를 위한 현장교육의 이론과 실제. 동서문화원.

이희정(2012). 보육교사의 임파워먼트가 직무만족에 미치는 영향. 우석대학교 석사학위논문.

임미선 · 김현자 · 서화니(2017). 예비유아교사들이 실습과정에서 경험하는 교사-유아 간 상호작용과 어려움. 아동복지연구, 15(12), 1-23.

임승렬 · 김연미 · 이은정(2014). 영유아 교사를 위한 보육교사론. 경기: 파워북.

장지영(2017). 공립병설유치원 교사의 보람과 어려움. 중앙대학교 교육대학원 석사학위논문.

전재선(2011). 유아교사 인성 자기평가도구 개발 및 타당화 연구. 성균관대학교 대학원 박사학위논문.

전재선(2013). 예비유아교사 인성교육 프로그램 모형 개발. 한국보육학회지, 13(4), 305-327.

전홍주 · 권현조 · 변길진(2018). 보육교사의 교직윤리의식과 교직인성이 교직전문성 인식에 미치는 영향. 한국영유아보육학, 110, 33-57.

정귀임(2016). 예비유아교사 낙관성 척도개발 기초 연구. 부산대학교 석사학위논문.

정동숙(2017). 보육교사의 직무스트레스가 직무만족도에 미치는 영향. 중앙대학교 대학원 석사학위논문.

정선아 · 조대연(2013). 유아교사의 직무역량 요구 분석. 유아교육학회, 33(1), 299-321.

정선영 · 조안나(2019).보육교사-학부모 간 의사소통 어려움과 직무만족도가보육교사의 정서노동에 미치는 영향. 한국보육지원학회지, 15(5), 87-111.

정혜영 · 김윤희(2018). 어린이집 원장의 코칭리더십과 보육교사의 셀프리더십이 보육교사의 조직몰입에 미치는 영향. 학습자중심교과교육연구, 18(19), 1087-1108.

정혜영 · 박영준(2005). 보육교사의 임파워먼트, 조직건강, 직무만족의 인과모형 분석. 열린유아교육연구, 10(4). 45-67.

정혜원 · 이완정(2918). 어린이집 원장의 코칭리더십이 중간관리자의 코칭리더십을 매개로 보육교사의 동기부여적 자아개념에 미치는 영향. 한국보육지원학회지, 14(6), 171-185.

조복희(2014). 영아발달. 서울: 교육과학사.

조부경 · 강지애 · 김경은(2021). 유아교사의 전문성과 학습공동체. 파주: 양서원.

조선경 · 서영숙(2010). '서울형 어린이집 자율장학'에서 나타난 교사학습공동체 경험의 의미 탐색. 열린유아교육연구, 15(3), 147-171.

조성연(2004). 보육교사의 직무만족도와 직무스트레스. 한국영유아보육학, 36(3), 23-44.

조영남(2000). 교사 자질 선정 및 평가 준거에 관한 기초 연구. 한국교사교육, 17(3), 171-189.

조운주(1998). 초임교사의 교직입문을 지원하는 장학교원의 역할과 자질. 한국교원교육학회, 15(2), 150-167.

조운주(2014). 예비유아교사를 위한 교직적성인성 검사도구의 타당성 및 개선방안. 육아지원연구, 9(2), 101-123.

조향숙(2012). 유아교사의 교직윤리 의식함양을 위한 교육과정 모형개발. 유아교육학논집, 16(4), 373-394.

조형숙(2009). 유아교사의 교직 윤리 관련 딜레마에 나타난 갈등요인, 유아교육학논집, 13(2).

조형숙(2012). 보육교사의 교직윤리 의식 함양을 위한 교육과정 모형개발. 유아교육학논집, 16(4).

조형숙 · 김현주(2005). 유아교사를 위한 집단 멘토링의 의미 탐색. 미래유아교육학회지, 12(1), 227-263.

조혜경 · 구경선 · 곽혜경(2014). 보육교사론. 서울: 창지사.

조혜경 · 구경선 · 곽혜경(2017). (개정)보육교사론. 서울: 창지사.

조혜경 · 구경선(2021). 보육학개론. 서울: 창지사.

조혜진(2007). 영아반 초임교사들의 어려움과 적응에 대한 이해. 한국영유아교원교육학회,11(2), 237-262.

조희수(2003). 유아기 읽기, 쓰기 교육에 대한 교사와 부모의 인식. 이화여자대학교 교육대학원 석사학위논문.

조희정(2020). 아동 및 보육교사의 권리와 인권에 대한 사회적 인식과 보육교사의 인식. 홀리스틱융합교육연구, 24(3), 53-77.

좌승희 · 오정희(2015), 예비 유아교사들이 보육실습에서 경험하는 딜레마에 관한 연구, 생태유아교육연구, 14(1).

중앙보육지원센터 홈페이지(http://central.childcare.go.kr/)

채진영 · 이강이(2009). 남자영유아교사 관련 경험 유무에 따른 어머니, 아버지, 여교사, 여원장의 남자영유아교사에 대한 인식의 차이. 유아교육학논집, 13(2), 37-57.

최명희(2015). 교사다움: 영유아 교사를 위한 인성 지침서. 경기: 공동체.

최미미 · 서영숙(2013) 보육교사가 인식하는 동료교사와의 갈등 원인 및 대응에 관한 연구. 한국보육지원학회지, 9(1), 221-239.

최미숙(2012). 보육교사의 업무수행에 따른 인간관계와 사회적 지지가 직무만족도에 미치는영향. 건국대학교 행정대학원 석사학위논문.

최서영 · 이대균(2011). 사립유치원 교사들이 경험하는 인간관계의 어려움. 유아교육학논집, 15(5), 10, 77-102.

최석란 · 김현미 · 신윤지 · 이슬기 · 이윤정(2020). 어린이집 운영관리.

최예린(2014). 소모임과 저널 쓰기에 나타난 초임 보육교사의 어린이집 적응과정, 열린유아교육연구, 19(3), 83-108.

최종문(2010). 남자영유아 교사와의 근무 경험 유무에 따른 유아교육기관 교직원의 남자영유아교사에 대한 인식 연구. 덕성여자대학교 교육대학원 석사학위논문.

최지현(2012). 미혼 초임교사의 영아반 적응과정 탐색. 성신여자대학교 교육대학원 석사학위논문

최지현(2012). 미혼 초임교사의 영아반 적응과정 탐색. 성신여자대학교 교육대학원 석사학위논문.

탁정화 · 황해익(2012). 영아교사의 어려움과 전문성에 대한 인식 및 지원방안 탐색. 열린유아교육연구, 17(2),

73-10.

표준국어대사전(2001). https://stdict.korean.go.kr에서 2021.12.13. 인출.

하수경(2015). 사립유치원 경력교사가 교직생활에서 경험하는 어려움과 지원요구. 성신여자대학교 교육대학원 석사학위논문.

한국보육진흥원. 보육교사 마음성장 프로젝트(http://mindup.kcpi.or.kr)

한국보육진흥원(2016). 2016년 문서 서식 자료 모음. p30. https://www.kcpi.or.kr 에서 2021.12.29. 인출.

한국유아교육학회(2011). 유아교육백서. 경기: 양서원

한상근(2013). 감정노동의 직업별 실태. TRIVET Issue Brief 2013 26호, 한국직업능력개발원.

한은숙(2003). 영유아 발달과 교육. 서울: 정민사.

함남희(2010). 내러티브 탐구를 통해 본 팀티칭 보육교사 간의 관계이해 연구. 부산대학교 교육대학원 석사학위논문.

허미경(2014). 유아교사의 윤리적 딜레마 해결력 증진 프로그램 개발 및 적용. 덕성여자대학교 대학원 박사학위논문.

홍은경 · 백영수 · 김성숙(2006). 유치원 교사의 멘토링에 대한 인식 및 요구. 유아교육학논집, 10(4), 5-24.

황선영(2016). 유아교사 인성이 교사역할수행에 미치는 영향. 유아교육학논집, 20(6), 5-24.

황소영(2020). 유아교사 학습공동체 운영지원을 위한 놀이중심 보육과정 컨설팅 경험. 탐색. 학습자중심교과교육연구, 20(21).

황은진(2015). 유아교사의 정서지능 및 의사소통능력이 교사효능감에 미치는 영향. 가톨릭대학교 교육대학원 석사학위논문.

황해익(2013). 유아교사의 행복감과 교사효능감의 관계에서 직무만족도의 매개효과. 생태유아교육연구, 12(2), 157 - 180.

황해익 · 강현미 · 탁정화(2013). 유아교사의 정서지능과 낙관성의 관계에서 회복탄력성의 매개효과. 유아교육연구, 34(2), 323-346.

황혜경 · 김용희 · 김지영 · 심윤희 · 김보영 · 이회현(2017). 인성함양을 위한 보육교사(인성)론. 경기: 양서원.

황혜경 · 김용희 · 김지영 · 심윤희 · 김보영 · 이회현(2018). 인성함양을 위한 보육교사(인성)론. 경기: 양서원.

Bea, J-H. (2002). An ethnographic inquiry on parent involvement and family-school partnership in early schooling. *The Journal of Korea Early Childhood Education, 22(4)*, 5-28.

Burk, K. (1997). Designing professional Portfolios for Change. Arlington heights, Illinois: IRI/Skylight.

Cooper, J. M. & Weber, A. W.(1973). A competency-basedsystem approach to teacher education. In J.m.Cpp[er.,D.W.Anderson & M.V.D.

Corcoran, R. P., & Tormey, R. (2015). 정서적인 교사되기. *Developing emotionally competent teachers: Emotional intelligence and pre-service teacher education*. (정명화 · 허승희 · 박소영 · 신경숙 · 김아영 · 손미 · 윤경미 · 김건희 · 김윤옥 공역). 서울: 학지사(원서 2012년 출판).

Degotardi, S & Pearson, E.(2014). *The relationship worlds of infants and toddlers: Multiple perspectives from early years theory and practice*(Kindle ed. 3296-3298). Berkshire, UK: Open Univerity Press.

Draper, W. (1990). Emotional development. In R. M. Thomas(Ed.), *The encyclopedia of human development and education: Theory, research, studies*, 415–421. Oxford: Pergamo Press.

Elbaz, F. (1983). *The teacher's Thinking: A study practical knowledge*. NY: Nichols.

Feiman, S. & Floden, R. E. (1980). A What's all this talk about teacher development? Research Series No. 93. East Lansing, Michigan: The Institute for Research on Teaching.

Fiske, S. T. & Talor, S. E. (1991). *Social cognition*. LA: McGraw–Hill.

Fuller, F. F. (1969). Concerns of teachers: A developmental conceptualization. *American Educational Research Journal, 6*, 207–226.

Fuller, F. F., & Brown, O. H .(1975). Becoming a teacher. In K. Ryan(Ed.). *Teacher education: The seventy-fourth yearbook of the national society for the study of education*. Chicago: University of Chicago Press.

Gibson, S. & Dembo, M. H. (1984). Teacher efficacy: A construct validation. *Journal Educational Reseach, 75(4)*, 569–582.

Hamachek, D. (1992). *Encounters with the self*. New York: Harcourt Brace.

Hargreaves, A. & Fullan, M. G. (1992). *Understanding teacher development*. NY: Teachers College Press.

Hargreaves, A. (1998). The emotional practice of teaching. *Teaching and Teacher Education, 14(8)*, 835–854.

Hochschild, A. (1979). Emotion work, feeling rules, and social structure. *American Journal of Sociology, 85*, 551–575.

Hochschild, A. (1983). *The managed heart: Commercialization of human feeling*. Berkeley and Los Angeles: University of California Press.

Hoffman, M. (2008). Empathy and prosocial behavior. In Michael, L., Jeannette, M., Haviland, J. & Barrett, L. F.(3rd Eds,), *Handbook of emotion*(pp. 440–455). New York: Guilford Press.

Jalongo, M. P, R Isenberg, J. P. (2000). *Exploring your role, A practitiner's to early childhood education*. New Jersery: Upper Sad–dle River. Practice–Hall Inc.

Jalongo, M. P. R., & Isenberg, J. P. (2000). Exploring Your Role, A Practitioner's to Early Childhood Education. Upper Saddle River. Practice–Hall Inc.

Kahlich P. A., & Dorminey, J. J. (1993). *Role perceptions of early childhood teachers*. Paper presented at the 73rd Annual Meeting of the Association of Teacher Educators, Los Angeles, California. ERIC Document Reproduction Service No. ED 357 020.

Katz, L. G. (1970). Teaching in preschools: Roles and goals. *Children, 17(2)*, 42–48.

Katz, L. G. (1972). Developmental stages of preschool teachers. *The Elementary School Journal, 73(1)*, 50–54.

Katz, L. G. (1985). Research currents: Teachers as learners. *Language Arts, 62(7)*, 778–782.

Katz, L. G. (1988). Where is Early childhood Education as a Profession? In Spodeck, B., Saracho, O. N. & Peters, D. L.(eds). *Professionalism and the Early Childhood Practitioner* (New York: Teachers

College Press), 75-83.

Katz, L. G. (1989). 유아교사를 위한 제언. 이차숙(역), 경기: 양서원.

LaFreniere, P. J. (2006). 정서발달: 생물사회적 관점. *Emotional development: a biological perspectives*(위영희 · 이희정 역). 서울: 시그마프레스.

Mumford, F.(1972). *job satisfaction*. London: Longman.

OECD · 교육부 · 광주광역시교육청 · 육아정책연구소(2015). Starting Strong 4 영유아교육 · 보육 질 모니터링.

Ryan R. M. Deci E. L. (2000) Self-determination theory and the facilitation of intrinsic motivation, social development, and well-being. *American Psychologist, 55*, 68-78.

Salovey, P. & Mayer, J. D. (1990). Emotional intelligence. Imagination, Cognition, and Personality, 9, 185-211.

Saracho, O. N. (1988). A Study of the roles of early childhood teachers. *Early Child Development and Care, 38*, 43-56.

Saracho, O. N., & Spodek, B.(1993). Professionalism and the preparation of early childhood education practitioners. *Early Childhood Development and Care, 89*, 1-17.

Saracho, O. N., & Spodek, B.(2003). Improving teacher quality. In O. N. Saracho & B. Spodek(eds.), *Studying teachers in early childhood settings*. (pp. 209-221). Information Age Publishing. Inc.

Schlman, L.(1987). Knowledge and teaching: Foundations of new reform. *Harvard Educational Review, 57(1)*, 1-22.

Schon, D. A.(1983). *The reflective practitioner: How professionals think in action*. New York: Basic Books.

Steffy B. E. & Wolfe, M. P. (2001). A life-cycle model for career teachers. *Kappa Delta Pi Record, 38(1)*, 16-19.

저자 소개

조혜경 덕성여자대학교 대학원 유아교육과(교육학박사)
한국성서대학교 영유아보육학과 교수

구경선 독일 Bonne 대학교(철학박사)
서울신학대학교 보육학과 교수

안미희 한국성서대학교 보육대학원(보육학석사)
한국성서대학교 부속어린이집 교사 및 원장(2001~2022)

보육교사론과 인성

초판 1쇄 발행 2022년 3월 11일
초판 2쇄 발행 2023년 7월 14일

지 은 이 | 조혜경 · 구경선 · 안미희
펴 낸 이 | 김기섭
편 집 인 | 조진주
펴 낸 곳 | 창지사 www.changjisa.com
08589 서울시 금천구 가산디지털 1로 83 파트너스타워 1차 9층
전화 (02)719-2211~3
팩스 (02)701-9386
등 록 | 1977년 4월 28일 · 제1-421호

ISBN 978-89-426-1519-3 (93370)

값 19,000원